JN064380

校友会雑誌にみる

「帝国日本」「植民地」「アジア認識」

梅野正信 編

斉藤利彦 呉文星 金恩淑

市山雅美 徐鍾珍 高吉嬉

三恵社

校友会雑誌にみる「帝国日本」「植民地」「アジア認識」
目　次

はじめに

　本書は、日本の植民地支配、実質的支配下にあった台湾、朝鮮半島、中国東北地域において、中学校、高等女学校、師範学校等で発行された校友会雑誌をもとに、「アジア認識」あるいは「帝国日本」の表象と内実を、生徒自身の記述を用い考察するものである。

　校友会雑誌は、統治機関、官憲、学校、教師の実質的検閲下にあり、生徒たちの自由な発露の場とはいえぬ限界を持っていた。記述をとり上げる際には、幾重にも慎重でなければならない。たとえ『校友会雑誌』を読み解くとしても、「帝国日本」が流布・同調を求めた言辞の反映、表象と内実を探る域を出るものではない。しかし同時に、中等教育学校の在籍者は、これまで戦前期・アジア認識の考察対象とされてきた思想家や政治家、旧制大学や旧制高等学校の学生等に比し、はるかに広範な層を形成していた。また、戦後において、社会のさまざまな領域で指導的な役割を果たしてきた人々である。

　植民地下の中等教育学校で醸成されたアジア認識が、断絶と連続を経て、現下のアジア、中国、台湾、韓国における日本認識に至る、どのような底流を成してきたのか、また、成しているのか。

　校友会雑誌に刻印された「アジア認識」、あるいは「帝国日本」の表象と内実を探る本書の試みが、過去の事実を確認するにとどまらぬ、現在の東アジア地域をとりまく歴史認識の源流、自省を問う歴史を映し出す鏡となれば幸いである。

　　　　　　　　　※「植民地」「内地」「外地」「満州」「満洲」「満
　　　　　　　　　　洲国」等の表記、個人に関わる記載は、各執筆者
　　　　　　　　　　の責任で論文中に趣旨を説明する。

I　校友会雑誌の中の「帝国日本」

第1章 『校友会雑誌』の中の「帝国日本」－満州事変前後における生徒たちのアジア認識－

斉藤利彦

「満州事変に於いて、日本が今回取った行動は明かに帝国主義でありました。今回に限らず北清事変以来日本が亜細亜に取り来たりたる行動は、之全く帝国主義の現はれでありました。併し我々はこの日本帝国主義をして、他の所謂文明先進国が取り来たつた侵略主義的帝国主義と一律に考えていくことが大なる誤りであることに深く注意せねばなりません。私は日本が大亜細亜主義を標榜して進むその行程に、正義と平和とのみ存する所の人種平等、民族融和の大精神が在る故に、我々が王道と唱ふるこの日本帝国主義が、他の諸列強帝国主義と異なる事を強く主張する者であります。」

大連第一中学校五年生「大亜細亜主義への転向」昭7年2月

1 はじめに

戦後70年を経た今日、あらためて、満州事変(1931年)に始まり15年の長きにわたってアジア・太平洋の諸国を巻き込み、国内だけでも340万人、国外では2000万人ともいわれる死者を出し、そして国土の多くが灰燼に帰した戦争(以下「アジア・太平洋戦争」と記す)が、何故に起こり、いかなる経緯をたどり、そしてどのように終結したのかに関し、政治、外交、軍事、歴史、文化、民衆等の動向の分析は言うにおよばず、あらゆる角度からの検討を行うことは重要な課題である。

そうした問題意識に立って、本稿では当時の民衆のアジア認識、とりわけ中等学校生徒たちのそれに注目して分析を進めていこうとする。

　何故、中等学校生徒なのか。ここで中等学校とは、戦前の大日本帝国憲法と各学校令の下で設置されていた、中学校（旧制）、高等女学校、実業学校をさしている。彼らは、10代半ばの若者たちであり、男子は遠からず徴兵されアジア・太平洋での戦争に出征することが義務づけられていた。女子も「国民勤労報国協力令」等により勤労報国隊や女子勤労挺身隊として銃後の守りを行うことが義務づけられていた。いうまでもなく、若者たちは戦争の当事者だったのであり、彼らのアジア認識がどのようなものであったのか、それらは「アジア・太平洋戦争」においていかなる意味をもったのかを明らかにすることは、きわめて重要な課題である。

　なお、付け加えておくならば、当時10代の若者たちで中等教育に進学した者は15%程度であった。それ以外の者の中には、高等小学校を出てすぐに、国策によって「満蒙開拓青少年義勇軍」として、アジアの地に送り出された 10 万人を超える若者たちがいたことも記しておかなければならない。彼等は「武装移民」として、軍事情勢の最も苛酷な土地に移住し、その結果 24000 人を超える若者が帰らぬ人となった[1]。

　さて、こうしたアジアの状況に対する認識に関し、当時の政治家、軍人、経済界、ジャーナリズムにおけるそれは、これまでも多くの分析がなされている。近年のものだけでも、古屋哲夫編『近代日本のアジア認識』緑蔭書房2001年、並木頼寿『日本人のアジア認識』山川出版社2008年等がある[2]。

　しかし、当時10代の若者・青年たちがアジアをどう認識していたのかに関する研究はほとんど見あたらない。大人たちの言説は新聞や書籍等に掲載されていたのに対し、生徒たちのそれはほとんど残されることのないままに消え去ってきたと言えるだろう。しかし、当時の彼らがアジアを、そしてそこでの戦争をどうとらえていたのか、何故戦争を行うのか、それはアジアに何をもたらすのかをどう認識していたのか、そのことは実証的に明らかにされなければならない課題として存在している。

2 『校友会雑誌』への着目

　こうした状況の下で、それでは、どのようにして当時の生徒たちのアジア認識を取り出して、分析を進めようとするのか。本稿では、そのための資料として、主に『校友会雑誌』を分析の対象とする。

　ここで、『校友会雑誌』とは、中等教育の諸学校で組織された「校友会」が刊行していた校内メディアである。なお、名称に関しては「学友会」やその他「華陽会」（岐阜県立岐阜中学校）や「猶興館興風会」（長崎県立中学猶興館）等の独自の名称が用いられていた場合もあった。さらに 1941 年以降は、国策によって主に「学校報国団」と改称された。

　いずれの場合も、生徒、教員、卒業生たちが『校友会雑誌』の執筆者となり、学校の日常的な教育活動が記述され、生徒・教員たちの様々な論説や文芸作品、あるいは運動部や文化部の諸活動等の様子が豊富に記載されている。

　これら『校友会雑誌』は、その時代の当事者たちが、当該時代の学校の日常性を、その時代に記した資料であるという点で、教育史研究における最も重要な一次資料であることはいうまでもない。にもかかわらず、従来の研究においては、これらの資料が系統的に収集され分析されることはまれであった。その理由は、これらの雑誌は会員のみに配布され、むろん市販もされていないため、その多くが個人所蔵のままに散逸しがちであったことがあげられよう。

　筆者は、この 10 年来、旧制中学校および高等女学校、実業学校を前身にもつ全国の高等学校、それぞれ 700 校、1074 校、513 校に対し、戦前期の『校友会雑誌』の刊行と所蔵に関するアンケート調査を行ってきた。その分析の一部はすでに発表してきた。[3] また、各地の図書館における 2000 冊に及ぶ『校友会雑誌』の所蔵を確認してきた。さらには、旧制中学校 150 校 603 冊、高等女学校 114 校 616 冊、旧制実業学校 55 校 182 冊、そして「外地」「外国」であった台湾、朝鮮、満州（新京・大連・奉天）、上海、青島、樺太、ハワイ等の日本人中等教育学校 14 校 32 冊の『校友会雑誌』を独自に収集してきた。

　これらの『校友会雑誌』の内容には、まさに当時の生徒や教師たちが置かれた時代の状況が反映されており、時代の表象としての意味をもつものでもある。例えば、『校友会雑誌』の表紙もまた重要な意味をもっており、時代の相が見えてくることがある。

　一例として、以下の東京府立第三中学校、宮城県立白石中学校、奈良県立商業学校の『校友会雑誌』の表紙を見てみよう。いずれも 1929 年に刊行されており、まだ戦時下に入る以前の段階のものである。そこには、思い切りサッカーボールを蹴り上げる生徒、肩を組み合い愉快に歩く生徒、ユーモラスに描かれた教員の顔、そのどれもが伸びやかな学校生活、あるいは親しみを感じる教師との関係が、豊かな表現を通して描かれている。

　しかし、アジア・太平洋戦争に突入した時期に入ると、それらは急激に変化することになる。銃と日の丸を掲げ行軍する兵士の姿、出征する兵士を万歳で送り出す女生徒たち、そして真珠湾攻撃を行う海軍航空隊の戦果が描き出されている。それぞれ、大連第二中学校、滋賀県立八幡高等女学校、千葉県立木更津中学校の、1932 年、1937 年、1942 年の『校友会雑誌』の表紙である。そして、福岡県立浮羽工業学校報国団誌『工友』（1941 年）においては、生徒自らが銃をとっている表紙となっているのである。

このように、『校友会雑誌』は時代の状況を描き出しており、そこに掲載された生徒たちの言説や表現の中に、戦時下における彼らのアジア認識の反映をとらえる可能性をみることができよう。

3　「アジア認識」とは何か

ところで、本稿の主題である「アジア認識」とは、いったいどのような内容と枠組みでとらえられるのかを明らかにしておく必要がある。その点に関し、本稿では以下に示した五つの側面での認識を設定し、それらが輻輳し帝国イデオロギーとして統合され収斂していくという枠組みで把握しようとする。

まずは、五つの側面からの認識を明らかにしよう。時局認識とは、生徒たちがその時点でのアジアの情勢をどのようにとらえているかに関する認識である。具体的には、満州事変や日中事変をめぐる様々な様々な状況と動向への認識が中心となろう。歴史認識とは、時局の進展をもたらしている歴史的背景への認識であり、より長い時間的スパンをもつ認識である。国家認識とは、アジアにおける諸国家がいかなる状況に置かれ、どのような状態にあるのかに関する認識である。さらに、民衆認識とは、アジアの民衆の動向や意識に関する認識であり、そして文化認識とは、国家と民衆の状況をめぐる文化的背景への認識をさしている。そして、こうした認識が統合され、それらがアジアへの侵略や日本による支配と統治を正当化する帝国イデオロギーとして

形づくられていくものととらえようとする。以下に、『校友会雑誌』に掲載された、生徒や教師そして卒業生の論稿の中から、それぞれの認識内容に関する記述を抜き出し分析してみることにしよう。

(1) 時局認識

① 「柳条湖付近に於ける我が南満鉄路の一部を、突如、破壊せし支那正規兵の暴挙、時正に九月十八日夜半、遂に重大椿事は出来したのでありました。彼の良民を苦しめ、治安を乱す、支那名物、土匪団の行動なれば、いざ知らず、いやしくも支那正規兵たるものが、斯る挙動に出でしことは、恨みても猶ほ余りある遺憾事に非ずして何ぞ。而も吾人は、その暴行の計画的なりしといふを聞知するに至りては只唖然たるを得ないのであります。」
大連第一中学校五年生「大陸は呼ぶ」昭7.2

② 「我々が満州事変の推移を観察して参りました時に、見落とすべからざるものは国際連盟の行動でありました。そして結果は国際連盟たるものが、盲目的平和理想論者と狡猾極まる侵略主義国家の把握する伏魔殿たる事を、遺憾なく暴露した事に帰着したのでありました。即ち日本が満州の地に自衛権を行使したと同様の事は、既に今回国際連盟の策動者たる英国が数年前に数年前に上海に実行して居るのであります。しかも当時英国が派遣せし一万五千の軍隊は、今猶彼の地に駐屯して居るのであります。」
大連第一中学校五年生「大亜細亜主義への転向」昭7.2

③「日本は今国内に於ては人口増殖問題、食糧問題等で困窮を続け、之がためにあらゆる方面の争闘が絶えない。限られた土地、限られた耕作地、之に年々増加する人口に比例して土地、耕作地の不足を訴えるのは当然である。（中略）過剰人口は必然的に海外に流れ出ざるを得ない。かくして各国の干渉が如何に厳しく、猛烈

であるとしても堰止めた河水の遂に堤を破る如くそれを防ぐ術はない。かくして満州は漸次我日本の一大勢力地となることは当然である。」

新発田中学校四年生「新興満州国と日本」昭 7. 10

　以上の生徒たちの論稿が示すように、彼らの時局認識として、まずは満州事変の端緒となった「柳条湖事件」を「支那正規兵の暴挙」としてとらえ、「恨みても猶ほ余りある遺憾事に非ずして何ぞ」と主張していることがあげられる。こうした認識は、他に「彼等の蛮行は嵩じて遂に満鉄戦爆破となり、是れが導火線となって所謂満州事変が惹起したのである。」（新発田中学校五年生「団結せよ亜細亜民族」昭 7. 10）等のように、他の『校友会雑誌』上でも多く掲げられており、広く共有されていたと思われる。

　今日、満鉄線の爆破が、日本軍（関東軍）の謀略であったことは明らかとなっている。誤った情報や意図的な宣伝が、いかに若者たちに不公正な時局認識をもたらすことになるのかの典型的な事例といえよう。

　また、国際連盟の役割について、イギリス等の侵略を覆い隠すものであり、さらには「盲目的平和理想論者と狡猾極まる侵略主義国家の把握する伏魔殿」であるという認識が表明されている。そして、そもそもイギリスもアジアにおいて自国の利権を得る侵略を行っており、日本を非難するいわれのないという認識が提示されている。

　その一方で、日本国内の状況について、「限られた土地、限られた耕作地、之に年々増加する人口に比例して土地、耕作地の不足を訴えるのは当然である。」として、「満州は漸次我日本の一大勢力地となることは当然である。」という、満州への侵略を正当化する認識を表明している。

(2) 歴史認識

① 「我々の先輩の赤き血は、此の踏む土地（満州－引用者注）に染み込み、夕日はその地に反映して居る。そして我々在邦人に自覚せよ自覚せよと叫んで居る。此処に於いて我々在満邦人も地を以つて、戦って行かねばならぬ。血みどろの奮闘の姿を、赤い夕日に反映させねばならぬ。」

大連二中学校五年生「満洲に在る邦人の覚悟」昭6.2

② 「満蒙は聖地であります。（中略）この地が尊き赤子十万の英霊を留め居ることは、此の地の聖地たるべき価値を一層高め、更に我等の此の地に於ける使命を、一層強めるものでありますまいか。斯くて我々同胞が、使命と進む王道の如何に重大なるかを知る時、この満州事変がやがて我等が大亜細亜主義に進む、一大転向の時期として、見逃すべからざる重大さを強く感ずる者であります。」

大連第一中学校五年生「大亜細亜主義への転向」昭7.2

③ 「見よ、嘗ては世界文明の中心と謳われた支那は今日全く無政府状態ではないか、人道を無視し暴戻飽くなき蛮行を敢て為し、亜細亜の平和を破り、東洋禍乱の震源地とまでなり下がって居る。是れ獨り支那の不幸のみでなく実に全亜細亜民族の不幸である。（中略）日本は積りに積った懸案の解決と我権益擁護の為に、更に亜細亜諸民族を代表して支那を膺懲し覚醒をうながし、将来に於ける亜細亜平和の確保の為に敢然として銃を取ったのである。その結果新たに満州国が誕生して平和の第一声が上げられ……」

新発田中学校五年生「団結せよ亜細亜民族」昭7.10

満州を「尊き赤子十万の英霊を留め居る」土地として、歴史的に日本人が血を流して獲得した「聖地」であると認識している。そのために、「我々在満邦人も血を以つて、戦って行かねばならぬ。血みどろの奮

闘の姿を、赤い夕日に反映させねばならぬ。」と表明し、そのことは「我等の此の地に於ける使命」であると主張する。

　また、「嘗ては世界文明の中心と謳われた支那は今日全く無政府状態ではないか」として、中国（「支那」）の歴史的な栄光は完全に失われたととらえている。さらには、日本が「支那を膺懲し覚醒をうながし」、アジアの平和の「確保の為に敢然として銃を取」らなければならないという認識を表明している。

(3) 国家認識

①「現今満洲国の厳然たる存在は何人も否む事の出来ない事実である。日満両国は正に切つても切れない関係にある。満洲国は日本の支援を待つに非ればその発達は到底望み得ない。又日本は満洲国を離れては永久に生活を確保し得ない。かるが故に武力行使と、民衆に十分なる理解を与え、民族協和による精神的団結の結成に向って邁進しなければならない」

　　　　　　　　愛知県第一中学校四年生「満洲国の治安維持」昭 8.2

②「一体支那とは如何なる国であろうか。（中略）支那は対外的に国家として劣弱であるばかりでなく、内中央の威令全く行われず、地方行政亦腐敗し、孔孟の道徳極度に廃れ、道徳地を掃い、流賊西に東に跳梁し、四億の創生軍閥の苛斂誅求に泣く、近代国家の理念とは到底相容れぬ国である。」

　　　　　　　　新京中学校三年生「現代支那と日本の使命」昭 12.3

③「亜細亜の現状を見ます時、そは世界第一の大州でありながら、独立せる国家は十指にも足らず、しかも支那の如き内乱の絶ゆるなく、国民的自覚の何時までも定まらず不断に列強の干渉を受けざるを得ない立場にある国家、又はシャムの如き、単に英仏両植

民地の緩衝国として僅かに独立を認められたる如き状態にある国家許りの集合せる地帯であるのであります。」

　　　　大連第一中学校五年生「大亜細亜主義への転向」昭 7.2

④　「更に眼を転じて諸外国の支那に於ける進出を見よう。列強は中華民国建設当初の財政困難に乗じ莫大なる借款と引替えに種々の李健、殊に鉄道敷設権を提供せしめ、これ等鉄道によって各国は経済的及び政治的に極東に於ける勢力の蔓延に努めているのである。又領土的進出に就いては、仏蘭西は安南方面より杭州湾更に広東方面へ、英吉利は印度よりヒマラヤを越え西蔵へ、ソヴェート連邦は外蒙を侵し、南下して新疆省を東進して内蒙古に進み、米国は太平洋上より航空路によるフィリッピンからの浸食を企てているのである。斯くの如き列強の魔手の前に支那分割の危機或は惹起せられるやも計りがたいのである。」

　　　　新京中学校三年生「現代支那と日本の使命」昭 12.3

　まずは、「満洲国」に関し、その国家の存立は否定できないとし、その上で「満洲国は日本の支援を待つに非ればその発達は到底望み得ない」ととらえている。そのためにも、「武力行使と、民衆に十分なる理解を与え」ることが重要であるとしている。

　また、中国は、まさに国家の体をなしていないということ、そして「国民的自覚の何時までも定まらず不断に列強の干渉を受けざるを得ない立場にある国家」であるととらえられている。実際に、仏蘭西、英吉利米国等によって借金を負わされ、領土も分割され、自国では独立を維持できない「劣弱」な国家であり、「近代国家の理念とは到底相容れぬ国」であるとも認識されている。

　加えて、他のアジア諸国の現状についても、「独立せる国家は十指にも足らず」、列強の侵略を思うのままに受けざるを得ない状況であると認識されている。

（4）民衆認識

① 「満州人は忍耐心がなく、自分の身の廻りは一寸もお構いなく、
　貯蓄心が相当発達して居って、どんなみすぼらしき風をしていて
　も皆相当金を持って居る。」
　　　　　　　　奈良県立商業学校教員「満州を認識せよ」昭10.5

② 「満人の八割は無学文盲だ相で、彼等が少し困るとすぐ泥棒や匪
　賊に変わるのも、その無教育が大原因なのに違いない」
　　　　　　　滋賀県立八幡高等女学校教員「満州覗記」昭11.12

③ 「支那人は吾等の先輩が国運を賭して守った満蒙を、宛も当然に
　彼等のものなりしかの如く考へ、日本が幾多の犠牲を払い開発増
　進せしめたこの土地の経済的価値を自然に生じたかの如く強い
　て妄信し、日本人の文化的開発の努力を以て、日本輩の強盗なり
　と誣いてこれを中外に宣伝するのである。斯くの如きは道徳的に
　最も憎むべき心情であり、最も懲戒に値する為である。三軍を用
　いても尚蹴散らすことが若き支那人に対しての親切ではないか。」
　熊本県第一師範卒業生小学校教員「民族発展の最前線に立つも
　の」昭6.2

　中国（「支那」）の民衆を、「無学文盲」で「忍耐心がなく」、さら
には「少し困るとすぐ泥棒や匪賊に変わる」ととらえているが、その
一方では「貯蓄心が相当発達して居って、どんなみすぼらしき風をし
ていても皆相当金を持って居る」と、何の根拠にもふれないままに臆
断をなしている。また、③は師範学校の『校友会雑誌』に掲載された
ものであるが、日本の侵略に反対する中国民衆を、「道徳的に最も憎
むべき心情であり、最も懲戒に値する為である。三軍を用いても尚蹴
散らすことが若き支那人に対しての親切ではないか。」として、何ら
自己を省みることなく非難している。

（5）　文化認識

①　「いよいよ奇怪極まる露天市場見学の為出発。……狭苦しい道を
　　ぐるぐると廻って行く。其の間に色々な物品が乱雑そのものの様
　　に貯へられ、又販売されて居る。およそ生活に関係した物なら何
　　んでも、支那人の貪欲、怠惰、不精は余す所なく暴露されて居る。
　　我々までが何んだか、体に悪臭がしみ込んで終った様な気がする。
　　約四十分ばかりで外に出た。」

　　　　　　静岡県立静岡商業学校五年生「鮮満旅行記」昭 11.2

②　「彼等は一般に著しく不潔である。風呂なんかにも、生まれた時
　　と結婚の時と死んだ時と一生に三度しか入らないと極言される
　　くらいである。（中略）其の他、便所に行っても手を洗わない。
　　川では便器を洗う女と米を洗う女とが一緒に世間話でもしなが
　　ら仲良く共存共栄している」

　　「知って置く可き支那人の人情風俗」佐賀県立伊万里商業学校経
　　営研究室

③　「人を見たら泥棒と思え、之は支那に於ては仲々実感を伴う言葉
　　である。（中略）総ての支那人召使がそうだとは思わぬが悪い者
　　が大変多いから警戒すべきである。それから支那人召使は、甚だ
　　従順でない。何か言えば、必ず口返事する。口返事しない召使は
　　非常に希である。」

　　　　　　　　　　　　同上「知って置く可き支那人の人情風俗」

④　「今日支那人が嘘を附いて何ら良心の呵責を受けない無恥の国民
　　にな　り果てたのも、彼等が過去長い間不当に圧迫されて来た結
　　果であろう。それだからと言って、日本人がこの支那人の悪風を
　　直すつもりで温情を以て彼等を労はり、彼等の過失は何でも寛大

に直ぐ許してやると言う態度を取るならば、彼等は直ちに且遠慮なく主人をなめてかかるだろう」

同上「知って置く可き支那人の人情風俗」

　以上のように、中国（「支那」）の文化は、「貪欲、怠惰、不精」「著しく不潔」「不正直」「無恥の国民になり果てた」という状況に陥っていると単純に決めつけている。何故そうなったかの原因を、「長い間不当に圧迫されて来た結果」であるとして客観的に分析しながらも、日本人は主人の立場にあり、「支那人」は「召使」であり「甚だ従順でない。何か言えば、必ず口返事する」ということを前提として文化をとらえている。

4　帝国イデオロギーへの収斂

　さて、これまで時局認識、歴史認識、国家認識、民衆認識、文化認識という5つの側面から生徒たちのアジア認識を検討してきた。続いて、それらが帝国イデオロギーとしていかに統合され収斂していくのか、その諸相を『校友会雑誌』上における生徒たちの言説の中に見てみよう。ここで、帝国イデオロギーとは、自国の領土や文化の拡大さらには他国への侵略を正当化し、軍事力や経済力を背景に他国への支配や植民地化を必然のものととらえる意識状況や政策のことをさしている。

①　「此所に於いて我々は、我が人口問題を解決すべき唯一の方法たる海外発展を放棄して、将来にも此の問題の為に苦しまねばならぬのか。否。我々日本人は死すとも、此の海外発展の策を捨ててはならぬ。我々は此の地球上に、是非とも永久的に安全性のある、豊富な移住地を見出さなくてはならぬ。」

大連二中学校五年生「満州に於ける邦人の覚悟」昭 6.2

② 「此の廃墟の上に親日的な、明朗な、新しい秩序を創造し、之と相携へて、東洋永遠の平和を確立することこそ、人類永遠の福祉を齎すべく、東洋の盟主たる帝国に與へられたる、崇高なる義務であり、而して又事変所期の目的を完成する所以に他ならないのである。」

大連二中学校四年「長期建設期を迎えて」昭 14.2

③ 「何故に彼等（欧米人－引用者注）は亜細亜へとのみその野心を延ばしつつあるのか。想うに彼等は有色人種を以て一階下の人種となし、白人種が最上の人種であり、世界に君臨するのは必ず白人種が、従って世界の平和を保つのは白色人種の使命の如く固く信じて居るのが最大の原因であるまいか、然しながら亜細亜民族よ、深く己を顧み過去を検討して見よ。其の時に我等亜細亜民族は世界文明の根源は亜細亜にあって、而も世界の統一と平和は寧ろ日本を盟主とする亜細亜民族によってなされねばならぬという自覚のひらめきが輝然としし起って来るであろう。」

新発田中学校五年生「団結せよ亜細亜民族」昭 7.10

④ 「大東亜戦争、曠古以来こんな聖なる戦はない。実にアジア十億の正義の戦である。食ふか食はれるか、典るか亡ぶかの瀬戸際の戦争なのだ。過去一ヶ年は天皇陛下の御稜威によって、南に北に東に西に、或は大洋に大陸に大空に実に何千万平方釈米の広域を占領して有史以来の大戦果を収めたのである。」

石川県立大聖寺中学校二年生「昭和十八年を迎えて」昭 18.3

以上のように、『校友会雑誌』上に掲載されている生徒たちの表現の中にあるのは、「我々日本人は死すとも、此の海外発展の策を捨ててはならぬ。」「廃墟の上に親日的な、明朗な、新しい秩序を創造し、之と相携へて、東洋永遠の平和を確立することこそ、人類永遠の福祉

を齎すべく、東洋の盟主たる帝国に與へられたる、崇高なる義務」であるとする意識である。

　まさに、これまで見てきた中国民衆への侮蔑、中国の国家的劣弱さの強調、欧米によるアジア侵略への非難、満州への拡大の必然性、さらには大陸に眠る日本人英霊の血の貢献という認識の行き着く先は、こうした日本が盟主となる東亜の新秩序をという主張だったのである。

　さらに、西洋列強の侵略の根底には、「有色人種を以て一階下の人種となし、白人種が最上の人種であり、世界に君臨するのは必ず白人種が、従って世界の平和を保つのは白色人種の使命の如く固く信じて居る」という人種的優越意識が存在していると指摘する。それ故、欧米の帝国主義を非難するのだが、その一方で日本人こそが「東洋の盟主」となり「東洋永遠の平和を確立する」立場にあるという、アジアの中での日本人の優越意識に対しては無前提的にそれを擁護するものとなっている。

　そして、最終的には「大東亜戦争」を「聖なる戦い」「アジア十億の正義の戦」であるとし、「天皇陛下の御稜威によりて、……大洋に大陸に大空に実に何千万平方粁米の広域を占領して有史以来の大戦果を収めた」とするのである。

　このように、生徒たちの認識には帝国日本を担おうとする意識やイデオロギーが様々な形で表現されていた。しかし、帝国日本は、彼等が認識し信じようとしたような、真にアジアを救い、東洋平和の盟主たる存在であったのだろうか。

　しかし、歴史の真実はそのことを明確に否定している。帝国主義とそれを推進しようとする勢力は、必ず侵略や戦争を正当化し神聖化するイデオロギーを創り出し、国民や若者たちにそれを認識させ信じさせようとする。

　「アジア・太平洋戦争」においても、そうしたイデオロギーが主に時局認識、歴史認識、国家認識、民衆認識、文化認識の五つの側面から周到に創り出され、「我々日本人は死すとも、此の海外発展の策を捨ててはならぬ。」

「満州は漸次我日本の一大勢力地となることは当然である。」と、生徒たちが公言するまでに至っていた。

　しかし、繰り返すがそうした認識とイデオロギーは、若者たちにそして日本にいったい何をもたらしただろうか。それは、日本をも含む、全アジアでの戦乱と生活の破壊、そして膨大な数の死傷者であった。

　本稿は、『近代東亞教育與社會國際學術研討會』（国立台湾師範大学　2015 年 11 月 13～14 日）における基調提案論文及び論文「『校友会雑誌』の中の帝国日本－戦時下における生徒たちのアジア認識－」（学習院大学文学部教育学科『教育学・教育実践論叢』第 2 号、2015 年 12 月）をふまえ、それらに加筆修正したものである。

1　後藤和雄『秋田県満蒙開拓青少年義勇軍外史』2014 年、320～323 頁。

2　古屋哲夫編『近代日本のアジア認識』緑蔭書房 2001 年には、「アジア認識の基軸」、「近代日本の台湾認識」、「近代日本の朝鮮認識」、「教育雑誌にみるアジア認識の展開」、「租界在住日本人の中国認識」、「キリスト者に現れたアジア認識」、「柳田国男のアジア認識」等の多彩な論稿が掲載されている。

3　科学研究費補助金・基盤研究（B）平成 2009～2012 年度（研究代表者：斉藤利彦）研究成果報告書『旧制中等諸学校の『校友會誌』にみる学校文化の諸相と史料のデータベース化』、および斉藤・市山「旧制中学校における『校友会雑誌』の研究」『東京大学大学院教育学研究科紀要　第四八巻』2009 年 3 月。

第2章　戦前における中等教育学校の『校友会雑誌』から見た生徒のアジア認識について

呉文星

　2006年より、斎藤利彦は、日本全国の旧制中学校の『校友会雑誌』の調査蒐集を行い、それを生徒の文芸活動や学校文化を研究するための重要な史料としてきた[1]。最近、斉藤はその校友会雑誌を運用し、旧制中等教育学校生徒のアジア認識に関して重要な視点を提示している。それによれば、戦前の中学校生徒（師範学校生徒も含む）のアジア認識に関し、その内容と枠組みには、時局認識、歴史認識、国家認識、民衆認識、文化認識の五つの側面がある。そのうち、時局認識とは、生徒たちがその時点でのアジアの情勢をどのようにとらえているかに関する認識である。歴史認識とは、時局の進展をもたらしている歴史的背景への認識であり、より長い時間的スパンをもつ認識である。国家認識とは、アジアにおける諸国家がいかなる状況にに置かれ、どのような状態にあるのかに関する認識である。さらに、民衆認識とは、アジアの民衆の動向や意識に関する認識であり、そして文化認識とは、国家と民衆の状況をめぐる文化的背景への認識をさしている。そして、こうした認識が統合され、それらがアジアへの侵略や日本による支配と統治を正当化する帝国イデオロギーとして形づくられていくものととらえようとしている[2]。

　斉藤は主に1930年代から1940年代始めの日本内地、満州の中学校校友会雑誌の論稿、散文、随筆等の文章を利用して考察した結果、こうした認識が統合された帝国イデオロギーについて（1）皇国民としての優越感やアジア諸国民衆等への蔑視感情（2）中國に対する批判や非難（3）欧米及びソビエトに対する批判や非難（4）アジア大陸における日本の人的・物的貢献や犠牲（5）危機意識を背景に國内に向かう批判や非難（6）日本や日本人の自省的な相対化、の6つの意義を指摘した。2015年11月、国立台湾師範大学台湾史研究所、台湾教育史研

会の共同主催による国際シンポジウムの際、梅野正信、市山雅美、金
恩淑、徐鐘珍（以上敬省略）等各地の研究者が同時期の植民地台湾、
朝鮮の中等学校校友会雑誌の内容を検討した結果も、ほぼ斉藤が提示
したのと同様の見方が得られた[3]。同時期の日本帝国支配下における各
地の中等教育学校教育の結果、生徒たちに相当程度似通った思想や認
識を植え付けることととなり、それぞれの生徒にほぼ一致した態度、言
論、行動がはっきり見て取れた。このことから、当時の中等教育が期
待通りの結果を得ていたことがわかる。校友会雑誌における生徒たち
は日本という国家の政策に対し強い支持、さらに、政策に合わせた行
動をとる意思を表明したのである。以上は戦前の日本における中等教
育の特質だけでなく、中等学校教育と政治の関係を明らかにする一助
となり、その意味で、近代日本教育史における画期的研究結果となっ
たことは否定できない。

　しかしながら、校友会雑誌の編集や出版を考えた時、周知の通り、そ
れは、学校内部諸部門や教師の実質的な検閲がなかったとはいえず、文
章の投稿者は、教師か生徒かにかかわらず、自由に自分の考えを表現で
きたとは限らない、という点は指摘しなければならない。政府の政策や
学校の方針にそぐわない意見や考えは、特に戦時期においては、掲載さ
れない、あるいは修正を求められ、掲載されたものに関しては、体制や
学校の方針と合致したものであった、という構図を、慎重に考慮する必
要があるだろう。掲載された文章はどれも一部の教師や生徒の手による
ものだが、それは、すべて、あるいは多数の考えや意見を代表できるも
のであったかどうかは不明である。これは研究を行う際に校友会雑誌を
唯一の史料とした場合の限界点であると言え、研究者はこの史料を用い
る時、慎重な態度で臨まなければならない。より適切かつ客観的な研究
結果を得るため、校友会雑誌をめぐる特殊な要因に留意し、同時期の政
府側の文献や中等学校の教師や生徒の日記、手紙、回顧録、雑記など他
の史料と相互に照らし合わせながら注意深く考察を進めていくことが
肝心だと思われる。

　次に、注意しなければならないのは、生徒たちのアジア認識は時間の

経過、政府の政策及び内外情勢の変化によって異なっているかどうかという点である。具体的にいえば、第一次世界大戦前の生徒たちのアジア認識は、第一次世界大戦後の 1920 年代とはことなり、1930 年代になると、さらに前述の 2 つの時期のそれとは特色を異にするのではないか。例えば拙稿「日本統治下における中学校生徒の東アジア認識について－台湾総督府国語学校の修学旅行を中心に－」では、1890 年代後期から 1920 年代までの台湾総督府国語学校における修学旅行がもたらしたアジア認識について論じているが、それと、日本統治後期における師範学校の修学旅行がもたらしたアジア認識との間には、違いが存在する[4]。それゆえ、研究者は時期を分けて考察し、異なる時間点における生徒たちのアジア認識の共通点と相違点、そして連続性と変化の要因を明らかにする必要がある。このようにして、生徒たちのアジア認識を長時間にわたって見つめ、それが内包する意義の変化、あるいは変化しなかった点を明らかにできる。

　また、内地と植民地、そして各植民地の間でも、施政の重点と教育の対象、教育の内容が違うため、生徒たちのアジア認識は全く同じとはいえないだろう。それゆえ、比較研究の方法を用い、この共通点と相違点をも明らかにする必要がある。

　そして、中学校、高等女学校、各種実業学校、師範学校等異なる中等教育機関では、教育内容（もっと言えばその性質）や教育対象が異なるため、その生徒たちのアジア認識も、全く同じとは言い切れない。別々に考察した上で、比較分析の作業が必要になるだろう。

　最後に、むすびにかえて述べるなら、校友会雑誌は一種の貴重な歴史記録の集合体とも言えるが、戦後の学術界において、長い間十分に利用されて来なかった。近年斎藤利彦、梅野正信両氏等が先駆的研究者となり、相当数の校友会雑誌について調査、蒐集、そして整理を行ってきた。今後はこれを、教育史研究者が積極的かつ適切に利用すべきである。校友会雑誌は戦前の日本教育史の内包する意義と特色を説明しうる重要な根拠を示すだろう。

---

1 斉藤利彦・市山雅美「旧制中学校における校友会雑誌の研究」『東京大学大学院教育学研究科紀要』第 48 巻、2008 年、435〜461 頁。斉藤利彦編『学校文化の史的探究』東大出版会、2015 年を参照。

2 斉藤利彦「『校友会雑誌』の中の帝国日本－満州事変前後における生徒たちのアジア認識－」『近代東亞教育與社會國際學術研討會』（2015 年 11 月 13〜14 日）、4〜10 頁（未刊行）を参照。

3 『近代東亞教育與社會國際學術研討會』（2015 年 11 月 13〜14 日）（未刊行）。梅野正信「日本統治下中等学校『校友会雑誌』において醸成されたアジア認識」14 頁、市山雅美「1940 年前後の台湾の中学生のアジア認識－校友会雑誌の記述より－」15 頁、金恩淑「植民地朝鮮における師範学校の修学旅行」17 頁、徐鐘珍「京城中学校『校友会誌』からみるアジア認識」13 頁を参照。

4 呉文星「日本統治下における中学校生徒の東アジア認識について－台湾総督府国語学校の修学旅行を中心に－」『台湾日本研究』第 13 期、2019 年 12 月、47〜100 頁を参照。

第3章 「朝鮮」における日本人居留民の存在とアジア認識

徐鍾珍

　斎藤利彦によると、アジア認識の内容分析の枠組みを時局認識、歴史認識、国家認識、民衆認識、文化認識などの五つの側面から考察している。植民地朝鮮における学生たちのアジア認識を検討すると、斎藤利彦による五つの側面が重層的に含まれており、最終的には植民地支配と戦争拡大を正当化する「帝国イデオロギー」に収斂しているといえよう。

　近代日本の植民地が地理的に本国日本と近距離に位置していたことは主知のことである。このような地理的な特徴が帝国日本の植民地統治を規定する重要な要因になっていくのだが、日本と「朝鮮」との地理的な近接性の故に、朝鮮には少なからずの日本人居留民がいたことは見逃せないところである。「朝鮮」には 1876 年の「日朝修好条規」締結後から在朝鮮日本人居留民の数は徐々に増え、1910 年の「韓国併合」時には約 17 万名、1930 年には約 52 万名、1944 年には約 71 万名に達していた。

　植民地化以前からの在朝日本人居留民の存在は、植民地朝鮮における帝国日本の支配策を決めるにも影響を与えたことから、日本の植民地支配における特徴の一つと言えるものであった。朝鮮における日本人居留民は、すでにコミュニティを形成しており、そのなかで朝鮮人と直接的に触れ合うこともなく、本国日本と変わらない日常生活を送ることができたのである。このことは彼らの朝鮮（人）認識とアジア認識の形成にも影響を与えたであろう。

　まず、在朝日本人居留民の朝鮮認識とアジア認識の形成はすでに植民地化以前からはじまり、それが植民地化後の第 2 世、第 3 世の認識にも受け継がれていたと考えられる。19 世紀後半に形成された日本の朝鮮認識はどういうものであっただろうか。いわゆるウェスタン・インパクト以後、日本の目標は西洋をモデルにした「近代化」＝「文明化」であ

り、「文明」という物差をもって他者を眺めていた。近代日本が「文明」
と「野蛮」という二分法的な見方に基づいて「アジア」を見るようにな
っていたのである。

　ところで、近代日本に「野蛮」としての朝鮮認識・アジア認識が定着
した時期は、日本の植民地獲得の時期と重なっていた。朝鮮認識もこの
ような時期に形成されていたので、野蛮としての「朝鮮」を日本がリー
ドするという意識が強く、植民地化以後にもこの意識は変わることな
く、拡散していたとみることができる。朝鮮認識は蔑視意識につながる
ものとなり、一度定着したこのような他者認識は、日清戦争と日露戦争
で日本が勝利する過程でさらに強化される一方、他方では文明人として
の優越意識が増幅されていた。

　次に、在朝日本人居留民の存在が支配者と被支配者の関係にあった朝
鮮人と居留民との対立・葛藤を深刻化させる要因になっており、居留民
の存在に起因する被支配者の不満が治安を脅かすことになっていたこ
とに注目する必要がある。異民族支配の場における支配－被支配者間の
対立問題は、支配当局にとっては治安を乱すことなので解決しなければ
ならない問題であった。つまり、植民地支配において最も優先的な課題
が治安維持の問題であることは言うまでもないのである。ところが、朝
鮮では「義兵」のように外圧に抵抗する運動が展開され、植民地化後に
は民族独立運動としての抵抗運動が展開されていたことは、支配側の朝
鮮認識とアジア認識に少なからずの影響を与えることになった。

　異民族支配に対する抵抗運動は治安の悪化をもたらして、欧米列強の
干渉をもたらす可能性を高めるので、朝鮮において力による武力的な強
圧統治は避けられないものとなった。とくに、日露戦争後から併合後の
朝鮮における支配の安定に武力は欠かせないものになっていた。しか
し、武断的統治策は被支配者の不満による抵抗運動を押さえつけ、支配
者と被支配者との差別問題を強固にするという悪循環をもたらした。そ
の結果、日本人居留民には不満をもつ朝鮮人に対する恐怖心を抱かせる
ことになっていた。このような恐怖心に基づいた朝鮮認識は、支配者と
被支配者関係にある両者の交流と協力を困難にさせたり、支配者だけの

コミュニティを形成させたりしたのである。

　最後に、日本人居留民の存在は居留民本位の利益保護施策、すなわち彼らの優越な地位と既得権を維持するための施策を優先させるように影響を与えていたことも指摘できる。帝国日本の植民地統治策は日本人居留民の存在と彼らの働きかけによるものと無関係ではなかったと思われる。近代日本の植民地における支配者本位のシステム構築は、アジアのなかで日本が指導者であるという意識を強化することとなっていき、近代日本の植民地獲得と戦争拡大に伴って「アジア盟主論」を強調する方向に導いていたと思われる。

　近代日本が植民地を獲得・拡大していくなかで、とくに植民地「朝鮮」のように抵抗が続いていた地域での居留民の存在は、被支配者に対する優越意識、恐怖心、指導者意識の形成に少なからずの影響を与える要因になったと言えるのではなかろうか。したがって、近代日本の「アジア認識」を考えるさいには、植民地支配に結びついて考える必要があるが、植民地主義と膨張主義に対する認識の乏しさのゆえに、優越意識・恐怖感・指導者意識に基づいて形成された「アジア認識」の再生産を繰り返していたと思われる。すなわち、植民地の異民族支配における差別、戦争拡大という危機状況打開のための戦争の合理化、日本盟主論に基づいた「アジア主義」などである。

　そのような認識の連鎖を断ち切って誤った認識を改めるためには、支配者・居留民本位の植民地統治政策を見直したり、「朝鮮」の日本人居留民が生活の場で競争関係にあった植民地民と交流し、時には競争しながらも協力し合えるような関係を構築することが必要であっただろう。しかし、彼らの目が支配者としての特権を守ることだけに向いていたならば、再生産されていた誤った認識の連鎖から抜け出すことは、容易ではなかったであろう。

第4章　アジア認識形成の一要因としての修学旅行、及び、校友会雑誌とアジア認識の連関

市山雅美

1　生徒たちはアジア認識をどのように形成していったのか

　斉藤論文で分析されているようなアジア認識を、生徒たちは、どのように形成していったのだろうか。学校内外の様々な場でそれは形成されてきただろうが、学校内では、一つに、授業内外における教員からの影響は無視できないと考えられる。斉藤論文でも、「民衆認識」について、奈良県立商業学校、八幡高等女学校、小学校の教員の文章が引用されている。教師のアジア認識が、生徒に与えた影響は少なくないであろう。そして、その教員のアジア認識がどこで形成されているのかが問題となる。教員対象の満州視察旅行なども実施されており、その点も重要な論点となるであろう。長志珠絵は、1934年に実施された「文部省視学官や師範学校教員を中心に、小学校訓導が選抜・参加した」「朝鮮」・「満洲」の視察旅行などの分析を行っている[1]。生徒のアジア認識とともに、教員のアジア認識についても、さらなる分析の必要がある。

　また、生徒たちのアジア認識に大きな影響を与えたものとして、修学旅行が挙げられる。修学旅行では、満州等を訪れ、そこで様々なものを見聞きしている。修学旅行で何を見聞きするのかについては、当時の政治状況や学校教育の方針を反映している。満州の修学旅行で多いのは、日露戦争の戦跡等の訪問である。たとえば、台北第一中学校の1939年の修学旅行では、旅順で、旅順港、忠霊塔、納骨堂、陳列館、東鶏冠山砲台、水師営、二〇三高地を訪れている。旅順港では、「港口閉塞の為、広瀬中佐を始め数多くの戦死者を出し、三回目にやっと成功したのだとはどうしても思へなかつた」、東鶏冠山砲台では、「我が勇士は此の激戦に於て、五千有余の血を流し、肉弾に次ぐ肉弾を以てし遂に該砲塁の

大撃破を企て、これを奪取したのであつた」、二〇三高地では、「我が忠勇なる将兵は屍山血河実に二万数千の犠牲を払つたのである」と、校友会雑誌上で日露戦争での犠牲についてたびたび論及している[2]。斉藤論文では、「歴史認識」として、「満州を『尊き赤子十万の英霊を留め居る』土地として、歴史的に日本人が血を流して獲得した『聖地』である」とする認識を挙げているが、そのような、「歴史認識」を形成し強化する場として、修学旅行は機能しており、また、それが意図されていただろう。その意味で、修学旅行の分析は、アジア認識の研究において、重要な位置を占めている。

2　校友会雑誌とアジア認識

　また、校友会雑誌自体が、アジア認識を表明する場としてだけでなく、生徒に読まれることによって、アジア認識を形成する場としても機能していたのではないかと言える。

　教員が執筆したアジアに関する論説や紀行文[3]や修学旅行記だけでなく、校友会雑誌には、植民地諸地域等に在住・従軍経験のある人物の講演の記録や、卒業生で植民地諸地域在住の卒業生の手紙や投稿が掲載されたりもしている。福島県安積中学校では、柳条湖事件の戦闘に参加した卒業生の講演が行われ、その記録が掲載されたり、岐阜中学校では、満州事変前からハルピンの特務機関に在職している卒業生の手紙が掲載されていたりする[4]。

　一般に校友会雑誌は、その学校の生徒に配布されるだけでなく、卒業生や他の学校に寄贈されることもあり[5]、自分たちの学校の文化を外部に体現するメディアでもあったと筆者は論じたが、校友会雑誌に掲載された諸言説は、その学校の公的な言説とみなされるべき性質のものである。それにもかかわらず、斉藤論文が指摘しているように「何の根拠にもふれないままに臆断をなしている」ような「民衆認識」が活字となり、掲載されることの意味が問題となるであろう。校友会雑誌に掲載された、アジア認識に関する様々な言説が、どのように読まれ、生徒たちに

どのような影響を与えたのかを考えていく必要がある。

---

1 長志珠絵「「過去」を消費する－日中戦争下の「満支」学校ツーリズム」『世界』1042 号、2011 年。

2 「満鮮内地修学旅行記」台北第一中学校『麗正』皇紀二千六百年記念号、1941 年。

3 斉藤論文では、滋賀県立八幡高等女学校教員の「満州覗記」の文章を引用している。

4 「北大営の突撃戦」福島県立安積中学校『安積中学校校友会誌』第 61 号、1932 年。ならびに、「小柏校長先生に託して」岐阜中学校『華陽』第 92 号、1932 年。（山本一生「中学生と戦争（満州事変）」科学研究費補助金研究成果報告書『旧制中等諸学校の「校友会誌」にみる学校文化の諸相の研究と史料のデータベース化』2011 年　所収）。

5 1930 年代については、以下の事例が挙げられる。北海中学校では、1940 年の道庁宛の「学校関係出版物ノ印刷用紙節約ニ関スル実施状況報告」で「爾来当協学会雑誌ヲ道内中学校ニ送呈セシモノヲ取止メ発行部数ヲ減少ス。」と報告している（北海百年史編集委員会『北海百年史』1986 年）ことから、同校では昭和 14 年か 15 年までは、雑誌の寄贈を行っていたことがわかる。また、岐阜第二中学校では、「大体此の近くの小学校へは送つて居る」と言われ、1935 年頃には近隣の小学校に校友会雑誌を送付していたようだ。（「初めて会誌を手にして（一年）」岐阜第二中学校『校友会誌』第 9 号、1935 年）。

第5章　帝国日本を相対化する生徒たち－死を悼む思い、故国再興への思い

梅野正信

　植民地下、実質的な日本の支配下においてさえ、そして学校の管理下にありながら、「校友会雑誌」等からは、時流を相対的し、自身を記述する散文を、見出すことができる。必ずしも一様ではないが、そこに表出された、いま一つの時代認識こそは、今日振り返るべき遺産であり、教訓の一つといえよう。

　それは朝鮮半島出身者の氏名と推測される生徒たちの散文である。

　　「神に敬愛の念をよせ、神に親しみ、神に従ふ、そして神の精神に
　　そむかぬ人間となる－これが宗教（こゝではキリスト教）を人々が
　　信ずる所以であり、又目的でもある。それらの人々に、神は公平な
　　光をもってのぞみ、光明に導くのである。神を知るには、神に接し
　　なければならぬ。そして神に接したら、如何に人間が罪深きものか
　　を痛切に知るであらう。そして神の恵みに一暖に、浴する事が出
　　来るよう實に、宗教は精神の糧である。」
　　　　金「クリスマス祝賀会と神」（京城第二公立高等普通学校）[1]

　　「どうか早く支那を目覚めさせ平和になって一日も早く皆様方帰
　　國して下さることを幾重にもお祈り申し上げます。私も同じ朝鮮の
　　一女学生でございます。ますます力を合せお國にご奉公致しませ
　　う。」
　　　　李「在支朝鮮同胞の皆々様へ」（公州公立高等女学校）[2]

　　「實に我が半島の農村ほど哀れなものはなからふ。近年農山漁村の
　　自力更生運動の警鐘鳴り響き、昔日の面影やうやく去らんとすると

はいへ、いまだ内地に比すれば雲泥の差であはないか。（中略）今後農村開発の第一線に立つ吾が師範学校生徒は明確なる自覚を要する。小成に安んずる勿れ。又角に悲観するに足らず。眞に半島愛、農村愛の精神を持して、新しき農民魂を授けよ。我が半島は未だ枯死してゐるのではない。」

　　　　　　　　宜「内地の農村を観て感ず」（京城師範学校）[3]

　「我等は卒業後は朝鮮の教育界に立って教育者の一人として教育界に大いに貢献せねばならぬ。教育特に初等教育といふことは實に大事な事である。（中略）私たちが将来行ふであらう初等教育の結果は國家社会に非情なる影響を及ぼす事を考へた時に私達は責任感をおぼえずには居られないでせう。」

　　　　　　　　朴「時局と我々の覚悟」（京城師範学校）[4]

　生命を賭して国に殉ずる類の、傲慢で居丈高な言辞が支配的な中にあって、時流と時局にあがらう言葉が明示されているわけではない。だが、戦争と死の安易な美化だけは、慎重に避けられている。散文が書かれたこと、掲載された事実、掲載を認めた人々の存在を含め、歴史の反省、教訓の証として、真摯に受け止めるべき課題であると思われる。

---

[1] 金「クリスマス祝賀会と神」『校友會誌』第4号、京城第二公立高等普通学校、1938年、30頁。なお、「校友会雑誌」等に記された執筆者名の記載が、社会的政治的影響を今日に及ぼす危険性を排除できないと考え、本稿においては、姓に限って標記している。
[2] 李「在支朝鮮同胞の皆々様へ」『清蘭』第5号、公州公立高等女学校、1938年、134頁。
[3] 宜「内地の農村を観て感ず」『朝光』第11号（時局特輯号）、京城師範学校、1933年、120頁。
[4] 朴「時局と我々の覚悟」『朝光』第11号、110頁。

Ⅱ　植民地地域等の校友会雑誌にみるアジア認識

第1章　植民地地域等の校友会雑誌で醸成されたアジア認識

梅野正信

1　はじめに

　本章では、台湾総督府、朝鮮総督府、関東庁、樺太庁、満州国に設置された中等教育学校の校友会雑誌から、生徒記述による散文等を取り出し、特徴と傾向を整理する[1]。

　校友会雑誌は、政府、文部省、自治体、憲兵隊、警察、学校等による実質的な検閲[2]や統制から自由ではなかった。とりわけ、本稿が検討対象とする地域、国においては、総督府など統治機構の施策のもとに統制の対象となり、また、日本人教師、日本人学生が優位にある中で編集されていた。したがって、記載された生徒の記述の個々をもって個々の執筆者の思想傾向を評価することは、厳に謹まなければならないだろう。しかしそれでも、戦前期、中等教育学校の校友会雑誌に描かれた生徒たちの素朴なアジアあるいは日本に対する認識や印象の表明をとり出す作業は、戦前期の中等教育学校が置かれた環境を確認する作業として、また、戦後日本のアジア認識へ受け継がれた諸言説の源流を確認する作業として、少なからぬ意味を持つものと思われる。

2　1938年度発行の校友会雑誌

　本稿では、考察の対象を、生徒のアジア認識に少なからぬ影響を与えた画期、盧溝橋事件直後、1938年度発行の校友会雑誌におくことにしたい。

　検討した「校友会雑誌」は、台湾総督府下の台北第一中学校、嘉義中学校、花蓮港中学校、臺北第一高等女学校、臺南第二高等女学校、臺北第一師範学校、臺北第二師範学校、臺中師範学校、臺南師範学校、朝鮮

総督府下の京城公立中学校、京城第二高等普通学校、公州公立高等女学校、釜山公立高等女学校、東莱高等女学校、京城師範学校、平城師範学校、関東庁あるいは「満洲帝国」下の、大連第二中学校、旅順高等女学校・旅順女子師範学校、新京中学校、奉天朝日高等女学校）、樺太庁下の豊原中学校、それぞれの学校で発行された「校友会雑誌」である。

　なお、本章では、戦前期の中国東北部について、日本の実質的支配下にあった実態に鑑み、国家の独立性を留保して、「満洲帝国」と表記する。

　下記は、植民地下で発行された「校友会雑誌」の表紙（一部）である。

臺北第一中学校『麗正』第 45 号

嘉義中学校『旭陵』第 9 号

花蓮港中学校『濤聲』（試作号）

臺北第一高等女學校『校友會誌』第 26 号

臺南第二高等女学校『豊栄』第 96 号

臺北第一師範学校『麗育學報』第 25 号

臺北第二師範学校『蘭芳』第 11 号

臺中師範学校『緑楊』第2号

臺南師範学校『校友會誌』第 8 号

京城公立中学校『校友會誌』第29号

京畿第二公
立高等普通
学校『校友
會誌』
第4号

公州公立高
等女学校
『清蘭』
第5号

東萊日新女
學校『日
新』
第10号

京城師範学
校『朝光』
第11号

平壌師範学校
『校友会誌』
第7号

大連第二中
学校『晨
光』
第13号

旅順高等女
学校・女子
師範学校『
ひめゆり』
第26号

新京中學校
『第一陣』
第5号

奉天朝日高
等女學校『
あけぼの』
第3号

豊原中学校
『校友會誌』
第11号

　表1は、検討対象とする1938年度発行の校友会雑誌に掲載された「時局」に関わる記述、散文のタイトルである。表中の「件数」欄は、植民地出身生徒による「時局」散文の数、続いて「時局」散文の合計数、最後に「散文」総数を、それぞれ「/」で区切っている。また、「散文」タイトルの前に植民地出身生徒の姓のみを記載した。

表1　1938年度発行「校友会雑誌」散文タイトル（「時局」関係記述）

学校名	誌名・号 発行年月/散文欄	件数	「時局」散文タイトル
臺北第一 中学校	『麗正』45 （1938.3） 「詞藻」	0/1/9	「岡原少将追慕」
嘉義	『旭陵』9	4/7/13	林「昭和青年の覺悟」

中学校	(1938.5) 「随想集」		林「ハルビン」 朱「防空展覧会」 洪「我が國旗」 「空襲警報」 「空襲」 「心は戦場に飛ぶ」
花蓮港 中学校	『濤聲』(試作 号)(1938.3) 「文叢」	0/2/48	「叔父の出征」 「小笹先生の出征」
臺北第一 高等女學 校	『校友會誌』26 (1938.3) 「文苑」	0/0/12	該当無
臺南第二 高等女学 校	『豐栄』96 (1938.5) 該当欄無	該当無	該当無
臺北第一 師範学校	『麗育學報』25（ 國民精神總動員特 別號）(1938.1) 「説苑」「文苑」	0/13/37	「戦地に濱崎小池両先生を送つ て」 「戦地に叔父さんをおくつて」 「軍事講習所感」(2作品) 「我等國民の使命」 「大和民族の血」 「叔父の戦傷」 「支那事變と皇民化運動」 「支那事變雑感」 「支那事變に際して」 「國民精神総動員の意義と陸軍 墓地清掃作業実施後感」 「國民精神強調週間」 「我々の覺悟」
臺北第二 師範学校	『蘭芳』11（創立 十周年記念號） (1938.2) 「文苑」	2/5/20	洪「我等の覚悟」 薦「思わぬ収穫」 「悲しい思出」 「出征の朝」 「一ちゃん」
臺中師範 学校	『緑楊』2 (1938.7) 「説苑」「文苑」	1/8/90	張「内地の非常時風景」 「非常時局に處する青年の覚 悟」 「日章旗を讃ふ」 「戦争論」

				「銃後力」 「戦場の兄を憶ふ」 「兄の応召」 「海軍の叔父さん」
臺南師範 学校	『校友會誌』8 （時局特輯号） （1938.8） 「詞藻」	1/10/11	張	「黎明亜細亜に處する道」 「戦死せる友」 「日本民族の大使命」 「支那事変雑感」 「國民精神総動員と我等」 「皇道精神」 「忘れ得ぬ見送り」 「戦場の兄上へ」 「祖國的自覚」 「有賀さんの死」
京城公立 中学校	『校友會誌』29 （1938.3） 「論説」「詞藻」	0/33/135		「仰ぎ見る目」 「日本精神を論ず」 「日本精神」 「支那を論ず」（3作品） 「日本文化に就て」 「支那事變所感」 「皇軍を讃す」 「太平洋と日本」 「歓送」 「正義の劍」 「防空演習」 「戦時下の夜」 「兄の出征」 「叔父さんの出征を見送る」 「勇猛・尾崎特務兵」 「長野先生の出征を見送る」 「戰死」 「叔父の戰死」 「從兄の戰死」 「極東の空を仰いで」 「故作江伍長家を訪れて」 「感激」 「話題」 「夏休みの一日」（3作品） 「或る日」

			「夜」 「窓から見た夜」 「戦利品展覽會」 「昭和十二年を回顧して」
京城第二 公立高等 普通学校	『校友會誌』4 (1938.3) 「文藻」	9/9/80	崔「支那事変に直面して」 宋「時代は何を要求しつゝありや」 白「出征」 朴「出征」 金「神社参拝」 金「南京陥落の祝」 朴「我らが前途」 金「非常時に直面して」 金「朝鮮神宮に参拝して」
公州公立 高等女学 校	『清蘭』5 (1938.4) 「出征軍人歓送 記」	3/12/12	閔「出征軍人の歓送」 朴「李少尉の御奮戦をお聞きして」 李「愛國奉仕作業の歓送」 「出征軍人歓送」 「感心しながら兵隊さんを送る」 「出征兵士を送る旗の波」 「中村先生萬歳」 「中村先生を涙で送る」 「出征軍人中村先生を□□驛に 送る」 「非常時に対する我らの覚悟」 「愛國奉仕作業と兄の負傷」 「慰問袋作成の感想」
釜山公立 高等女学 校	『さゝなみ』18 (1938.3) 「文苑」	0/4/23	「故笠原大尉を偲びて」 「信と美との所有者」 「嗚呼津曲少尉」 「戦地の兵隊さんを偲ぶ」
東萊日新 女學校	『日新』10 (1938.7) 「学生作品」	11/11/47	徐「出征軍人の見送り」 崔「支那事變に就いて」 尹「北支事變について」 鄭「戰爭の可否」 玉「親愛なる水兵さん」 金「水兵さんへ」 金「水兵さんへ」 崔「海軍の兵隊さん」 李「海軍の兵隊さんへ」

			金「海軍の兵隊さんへ」 白「海軍の兵士様」
京城師範学校	『朝光』11（時局特輯号） （1938.3） 「文藻」	5/8/13	柳「依田先生」 劉「依田先生」 朴「時局と我々の覚悟」 李「時局に関する吾等の覚悟」 宣「内地の農村を観て感ず」 「時局と我々の覚悟」 「一貫して流がるゝもの」 「内地旅行の感想」
平壌師範学校	『校友会誌』7 （1938.3） 「文苑」	1/1/29	金「海！！」
大連第二中学校	『晨光』13 （1938.2） 「時局感想」「文苑」	0/4/18	「時局」 「時局に対する覺悟」 「我等は何を思ひ何を為すべきか」 「街頭風景」
旅順高女・旅順女子師範	『白百合』26 （1938.3） 散文欄無	該当無	該当無
新京中學校	『第一陣』5 （1938.3） 「論説」「分苑」	0/7/42	「一九三八年を迎へて」 「理想」 「我が國の武士道」 「在満邦人」 「治外法権撤廃」 「地球儀」 「慰問袋」
奉天朝日高等女學校	『あけぼの』3 （1938.3） 「文藻」	0/11/55	「非常時局と我等の覺悟」（8作品） 「戦地の兄へ」 「ラヂオ」 「哈爾濱のプロフイル」
豊原中学校	『校友會誌』11國民精神総動員記事 （1938.2） 「文集」	0/14/21	「非常時局に於ける我等の覺悟」 「我が帝國の使命」 「非常時と我らの覺悟」 「我等の覺悟」 「銃後の使命」 「時局に處する我らの覺悟」

				「日本の新理想」
				「我が覺悟」
				「國民の覺悟」
				「非常時と樺太の産業開發」
				「時局に處する我々の覺悟」
				「國民精神総動員にあたつて」
				「愛國行進曲」
				「出征軍人を送りて」

3 優越と蔑視

(1) 優越

1938 年度の校友会雑誌には、皇國民としての優越感や蔑視感情が多く見受けられる。帝国の賛美、日本精神の賛美に終始する一文である。なお、（中略）は本稿筆者による。

> 「皇祖天照大神の尊い御姿を仰ぐ様な神々しい気持にひたります。見よ。満州事変を、上海事変を又現今の支那事変を、行軍の向ふ所日の丸の旗のひらめく所萬歳の叫ばれぬ地とてはなく、草も木も蘇へつたりその盛んなる姿を見ては誰が其の尊厳なるに驚かない者があらうか。」[3]（「我が國旗」嘉義中学校）

> 「汪洋たる東洋文化の潮流と、澎湃たる西洋文化の潮流とは、今や相倚り相融合して渾然たる世界文化の大潮流をなしつつあり。此の新たなる生活を指導する者は誰、東海國有り、とこしへの青年名は日本、建國二千五百九十有七年の歴史を有して、連綿たる皇統を戴き、盡忠報國の精神にもゆる國民の若々しさ。正義の國日本の若々しさ。正規是は常に勝てり。新時代の喇叭を高らかに吹奏しつつ平和と愛と悦びとの花瓣を撒き散らす所神勅は輝く。」[4]（「我等國民の使命」臺北第一師範)

> 「南山の松の緑を背に受けて、おごそかに建つ社殿には、皇祖天照

大神と維新の大業を完成し世界に國威を輝かして世界の一等國と
なし給うた、明治天皇とのお二柱の神御魂が何時までも、私たち半
島二千萬餘の同胞をお守り下さるのかと思ふと、深い感に打れ思
はずいらず、頭が下がった。」[5]（「神社参拝」京城第二公立高普）

（2）　「死」

　死を恐れない日本兵を「有難い」と讃える記述、教育者として皇民化
に尽くす決意を表明する記述、朝鮮半島に施行された志願兵制度を歓迎
する記述がみえる。優越的言辞は、他国との決定的な差異を、生命を賭
す、死を恐れないという、特有の美意識「御為の死」観を醸成した。こ
のような美意識を意図的に煽り立てた国家、偏波した教育を担った学校
と教師の責任、怖ろしさを感じさせる文面である。

　　「死を何とも考へて居ない大和武士、大君の御爲、國の爲、潔く北
　　支、江南の華と散る皇軍、我々は今度の様な事変があればあるほど
　　日本に生まれた有難さを味ふ」[6]（「死の斷片」京城公立中）

　　「何程有難い兵士ではなかろうか。今に此の場を離れて死んで来る
　　か生きてくるか、最後の別れだが、何うして顔には微笑が現れて居
　　ぬのであらうか。これは確に國を愛する心がけひとつであらうとし
　　みじみと有難く思ひ涙が眼にじんできた。」[7]（「出征軍人の見送り」
　　東萊日新女）

　　「不幸数弾を受けて火焰にもまれつつ、墜落して行く機上よりハン
　　ケチを振った、故梅林大尉殿の心中には、何があつたでありませう
　　か。此れには外國人には眞に理解し得られないのであります。（中
　　略）『拙き身が天皇の御爲に死に得る』喜びに他ならなかったであ
　　りませう。二千有六百年の昔より、盡きず流れきたつた万國無比の
　　日本精神、滅私奉公、盡忠報國の大精神がいまわれわれの時に萬朶
　　の櫻と香り、馥郁として後の世に香りを残すのであります。」[8]（「一

貫して流がるゝもの」京城師範)

　「教育者たる吾々自らが先ず完成せる眞の皇國民とならねばならぬ。御民と生まれ合わせたが未だ御民としての完成せる我々ではないのだ。未完成だ。黎明新亜細亜の建設、それは我々にとつては「皇國民としての完成」であらねばならぬ。（中略）吾々をより眞に生かすためには、より偉大なるものに帰一せねばならない。それは皇民化する事だ。」[9]（「黎明亜細亜に處する道」臺南師範)

　「幸いなる哉。我が半島青年にも滅私奉公すべき時が来たのだ。志願兵制度。それは恰も日陰に陽光を得たやうなもので、鮮烈なる愛國精神に燃えてゐる。青年の歡喜そのものである。眞に内鮮一體の實を見た譯で、衷心より感謝し感激する次第である。半島人も、天皇陛下の赤子として内地人と等しく聖恩に浴せしめ今や萬國に冠絶する皇軍に加えられたのだ。」[10]（「時局に関する吾等の覚悟」京城師範)

(3)　「蔑視」

　優越感は、中国民衆の「無智」を蔑み、他国（民衆）に対する憐憫ないし蔑視的表現を露見させる。

　「支那には無智な人民が多い。彼等の大多数は今度の事変の何たるかを判然とは知らないらしい。事実知らぬのた。（中略）字が読めぬ者がその大多数であらうが、文字を解する者にとってもこれらのものは、日常我々が大売出しの広告を見てゐる時の事位にしか思われぬのだ。（中略）笛吹けど踊らぬ支那民衆。これを無理に動かさうとして、目に角立てて鞭を振る人間も気の毒だが、その鞭に嚇されて事故の意思とは全然反對な方面に、丁度一本の竹竿に追はれてガーガーと鳴き乍ら、川端を雪崩て行く家鴨の大群の様な民衆も気の毒である。」[11]（「支那事変雑感」臺南師範)

　　「新しい道義國家が生まれることがいかに支那民衆の永劫の福祉
　であるかを知らさねばならない。それは支那軍のあくなき非人道的
　暴虐に泣く者に、心からの慰撫を贈り、新しい生活の希望を與へ、
　可憐な窮状から救脱させ、これを抱擁して眞に日支提携に導くやう
　現実の恩恵を與へることである。」[12]（「皇道精神」臺南師範）

　　「帝政時代の高位高官は今は見る陰もなく駆者・運転手・労働者と
　なり、路上に土まみれになつて横臥せる様はあはれといふも愚だ。
　國籍のない人間ほど悲惨なものはない。それと同時に、大日本帝國
　に生まれた有難さを海外に一歩踏み出して知り得たのである。」[13]
　（「ハルビン」嘉義中）

　　「迷へる支那よ、目覚めよ。しかして一度振り返つて満州國を見よ。
　軍閥の苛政に苦しめられてき居た三千萬民衆は、勇敢な皇軍の献身
　的努力により、王道楽土を謳歌し。最早國家的体制を待つてく完備
　し、着々日満親善の實をあげ、伸び来る赤化を防止すべき第一線と
　して又欧米人に排斥させれつつある人口問題、年々不足を叫ばるる
　食糧問題を解決すべく唯一の活路として、更に東亜安定の鍵として、
　東洋平和確立の實発揮しつつあるではないか。」[14]（「日本の新理
　想」豊原中）

　　「無知蒙昧なる支那民族は、彼の伝統の政策たる遠交近攻の策をと
　りて、抗日・悔日、排日、國民は唯私腹を肥やすを事とする軍閥の
　笛に踊らされ、暴虐無残なる態度を以て東洋の平和をかき亂さんと
　してゐるのである。」[15]（「我が帝國の使命」豊原中）

　自国、自己の優越性を論じる矛先は、時を経ず日本以外の国、人々へ
と向かう強圧的言辞を形成した。この同調圧力の中にあって、生徒たち

は、優越性から他を見下し攻撃する側となるか、攻撃を受けとめる側に甘んじるか、否も応もない二者択一を迫られていた。

4 「権益」と「自衛」の論理

(1) 「権益」

　日清日露戦争以来の大陸に有する権益という政治性と、戦傷、戦死など、肉親につらなる犠牲を想起させる心情性、政治と情緒を重ね合わせた正当化の論理が繰り返し用いられている。

　　「思ふに日本帝國國の理想の一は東洋平和の保全である。其の為には日清日露の両役を始めとして近くは満洲・上海事変等に、我々の父祖は尊い幾万の屍を横たへた事であらうか。而して現在の日本を双肩に檐って起つ者は我々である。祖父の一貫した念願を貫徹する爲には断じて退いてはならぬ。尊い鮮血を以て染めた北支を、単に流血の丘としてよかろうか。断じてならぬ。」[16]（「支那事變に際して」台北第一師範）

　　「思へば、まざまざとよみがへつて来る彼の満州事変否古くは日清日露の役で尊い血を流して築き上げて来た此の大陸をかき亂されてはたまりません。（中略）日本の敵は反日政府と赤化分子だけです。私達からまず支那民衆と手を握り、お互いに助け合つていかなければならないと思ひます。それが眞の東洋永遠の平和をもたらすことと信じます。」[17]（「非常時局と我等の覺悟」奉天朝日高女）

　　「我國は東洋平和確保の爲大陸に正義の師を進むること既に二回、十萬餘の英霊がこの大陸に御國の鬼と化してゐるのであるるこの尊い血を以て守つて来た東洋を飽くまでもアジア人のものとして守り徹すは我々の使命である。」[18]（「時局に対する覺悟」大連二中）

(2)　「自衛」

　権益の正当化は、自衛と防衛を大義名分とし、侵略行為を正当化する論理を準備する。

　　「北支事変の如き無謀な支那の暴行に依つて、東洋平和をみだされんとする時には、戦はざるを得ないのであります。戦ふが爲に戦ふのではなく、平和の爲に戦ふのであります。戦つて平和を得ようとするのであります。」[19]（「戦争の可否」東萊日新女）

　　「過去に於て日本は清國と戦ひ、露國と戦つた。そして正義は堂々と勝つて行つた。その戦争に行つた多くの人は今は老い又は死んだ。然しその人達の残した血は生きてゐるのだ。支那の欧米依存と認識不足は盧溝橋問題も平和に解決をする事が出来ず、戦火は唯拡がつて行つたのだ。そして日本はこの友邦を助ける爲に、膺懲の剣を取つたのだ。非常時は終に来た。國を思ふ心に燃える國民は結束し立上がつたのだ。」[20]（「戦死せる友」臺南師範）

　　「我國は東洋平和確保の爲大陸に正義の師を進むること既に二回、十萬餘の英霊がこの大陸に御國の鬼と化してゐるのであるるこの尊い血を以て守つて来た東洋を飽くまでもアジア人のものとして守り徹すは我々の使命である。」[21]（「時局に対する覺悟」大連第二中）

(3)　「現下の犠牲」

　正当化された過去の戦争と権益は、現下の戦争が生み出す庶民の膨大な犠牲を包み込み、侵略と犠牲を正当化する二重の根拠を形作っている。

　　「遠く神武天皇の御東征に、近くは日新・日露両戦役、満洲・上海・支那事変に、幾多の人々によつて流された尊い血潮によつて、我が

大日本帝國は、世界最強國として又一等國として地位を得たのではありませんか。現在に於ては支那事変の爲に、御國の鬼となつて、尊い血潮を流されたと聞く度に一層一等國の地位を高めるやうに感じるのであります。」[22]（「大和民族の血」臺北第一師範）

「支那事変が勃発して以来軍人は続々と召集を受けた。そして鍬を棄てて家を忘れ、大君に盡すは今ぞと、我等同胞の歡呼の聲に送られて戦場に向かふのであつた。」[23]（「叔父の出征」花蓮港中）

「今日此の日、首都南京陥落に至る迄、忠勇なる皇軍兵士の流した血涙の後を顧みよ。我が皇軍大勝の裏には、忠勇なるあまた犠牲者のあるを思ふ時、其の忠霊に対して滿腔の敬意を沸はなければならない。事変突発以来あまたの月日は流れた。然るに國民政府は未だに迷夢より醒めず。尚白色人種に頼らうとしてゐる。」[24]（「極東の空を仰いで」京城公立中）

「此等の出征兵士は、我々の爲、東洋平和の爲に命を犠牲にして戦ふのであると思ふと、我々も此の万世一系の天皇をいただき、世界無比の立派な國に生まれて来たことを喜び」[25]（「時局に處する我々の覺悟」豊原中）

「事件に依り我が國は幾多の忠勇なる勇士の尊い生命と多額の國幣を費して断固膺懲の剣を下した。要は遠くヨーロッパ諸國近くはソビエト聯邦が支那の抗日民衆を攪乱せしめその隙に亜細亜に侵入せんとするのを防ぐ手段に外ならないのである。」[26]（「我が覺悟」豊原中）

5　「膺懲」と「敵対的憎悪」

(1)　「膺懲」

　批判や非難の表明は、中国政府と戦う理由、正当性を説く目的をもって書かれている。この年、校友会雑誌には、近衛文麿による「内閣告諭」（1937年9月9日）等の文言、「日支両國の相提携し」「排日抗日」「膺懲の歩武」「國民精神の総動員」「日本精神」の語が多く用いられている。そのためか、内容の過激さとともに、似通った定型な的言い回しが、多用されている。

　　「支那の不法・無智・残虐等の諸感性は、盧溝橋・郎坊等の不法射撃となり、國民政府の自己過信となり、或は通州事件となつて現れ、日常の新聞な其の非人道的行為の歴然たるものを見る毎に我々は幾度か義憤の拳を固めた事であらう。今こそ東亜の禍根（國民政府及び附属軍隊）を徹底的に断つべきである。現在の諸列強は自己防衛の爲に、営々として奔走し、他を顧みる暇が無いのである。此の際に我が帝國は父祖より一貫せる念願を實現すべく、即ち理想郷東亜建設に邁進すべきである。」[27]（「支那事變に際して」臺北第一師範）

　　「何故世界の各國は猛虎の如くねらつてゐるか。それば日本の眞の使命を知らぬからだ。就中支那は日本の正義を無視し自國の民を苦しめ、我が聖なる大日本帝國まで禍を及ぼさうとし退いては世界に大波乱を及ぼさうとしている。かゝる國は戒めて義の國、平和安寧の國へと導かねばならぬ。」[28]（「非常時局に處する青年の覚悟」台中師範）

　　「侮日・排日・抗日のあらゆる政策を振翳して来る支那に対し、遂に帝國は不拡大現地交渉主義を一蹴し、断固膺懲の態度に出た。それも領土侵略の野心にあらずして、積極的防衛に外ならない。容共

聯ソに、欧米依存に、逆宣伝に。狂奔し抗日宣戦を拡張し何等反省する所のない支那を覚醒させるものは、膺懲あるのみ。（中略）眞の日満支提携の日を望みつつ、暴戻支那膺懲の劍をかかげて邁進する秋である。」[29]（「支那事變と皇民化運動」臺北第一師範）

「北支に於ける支那軍の亂行暴虐は日増しに激しく、はては在留邦人をも虐殺し、鬼畜に等しい行動をなした。ここに於て、我が軍は断乎膺懲の軍を起こすべく振ひ立ったのである。」[30]（「歓送」京城公立中）

「暴支膺懲の爲の皇軍の聖戦。遠交近攻の非を知らぬ支那の心意が實になげかはしい。誰が一體平和を望まないものがろらうか。支那にしてやはり平和を希望するとふならば何が故にその踏むべき道を誤つたのであらうか。」[31]（「支那事変に直面して」京城第二公立高等普）

「上下心を同じくしてついに暴戻極まりなき支那中華民國をして、正義人道の軌道に立戻すためにこらしめの軍を彼地に出征したのであります。」[32]（「非常時に対する我らの覚悟」公州公立高女）

「にくい支那兵の爲に罪もない兵隊さんがばたばた倒れるのを見て抗日によつて教育された支那人をきつときつと根だやしにして長い眠りを覚まさせ日本と仲よく手をつなぎ合ふ日が一日も早く来る様に努力しようといふ固い決心に燃えて何時の間にか両手を固く握りしめて居ました。」[33]（「戦地の兵隊さんを偲ぶ」釜山公立高女）

「北支事変の如き無謀な支那の暴行に依つて、東洋平和をみだされんとする時には、戦はざるを得ないのであります。戦ふが爲に戦ふのではなく、平和の爲に戦ふのであります。戦つて平和を得ようと

するのであります。」[34] （「戰爭の可否」東萊日新女）

「支那の國民政府並びに國民が日本を正しく認識してゐないと云ふことです。此の國民政府並びに一般州の錯覺が結局北支事變を、こんな風に拡大させてしまつた大きな原因の一つであると思ひます。」[35] （「非常時局と我等の覺悟」奉天朝日高女）

「無知蒙昧なる支那民族は、彼の傳統の政策たる遠交近攻の策をとりて、抗日・侮日、排日、國民は唯私腹を肥やすを事とする軍閥の笛に踊らされ、暴虐無殘なる態度を以て東洋の平和をかき亂さんとしてゐるのである。」[36] （「我が帝國の使命」豊原中）

「彼等の抗日侮日は拍車を掛け、遂に全面的衝突となり膺懲の師を進むるのを止む無き至つたのは實に遺憾とすべき事である。今や國を擧赤化勢力の奴隷たらんとする現狀に立到つた支那を、帝國の一貫する國是日支提携、東洋永遠の平和、世界人類の幸福に從ひ、且又正義人道の爲に、一大鉄槌を加へて」[37] （「時局に處する我らの覺悟」豊原中）

(2) 「敵対的憎悪」

　「膺懲」は「懲らしめる」という意味であるが、戦争が長期化し、犠牲者が多くなるにつれて、敵対心、敵愾心が高揚し、相手を憎悪する攻撃的言辞が目立つようになる。

「抗日排日と非人道的行爲を敢えて行ひ、鬼畜に勝る暴虐極まる態度を爲す。何が中華だ。何が中國だ。これでも人間の國かと疑ふのは我獨ではあるまい。」[38] （「皇軍を讚す」臺南師範）

「支那に行つて國の爲に働いてゐる兵隊さんに憎い憎い支那兵を徹底的にやつつけて頂かうといふ気持ちで一杯になる。」[39]（「戰死」京城公立中学校）

　「上下心を同じくしてついに暴戻極まりなき支那中華民國をして、正義人道の軌道に立戻すためにこらしめの軍を彼地に出征したのであります。」[40]（「非常時に対する我らの覚悟」公州公立高女）

　「にくい支那兵の爲に罪もない兵隊さんがばたばた倒れるのを見て抗日によつて教育された支那人をきつときつと根だやしにして長い眠りを覚まさせ日本と仲よく手をつなぎ合ふ日が一日も早く来る様に努力しようといふ固い決心に燃えて何時の間にか両手を固く握りしめて居ました。」[41]（「戦地の兵隊さんを偲ぶ」釜山公立高女）

6　「真の敵」と「友邦」

（1）　「真の敵」

　1938 年は、対英米戦まで 3 年の時を待たなければならないが、既にこの時期から、中国を背後で支える欧米、ソビエトの存在を意識した散文を確認することができる。

　「日本の敵は支那ではないのだ。いまだ内に外に幾多の難関は黒潮に打ち上げられて来るのである。起てよ若人！！今だ。洋の彼方で青い眼を光らせて合衆國、英國、隣のソビエートは何時日本大塔の悪魔となるかわからない。彼らの怪しげな影は黒潮の上に浮きつ、沈みつしてゐるのだ。然し三千年の皇統連綿たる強き祖國大日本帝國は必ずこの太平洋の覇者とならなくてはならい。」[42]（「太平洋と日本」臺南師範）

　「正に我等の敵は支那國民政府のみに非ずして第三インターナショナルである。恐るべき哉赤魔！憎むべき哉赤魔！（中略）我等青少年も亦深く時局を認識し皇軍が徹底的に國民政府及び軍閥を膺懲し東亜の天地より恐るべき赤魔を放逐して、支那四億の民衆を救はむとしつつある目的を體し、自己の本分に邁進し、堅忍不抜の心身を養ひ天晴帝國の後継者となるの覚悟が必要である。」[43]（「我等は何を思ひ何を為すべきか」大連第二中学校）

（2）　「友邦」

　「真の敵」は中国を背後で支える欧米、ソビエトと指弾する一方で、これと対比させながら、ドイツ、イタリアを友邦、同盟国とする記述がみられる。

　「ソビエツトロシアは蘇支条約を締結し、事変発生以来支那に対する物質的援助はますます露骨となり或はかげにまはつて日本と妥協するならば外蒙古を取るからといつては昔日の親交もどこへやら、常に支那に對して見えざる援助をなしてゐる。米沸の諸國も又何かと我が國を圧迫せんとしてゐる。この中にあつて先に日獨間に結んだ日獨防共協定に、更にイタリアが加はつてここに日獨伊三國防共協定が成立した。」[44]（「時局と我々の覚悟」京城師範）

　「ドイツやイタリアや等が正しく信じて呉れることを感謝し私は喜んでゐます。又その反面に心の悪い國國等が支那に武器類を賣り出さうとして一生懸命になつてゐますが、その事をよく知つて前もつてその處理をして防ぎ、東洋平和の爲に的に戦つて呉れる皇軍には只感謝する外はありません。」[45]（「支那事變に就いて」東萊日新女）

7 総括

　1938年、植民地下の中等教育諸学校で刊行された校友会雑誌から、生徒の執筆による散文（生徒散文）をとりあげ、「優越」「死」「蔑視」「権益」「自衛」「現下の犠牲」「膺懲」「敵対的憎悪」「真の敵」「友邦」など、キーワードをもとに整理した。

　校友会雑誌の「散文」欄は、同時期の政府声明等に組み込まれた「膺懲」「東洋平和」等の語とともに、大陸侵攻を正当化し、戦死を美化する論理として機能し、社会と学校において、閉塞的で暴力的な同調圧力を醸成したのである。

　植民地下に学ぶ生徒たちは、日本人はもとより、植民地出身生徒もまた、否も応もなく、他を見下し、攻撃する側へと、追い立てられてゆく。

　校友会雑誌は、閉鎖的環境下、教育下にある生徒の、強いられた思想感化の様相を伝える資料、偏頗なる美意識と論理を意図的に煽り立てた国家、学校、教育の責任、怖ろしさを今日に伝える、貴重な資料といえる。

謝辞

　本章及び第5章では、下記の機関に所蔵される校友会雑誌等を閲覧し用いることができました。有難うございました。

　国会図書館（日本）、大阪府立図書館、学習院大学、玉川大学教育博物館、国立台湾図書館、国立台南大学校、国会図書館（韓国）、韓国教員大学校教育博物館、ソウル大学校図書館、京福高等学校、京畿高等学校。

---

[1] 本稿は、梅野正信「日本統治下中等学校の校友会雑誌にみるアジア認識－研究方法を中心に－」（『上越教育大学研究紀要』第34巻、2015年3月、53〜65頁）をもとに全面的に加筆・修正を加えたものであり、同「中等諸学校生徒のアジア認識の生成と相克」（『学校文化の史的探究』東大出版会、2015年、

331〜356 頁）からの継続研究である。

2　文部省学生部『校友会雑誌等の出版物に現れたる中等諸学校生徒の思想傾向』1932 年 3 月。（国立国会図書館近代デジタルライブラリー）。

3　「我が國旗」嘉義中学校、179頁。なお、「校友会雑誌」等に記された執筆者名の記載は、社会的政治的影響を今日に及ぼす危険性を排除できないと考え、日本人名は筆者を省略し、植民地出身生徒については姓に限って標記している。なお、各散文の出典情報は「表1」で替えることとし、注には再録しない。

4　「我等國民の使命」臺北第一師範学校、23頁。

5　金「神社参拝」京城第二公立高等普通学校、41頁。

6　「死の斷片」京城公立中学校、82〜83頁。

7　徐「出征軍人の見送り」東萊日新女學校、40頁。

8　「一貫して流がるゝもの」京城師範学校、108頁。

9　張「黎明亜細亜に處する道」臺南師範学校、54頁

10　李「時局に関する吾等の覚悟」京城師範学校、111頁。

11　「支那事変雑感」臺南師範学校、59頁。

12　「皇道精神」臺南師範学校、63頁。

13　「ハルビン」嘉義中学校、158頁。

14　「日本の新理想」豊原中学校、18頁。

15　「我が帝國の使命」豊原中学校、10頁。

16　「支那事變に際して」台北第一師範学校、32頁。

17　「非常時局と我等の覺悟」奉天朝日高等女學校、96頁。

18　「時局に対する覺悟」大連第二中学校、111〜113頁。

19　鄭「戦争の可否」東萊日新女學校、41〜42頁。

20　「戦死せる友」臺南師範学校、55頁。

21　「時局に対する覺悟」大連第二中学校、111〜113頁。

22　「大和民族の血」臺北第一師範23〜24頁。

23　「叔父の出征」花蓮港中学校、31頁。

24　「極東の空を仰いで」京城公立中学校、145頁。

25　「時局に處する我々の覺悟」豊原中学校、23頁。

26　「我が覺悟」豊原中学校、19頁。

27　「支那事變に際して」臺北第一師範学校、32頁。

28　「非常時局に處する青年の覚悟」台中師範学校、21頁。

29　「支那事變と皇民化運動」臺北第一師範学校、27〜29頁。

30　「歓送」京城公立中学校、113頁。

31 崔「支那事変に直面して」京城第二公立高等普通学校、12頁。
32 「非常時に対する我らの覚悟」公州公立高等女学校、125頁。
33 「戦地の兵隊さんを偲ぶ」釜山公立高等女学校、31頁。
34 鄭「戰爭の可否」東萊日新女學校、41〜42頁。
35 「非常時局と我等の覺悟」奉天朝日高等女學校、94頁。
36 「我が帝國の使命/豊原中学校」、10頁。
37 「時局に處する我らの覺悟」豊原中学校、16〜17頁。
38 「皇軍を讃す」臺南師範学校、111頁。
39 「戰死」京城公立中学校、139頁。
40 「非常時に対する我らの覚悟」公州公立高等女学校、125頁。
41 「戦地の兵隊さんを偲ぶ」釜山公立高等女学校、31頁。
42 「太平洋と日本」臺南師範学校、112頁。
43 「我等は何を思ひ何を為すべきか」大連第二中学校、115〜117頁。
44 「時局と我々の覚悟け京城師範学校、103頁。
45 崔「支那事變に就いて」東萊日新女學校、40〜41頁。

第2章　大邱師範学校『校友會誌』にみる朝鮮人学生のアジア認識

金恩淑

1　序論

　校友会誌に載せられた文章は生徒の内面を反映したものだろうか。総督府の校誌検閲が存在し、植民地朝鮮の権力機構の一つである学校で、朝鮮人学生が書いた文章で、彼らのアジア認識を表現したと言えるだろうか。この問題を考えるために、師範学校でありながら抗日学生運動の伝統が続いていた大邱師範学校に焦点を合わせて『校友會誌』の朝鮮人学生の文を日本人学生の文と比較して検討してみることにしよう。

　検討の対象となった大邱師範学校の『校友會誌』は6種である[1]。

表1　検討対象とした大邱師範学校の『校友會誌』

号	編輯兼発行	発行日	頁	校友会誌の冒頭	校友会長(校長)
1	北方榮之助	1933.6.1	222	卷頭辭(平山正會長)	平山正 (1929.5〜1934.3)
2	北方榮之助	1934.6.1	184	勅語	鳥飼生駒 (1934.3〜1939.3)
3	北方榮之助	1935.11.3	354	宇垣總督閣下の諭告	鳥飼生駒
4	生駒大五郎	1936.11.3	238	敬神崇祖の意義(鳥飼生駒會長)	鳥飼生駒
6	生駒大五郎	1939.2.11	157	皇國臣民の誓詞	鳥飼生駒
7	生駒大五郎	1940.2.11	160	皇國臣民の誓詞	市村秀志 (1939.4〜1941.3)

2　植民地朝鮮の師範教育と大邱師範学校

　まず、大邱師範学校の設置までの過程を概観する。1910年大韓帝国を併合した日帝は、1911年に大韓帝国が設立した漢城師範学校など、既存の師範教育機関を廃止した。そして、京城高等普通学校附設臨時教員養成所をはじめ、全國に臨時教員養成所を設立を設立して教員を養成した。官立高等普通学校の師範科、教員速成科、官立女子高等普通学校の師範科で朝鮮人の普通学校で教える初等教員を養成させた。師範科は高等普通学校と女子高等普通学校の卒業者、教員速成科は高等普通学校2年修了者が入学して1年課程をへて普通学校の訓導に任用された。

　京城高等普通学校附設臨時教員養成所では、はじめは第1部では朝鮮人教員、第2部では「内地人」教員を養成したが、1914年以後は「内地人」教員のみを養成した。朝鮮総督府は中学校附設臨時小学校教員養成所を設置して「内地人」のための小学校で教える「内地人」教員を養成させた。師範科には高等普通学校や女子高等普通学校卒業者、速成科には高等普通学校2年修了者が入學して、1年の課程を終えて普通学校の訓導に任命された。1920年からは各道に道立の臨時教員養成講習所を置き、普通学校の教員を養成した。

　1921年に朝鮮総督府は朝鮮教育令を制定し、植民地朝鮮で専門的な師範教育を実施すべき師範学校を設置することにした。師範学校の生徒は学費が全額免除であり、食費、手当、被服費を毎月支給された。朝鮮教育令では師範学校は官立または公立にすると規定したので私立の師範学校の設立は不可能になった。

　朝鮮教育令によって、1922年に京城に内鮮共学の官立京城師範学校が開校した。京城師範学校には普通科と演習科課程を置いた。普通科には普通学校や小学校の卒業者から選抜された人が入学し、5年間の教育課程を終えて、演習科に進むようにした。

　演習科は男子演習科甲、乙、女子演習科（1935年廃止）に分かれていた。男子演習科甲は普通科5年を履修した生徒、乙は中学校または高等普通学校の卒業者のなかから選抜された生徒で構成された。演習科は、はじ

めは1年課程であったが、1933年から2年になった。7年の課程を終えた卒業者は1種訓導資格を與えられた。内鮮共学であったが、生徒の比率は「内地人」が75%前後であり、多数を占めていた。朝鮮総督府は1923年から臨時教員養成講習所を廃止して、2〜3年課程の道立(特科)師範学校を運営した。1929年から地方にも正規の師範学校を設立し、既存の道立師範学校は1932年まですべて廃止した。

　1929年に地方の師範学校として大邱師範学校と平壌師範学校が設立された。これらの師範学校には尋常科と演習科、講習科が置かれていた。尋常科は5年の教育課程で、卒業者には2種訓導の資格を与えた。尋常科の生徒は「朝鮮人」90名、「内地人」10名であった。演習科と講習科は中等学校卒業者を選抜して2年または1年の教育課程で教育して2種訓導の資格を与えたが、生徒は「内地人」が多かった。京城師範学校とは異って、尋常科と演習科は連携されていなかった。

　その後、朝鮮総督府は1935年には京城女子師範学校を設立し、4年の尋常科と2年の演習科を置いた。地方では1936年に全州師範学校と新義州師範學校、1938年に公州女子師範学校、1939年に春川師範学校、1941年に晋州師範学校と清州師範学校、1943年に大田師範学校と海州師範学校、清津師範学校を設立した。1944年には京城師範学校と京城女子師範学校、平壌師範学校、大邱師範学校は予科4年、本科3年の専門学校に昇格した。この時にはじめて京城師範学校とほかの三つの師範学校が同等な教育機関になったのである。

　京城師範学校、平壌師範学校、大邱師範学校、京城女子師範学校は、植民地朝鮮の代表的な教師養成機関であった。しかし「内地人」生徒が多数であった京城師範学校普通科とは対照的に、大邱師範学校と平壌師範学校の尋常科は「朝鮮人」生徒が絶対多数であった。そして大邱師範学校では「朝鮮人」生徒が絶対多数であった尋常科で早くから思想問題で多数の生徒が退学させられたことがあり、その後もそのような伝統が続いた。

3　平山正校長と大邱師範学校『校友會誌』

　では、大邱師範学校ではどのような教育がおこなわれていたのか。植民地時代の資料があまり殘っていないのが韓国の実情である。幸いに大邱師範学校の『校友會誌』が6種残っている。したがって、本稿ではこれらの校友会誌の生徒の文章を分析することにする。

　校友会誌には学校の公的組織である校友会が発行する雑誌で、校友会の会長は学校校長が務めた。現在、確認された大邱師範の校友会誌は、すべて日本語で書かれており、編集兼発行人は日本人教師だった。したがって、学校の校長や編集責任教師の教育哲学がどのようなものだったかを、考慮する必要がある。

　大邱師範学校の『校友會誌』第1号は、初代校長平山正（1929.5～1934.3）、第2号～第6号は鳥飼生駒（1934.3～1939.3）、第7号は市村秀志（1939.4～1941.3）校長の時に発行された。校友会会長の教育哲学が『校友會誌』に及ぼした影響を見てみる必要がある。

　初代校長の平山正は東京大学史学科出身で、釜山中学校の校長（1917～1922）[2]、京城第二高等普通学校校長（1922～1929）[3]を歴任して、1922年大邱師範學校の初代校長として赴任した。職員は校長1名、教諭17名、書記2名であった。朝鮮人学生が通う京城第二高等普通学校で勤めた経験のためか、彼は朝鮮人学生から人格者として尊敬された。卒業生は、彼が学者風で、五、六ケ国語ができるといううわさがあり、入学式や寄宿舎の入舎式の時は韓国で挨拶を始めたことを覚えている[4]。

　この平山正校長の時に大邱師範学校では、思想問題が発生した。つまり、1931年11月に教師の玄俊赫（英語、朝鮮語担当、1929.5.20～1932.12.3）が指導した「社会科学研究グループ」の37人が逮捕され、玄俊赫は懲役2年、執行猶豫5年を言い渡された。玄俊赫は学校を去り、この事件に直接·間接的に関わった尋常科1期生27人と2期生10人余りが退学処分を受けた。93人が入学した尋常科第1期生の朝鮮人のうち、1934年に卒業した人は55人に過ぎなかった[5]。この事件後、学校に残った生徒たちも、自分たちの精神的な支えを失ったという喪失感を覚えたという

[6]。玄俊赫は大邱師範学校の伝説になり、大邱師範学校に対する警察の監視も厳しくなった。

そして1933年6月、大邱師範学校の『校友會誌』が創刊された。平山正校長が『校友會誌』に多くの期待と愛情をもっていたことは、この雑誌に載せられているあらゆる種類の文章からわかる。まず第1号の「巻頭の辭」で平山正校長は校友会雑誌が「学校の目的を達成するために有効な刺激と援助をしてくれると思うと、非常に心強い感じがする」と記している[7]。

平山正校長は、校友会誌が生徒たちの率直な考えと感情を表現する場になることを願ったと言える。そのほかに、平山正は漢詩「日本刀歌」(舊作)と「觀金玉均氏遺墨」を『校友會誌』第1号に載せている。「觀金玉均氏遺墨」は、朝鮮朝末期の開化派政治家の金玉均(1851～1894)を哀悼する七言詩である。平山正校長が大邱師範学校の校長を辞めた後には、『校友會誌』に漢詩[8]と「舊師消息」欄に便りを載せている[9]。

校友会誌に対する平山正校長のこのような考え方は、『校友會誌』の編纂方針にも影響を与えたと思われる。『校友會誌』の編集兼発行人は、教師の北側大輔(國語(日本語)担当、青山学院卒業)だった。彼は、「表面上は比較的自由主義者だった」という卒業生の評価を受けている[10]。

第1号の「編集後記」で彼は「生徒たちの文章は優秀なものもあるが、さらに研鑽の要る文もある」とし、特に研究文、韻文はさらに精進するよう求めている。

彼は第2号と第3号の編集兼発行人でもあるが、第2号の「編集後記」で、「會員諸君の文苑も未完成のもの多かつた。が未完成は未完成のままで、何等添削を加へずして出して置いた。生々しいお互いの個性や表現上の缺點が判つて却つていいかとも思ふ。」と記している[11]。

平山正校長が「巻頭辭」で言及した『校友會誌』の役割について、北方榮之助が共感していたことを物語る。これは、少なくとも第1号と第2号の生徒たちの文章は、教師が修正や添削を加えていないことを示している。

ところが、『校友會誌』第1号と第2号の生徒たちの文章が生徒たちの

率直な内面を見せてくれるとは考えられない。大邱師範学校の学生たちは自分の思想と感情を率直に表現すれば危険になることをよく知っていただろう。

　『校友會誌』第1号の生徒たちの文章（韓国人生徒33、日本人生徒4）のなかで、当時日本帝国が強要したアジア認識を示す文章は、「肉彈三勇士」についての平山正校長の話を聞いて感想を書いた尋常科1年生裵相稷の文章「御國の爲に」）程度である[12]。「肉彈三勇士」は、1932年2月22日に上海郊外の廟行鎮の中国軍に爆弾をもって突進して戦死した3人の兵士である。事件直後日本の新聞各誌で大々的に報道して、かれらは爆弾三勇士、肉弾三勇士、軍神と称えられた。

　平山正校長がこの話を2月22日にしたとすると、尋常科1年生裵相稷には4月の入學式の前である。入学試験に合格した生徒らの予備召集の時であると推測される。この裵相稷の文章から平山正校長も軍国主義教育に加担していたことが分かる。この点では平山正校長も例外ではなかったのである。朝鮮総督府の管轄下の大邱師範学校の校長であったので、当然であったのかもしれない。

　しかし、『校友會誌』第1号には他の校友会誌に多く見られる中国と中国人に対する敵対感は見られず、中国の長所を提示している生徒の文章ものせている。すなわち、尋常科4年生の全三祚は「東洋史興味並に之が勉強法」で、中国歴史と中国人について自分の考えを述べた。彼は中國人があまりにも誇張が甚だしいと指摘しながらも、中国人の悠悠自適な精神が外交に役立ったと考えた[13]。

　また彼は、中國人の放伐思想と「王侯將相寧ぞ種あらんや」の下剋上思想が支那民族性に大きな影響を及ぼしたとした。その短所は中國人が個人主義になり、守銭奴になったことであるが、その長所は「『凡常の士が發憤勉勵して英俊となつた』こと、即ち乱世の時代英雄が雲霞の如く輩出したことや、彼、顔淵『舜何人ぞ予何人ぞ』と豪語して世人を教化したことである。」と述べた。放伐思想は「萬世一系」を誇った日本帝国の国体観念とは対立するものである。

　植民地期台湾の校友会誌にも放伐と易姓革命を中国の悪い点として

批判する文が多い。『校友會誌』第1号に放伐思想の長所を取り上げた文章をそのまま掲載したのは、やはり平山正校長の自由主義的な教育哲学と関係があると思われる。

　ところが、平山正校長は1934年3月29日辞職し[14]、朝鮮総督府直属の漢文高等教育機関である明倫学院[15]で講師として勤めることになる。朝鮮総督府職員録によると、彼は1938年までは明倫学院講師として勤めていたことがわかっている。

4　鳥飼生駒校長時代の『校友會誌』

　平山正校長の後任の2代校長になったのは鳥飼生駒であった。彼は1917年に平壤中学校の教諭になり、1922年からは校長として1934年まで勤めて、1934年に大邱師範学校の校長に転勤して1939年3月まで勤めた。1935年2月15日に朝鮮史を国史（日本史）教科書に編入する目的で、朝鮮総督府の政務総監を委員長とする「臨時歴史教科書用圖書調査委員會」が組織されたが、鳥飼生駒校長もその委員になった[16]。その後、1940～1942年には朝鮮総督府学務局の教学研究所の学監を勤めた。

　卒業生は鳥飼生駒校長について、平山正校長とは対象的な人で、徹底的な日本国粋主義者であり、「天照大神」と「本源に復歸合一」を唱えた、所謂皇民化教育を熱烈に遂行した校長として記憶している。鳥飼生駒校長の時には規律がきびしかったので、生徒達は大邱にあった第80連隊に例えて、大邱師範学校を第81連隊と呼び、寄宿舎を大邱第2刑務所と呼んだという[17]。

　鳥飼生駒校長が赴任したばかりの1934年の5月1日に、大邱師範学校の2期生（5年生）と3期生（4年生）6人が読書会を結成したことで警察に逮捕され、23日間拘束捜査を受けたことがあった。特別な容疑は見つからず、不起訴の申し立てを受けたが、校長は彼らを退学させた。

　1934年5月には尋常科3年生（4期生）の毘盧峰事件があった。金剛山修学旅行中に日本人が経営する毘盧峰の山荘に宿泊するようになったが、宿泊施設や食べ物が劣悪で、これに不満を抱いた朝鮮人の生徒たちが昼

食の弁当を拒否した事件が発生した[18]。主動者はいなかったが、鳥飼生駒校長は、鄭明模と鄭憲旭を主動者と規定して退学させ、1人に無期停学、7人に謹慎という懲戒を課した[19]。

　鳥飼生駒校長は『釜山日報』1935年8月30日付「カクテル」欄に寄稿した短文で、自分を名だけの教育家、一介の労働者にすぎないと自己卑下した[20]。

　1936年2月中旬には、柳萬植ら4期生の3人が、校長室の隣の応接室で刑事に徹夜の審問を受けたが、別段容疑点が見つからなかったので、釈放されたこともあった。

　1934年3月から1939年4月に朝鮮総督府の教学研修所長に転出するまで、鳥飼生駒校長時代に大邱師範学校の『校友會誌』は、第2号から第6号まで発行された。編集兼発行人は第3号までは北方大之助だった。第3号の「編集後記」では学生の文については特に言及がない。

　鳥飼生駒校長は『校友會誌』第2号に載せた「就任の辭」では、1934年4月3日に全国小学校教育従事者に天皇が「勅語」を下賜したことについて書いている。

　彼は『校友會誌』第3号の「卷頭の辭」では、「島國日本が大陸に生活の資材を求めずして存續し得ざることは論ずるまでもない。かかる時、この半島にして、或は淸國、或は露國の勢に制さられたりせんか、島國日本はその脇腹に長劍を擬せられたるよりも更に危險であらふ。二千年前の任那日本府の設定が半島の地に、國防の第一線を置きて、海峽の安全を圖つた島國日本の國策であつたことを思はば、道理は明らかに會得出來る。即ち東洋永遠の平和を維持し、帝國將來の安全を保障し、半島を禍亂の外圈に確保し、民衆の康福を增進する道は、この併合の一途の外には決してない。既往然り、現在然り、將來亦然り、である。かくして我等新日本九千萬の同胞は春風秋雨茲に貴重なる四半世紀を經過した。而もこの四半世紀は紋上信念の確立に對して決して徒爾なる歲月ではなかつたの。即ち我が半島固有二千萬の同胞も亦今や擧つて併合の聖業を瞻仰し、到る所に感恩·報謝·犧牲·奉仕の美德を發揚し、母國と榮辱をことを俱にせざるべからずことをあえて疑わざるまでになつて來た。」

と述べている。

任那日本府説とか、島国日本の安全を確保するために朝鮮半島を合併したという論理は、近來の「新しい歴史教科書をつくる会」の主張とあまり変わらないことがわかる。

彼は『校友會誌』第4号の「敬神崇祖の意義」では、1936年7月21日の勅令と8月1日朝鮮総督府令で朝鮮の神社制度が確立されたことは「敬信崇祖の美風を助長し國民精神の振作更張期すべき半島の現況に則して感激措く能はざる盛事である云はねばならぬ」と述べ、神社は、「我皇室の御祖先及國家に功勞ありたるい國民の祖先を奉祀し崇敬の誠を致し永く其の御恩德と功績とを敬仰せしむる爲の公の設備であつてこの敬神崇敬によりて國民は始めて東洋道德の眞髓たる報本反始の精神を體認し萬邦無比の國體精神を徹見し味得することが出來る譯であるから國民たるものは當然の義務として崇敬の誠を盡さねばならぬ筈のものである。」とのべた。

鳥飼生駒校長による、『校友會誌』第6号の「卷頭の辭」は、「校友會員諸子。支那事變勃發以來既に一年有半大御稜威の下忠勇無比なる皇軍將兵は史上空前の戰果を收め今や事態は東亞永遠の安寧を確保すべき新秩序建設の新段階に入つた。我等は謹みて聖壽の無疆を壽ぎ奉り皇軍將兵の盡忠に感謝し陣歿將兵の英靈に對して衷心哀悼の意を表ると共に建設の前途に對し舉國專念すべきの要誠に緊切なるものあるを覺ゆるのである。」とはじまり、第74会通常議会開院式で天皇が下賜した勅語を紹介し、轉載した「近衛内閣總理大臣談」で終わっている。日本帝国政府代弁人の声明書のような文である。

では、このような鳥飼生駒校長時代の『校友會誌』はどう変わったのであろうか。『校友會誌』第1号から第3号(朝鮮人生徒23人、日本人生徒6人)までの「生徒文苑」の文章を見ると、日本人生徒の文章からは、「わが國」「日本」という言葉がよく見られる。

『校友會誌』第3号ではその傾向が強く、尋常科5年の「内地人」阿部俊昭は「日本は強い」という題目で、「なぜ日本の軍隊は強いのであらふ?それは國民精神が異なるからだ。我が國は天照大神を祖先とする一

大家族である。皇室はその一大家族の宗家であらせられる。國民はその家族である。此の間に於いて忠孝一本の大精神が生ずるのは偶然の事ではない。忠孝の為には一命を惜しまないといふ精神は建國以來國民の血の中に流れてゐる。これが大和魂である。」「我が國の強いのは此の國家に對する大信仰を有してゐるからである。」と述べている[21]。

　尋常科4年の「内地人」城市龜雄は、「愛國の心」という題目で、「私達の同胞で若し愛國心の、無い者が有りましたならば、それは私達の同胞では有りません。否大日本帝國の國民では無いと言へませう。」[22]。また講習科の朝鮮人生徒の文章にも「内地人」生徒と似た表現が見えてきた。『校友會誌』第3号で、講習科の崔甲孫は、「我等は何處の國、何の世界に行つても俯仰天地に恥ぢない大和魂の燃える不撓不屈の日本界子である。」「我等は日本青年であり、半島の教育者である。」と書いている[23]。

　その反面、大邱師範尋常科の朝鮮人生徒の文章にはこのような表現はみられない。恐らく抗日運動の歴史がある朝鮮人尋常科生徒なりの皇国臣民教育に対する抵抗だったのであろう。

　大邱師範学校の『校友會誌』は、第4号で編集兼発行人が生駒大五郎（国語担当）に変わることになった。朝鮮人卒業生が「悪質中の悪質」と回想した3人の日本人教師の一人だった。3人は生駒大五郎と播本常次（修身、教育担当、生駒大五郎の舅）、そして藤原萬里（歴史、地理担当）だった[24]。

　第4号からは、朝鮮人の学生たちに悪名高かった鳥飼生駒校長と生駒大五郎が校友会誌に影響を与えた。第4号の「編集後記」で、生駒大五郎は「南新総督の告諭」を巻頭に掲載した理由を「わが朝鮮を更に正しく認識すべく、熟読すべき文字だと思ひます。」と述べている。また短期講習科の修了生に与えられた告辞には「進んで吾々教育界にあるものの取つて以て貫ぬべき大道が示されてゐます。共に御精讀を願ひたいと思います。」と述べている。そして新たな試みとして、すべての学年の学生に「日章旗」という課題の作文をさせ、教育実習の学科指導案と教生日誌を掲載したと書いている[25]。

　第4号では、「作文」欄とは別に「日の丸」欄をつくって、生徒たちの文章を載せた。課題の文「日の丸」で、初めて朝鮮人の尋常科生徒の1人が「我が日本国家」という表現を使っている。

　　「あの日章旗こそ我が日本國家の徽章であり、國權の標章であり、我が日本國民の意氣と誠を標徴したものではないか。」（尋常科3年李義禎）[26]

　すべての学年の生徒に日の丸をテーマに文章を書く課題を課したのは、朝鮮人学生に対する皇国臣民化教育の一環だった。
　『校友會誌』第5号は、現在のところ確認できないため、その内容を知ることはできない。『校友會誌』第6号によると、この号から明治節、つまり11月3日から紀元節、つまり2月11日に発行日を変えたと記されているので、『校友會誌』第5号は1937年11月3日発行されたのであろう。
　『校友會誌』第6号では、前年に続き事変が続いているため、すべて「『事変色』で満たした」とした。また学生たちの作品の中で文芸的に優れているものも多数あったが、事変と関係ないものは掲載しなかったと述べた。
　「事変の色」で満たしたという第6号の「生徒文苑」には朝鮮人学生24人と「内地人」学生18人の文が載っている。そして「皇國陸海軍」と「銃後箴言」というテーマで、各各朝鮮人6人（尋常科1年、2年、3年、4年、5年、講習科）、「内地人」2人（練習科2人）、朝鮮人4人（尋常科1年、2年、4年、5年）、「内地人」4人（尋常科4年1人、講習科2人、練習科1年1人）の文章を載せた。尋常科5年の朝鮮人学生の金正喆は、「皇國陸海軍」で、「陛下の股肱となりて、皇國をして永遠に安泰ならしめ、無窮に興隆せしめるは、皇國陸海軍なり」と書き、尋常科5年の朝鮮人学生の李相弼は「銃後箴言」で、「皇國永遠の大理想は吾等銃後の戦士によりて保證され、前線兵士によりて顯現せらる。曰くすべて戦士なり」と書いた。尋常科の高学年の朝鮮人学生の文からも帝国日本のアジア観が見えてくる。鳥飼生駒校長の皇民化教育の結実が現れたと言える。

5　市村秀志校長時代の大邱師範學校と『校友會誌』第7号

　1939年4月に3代校長の市村秀志が赴任した。かれは1913年に広島高等師範学校の数物化学部を卒業して、1929年広島高等師範学校の恩師、京城師範学校校長赤木萬二郎の招きに応じて、京城師範学校の教諭になった[27]。その後、咸鏡北道の羅南中学校校長(1936～1937)、全羅南道学務課の視学官(1937～1938)を経て、大邱師範学校校長(1939.4～1941.3)、朝鮮総督府学務局の視学官(1941～1943)、京畿道京城高等工業学校の教諭(1943～1945)になった。かれは1932年10月から1940年4月まで、『文敎の朝鮮』(3篇)、『朝鮮』(1篇)、『朝鮮及滿洲』(3篇)、『朝鮮の教育研究』(124篇)等に論説や紀行文を掲載した。

　1939年4月に赴任した市村秀志校長は、学問を尊重し人格教育、自由主義的な人間教育を実践し、学生たちの尊敬と賛辞を受けたという[28]。彼は『校友會誌』第7号に「靑少年學徒ニ賜ハリタル勅語謄本を奉載して」を書いた。「靑少年學徒ニ賜ハリタル勅語」(昭和14年5月22日)は、1939年5月22日、天皇が全国学生生徒代表を「御親閲」したのちに下賜したものである。大邱師範学校ではその謄本を9月9日に奉載した。市村秀志校長はこのことを契機に、青少年学徒と教育者のはたすべき責任についてのべている。

　まず青少年学徒については、「顧ふに世界の情勢益々複雑を加へ歐洲に於ては既に再び大戰亂の巷と化し、前途實に逆睹すべからざるものあり、我が帝國の使命愈々大なるを覺ゆ。この秋將來國民の後勁として是が大成に當るべき靑少年學徒はよく時局を正視し、正に其の負荷の重きに顧み、自奮自勵、責任感を強くし、氣宇を濶大にし、識見を高尚にし、其の本分を確保、操守を確くし、德に進み業を修め、遍に皇國臣民たる品性器能の玉成に力を效さねばならぬ。」と述べ、教育者の責任については、「而して國威八紘に普く、國運の隆昌宇内に冠たり。肇國の大精神暢達して帝國前途實に洋々、眞に世界の日本として雄飛することになった。從つて將來の國民後勁たる皇國臣民は男女を問わず世界の大國民た

ることを目標自任せねばならない。しかも世界の大國民たる所以は眞の偉大なる國民たれと、いふことに歸着する。即ち益々國體を明徵にし、日本精神を振作し、更に身體を鍛錬し、意志を強固にし、常識を豊にし、科學も藝術も宗教も凡ゆる文化への理會教養を高くし、有爲潤達の襟度を涵養せねばならぬ。これ蓋し日本精神を愈々強調し、我が國民をして益々大ならしむる所以である。而してこれがためには我等啓導訓化に任ずるもの先ず大いに修養努力する所なくてはならぬ。即ち益々人生觀を深閼ならしめ、實力を增進し、識見を高邁にし、廣く深き背景に立つことが最も根本問題である。」と述べている。

「皇國臣民」「國體明徵」「日本精神」など、当時、皇国臣民教育でよく用られていた用語があるにもかかわらず、個人の力量の発展を強調していることがわかる。卒業生たちがかれを自由主義的な教育哲学を持った校長だったと記憶しているのも理解できる。

市村秀志校長が就任したので、大邱師範学校の朝鮮人の生徒たちは鼓舞されていたが、同年7月27日に「倭館事件」が起きた。

「学校勤労報國隊」として倭館の鉄道工事現場で勤労奉仕している期間中、尋常科5年生(7期生、1935年入学)の朝鮮人の学生たちが当時生徒たちの間で悪名高かった岡本寛教諭と佐久間敦洞教諭を集団で殴打し、生徒7人が退学、11人が停学処分をうけた。この事件は、1938年4月に2年制の演習科が新設されてから蓄積された尋常科5年生の不満が、勤労奉仕期間中に爆発したのだ[29]。

『校友會誌』第7号が発行されたのは、倭館事件後の1940年2月のことである。「編集後記」では、「生徒文苑」に載せられた生徒たちの文について、「多くのものの中から選抜したものであるだけに、秀作が多い。特に今回は上級学年の生徒たちの文章にその珠玉が多たつたやうに思ふ、」と記している。[30]

『校友會誌』第7号の「生徒文苑」に載せられた文章を見ると、尋常科1年11本(朝鮮人9、「内地人」2)、2年6本(朝鮮人6)、3年6本(朝鮮人4、「内地人」2)、4年6本 (朝鮮人5、「内地人」11) 編。練習科11本(「内地人」11)だ。

時局と関連したほとんどの文章は、日本人学生たちのものだった。(「労働報国作業後の感想」(尋常科3年)「伊勢参宮記と所感」「国語の愛好」(講習科1年)、「盛んな記念事業」(演習科1年))

　朝鮮人学生の文章で時局に関する文章は、「軍人おじさんと私」(尋常科1年)、「長期設立に瀕した我々国民の覚悟」(尋常科2年)、「勤労奉仕作業の感想」(尋常科3年)など、すべて下級生の文である。尋常科朝鮮人の上級生の文章には時局関連の文章がない。タイトルも「海印寺」、「自然賛美」、「灯火」、「白雲庵の生活」、「質素な生活」、「私たちの読書」で、上級学年の朝鮮人学生が時局関連の文章を書こうとしなかったことを表している。市村秀志校長時代の大邱師範では、このような抵抗が容認されたことを物語っている。

　倭館事件以後、一部大邱師範尋常科8、9、10期の朝鮮人の学生たちは闘争を持続することにし、各期別の輪読会を組織して集い朝鮮語で文章を書いた。学生たちは朝鮮語で書いた原稿を集めて1940年1月初め、『반딧불』(蛍の光)という本にまとめて、8期、9期、10期の朝鮮人の学生に配布した。

　その後、1940年11月23日には尋常科8期、9期、10期の生徒11人が「文芸部」を結成した。また卒業を間近に迎えていた1941年、尋常科8期生(1936年入学)12人が、それぞれの学術分野で朝鮮の最高権威者になり、朝鮮民族の実力を養成し、朝鮮人の中で優秀な学生を発掘して天才教育を行い、独立運動のリーダーを育成していくことを決め、1941年2月15日には、尋常科9期生(1937年入学)11人が「茶革党」を結成し、有能な児童を発掘して英才教育を行い、民族独立の力量を養成することを決定した。

　1941年3月に学生から尊敬を受けていた市村秀志校長が転勤した後、1941年7月に「蛍の光事件」が発生した。尋常科8期生で当時教師生活をしていた鄭鉉が警察の家宅捜索をうけ、「蛍の光」が見つかり、「文芸部」「研究会」「多革党」組織が発覚したのである。1943年12月、35人に5年から2年6カ月に懲役刑がくだされ、5人(朴載敏、姜斗安、朴贊雄、張世培、徐鎭九)は獄死した。

　姜斗安は『校友會誌』第4号に「日の丸」という題の課題文を書き、朴

贊雄は4年生のとき『校友會誌』第7号に「自然の讃美」を書いたことがあった。このことは、朝鮮人生徒のなかには、『校友會誌』に書いた内容と異なる内面をもっていた人がいたことを表している。

　大邱師範尋常科の先輩たちの抗日運動の話は後輩たちに密かに伝えられたという。1945年に入学したソン・ヨンギュンは、入学後、寮の同じ部屋の上級生から「大邱師範の先輩たちの抗日民族運動について話を聞いた。これが大邱師範の特色だ。」と話した[31]。

　大邱師範の朝鮮人学生たちは、入学とともに大邱師範の抗日運動の歴史に自分たちも一部になるかも知れないということを予感しただろう。

6　結語

　大邱師範学校の『校友會誌』に掲載された文章を通じて、当時、師範学校の生徒たちがどのようなアジア認識を持っていたのかを調査し検討等を加えた。学生の文章に記されたアジア認識は、帝国、日本が強要したものを受容したものがほとんどであるが、抗日運動の伝統が続いていた大邱師範学校尋常科の場合は、朝鮮人生徒たちは校長の教育哲学に対応してそれを受け入れるか、あるいは拒否した事実を、確認することができた。

---

[1]　現在まで確認されたのは6種（慶北師大附属高等学校の「大邱師範学校尋常科歴史館」所蔵）である。

[2]　釜山日報1917年9月2日「平山中學校長着任」（國史編纂委員會、韓國史データベース）

[3]　中外日報1929年5月10日には平山正校長送別会紀事がある。　中外日報には1930年3月27日「消息」欄に平山正（大邱師範学校長）の入京を記した。

[4]　南廣祐「보통사람尋常科第5期生」『大邱師範尋常科誌』大邱師範尋常科同門会、1991年、241頁。

[5]　玉致祥、朴準浩「大邱師範尋常科學生運動（所謂玄俊赫事件）眞相報告」『大邱師範尋常科誌』大邱師範尋常科同門会、1991年、194頁。

6　徐廷周「第 3 期生讀書클럽事件의回顧」『大邱師範尋常科誌』、214 頁。

7　『校友會誌』第 1 号、大邱師範学校校友会、1933 年 6 月、「校友會の果して
よく此目的に向って進んで居るや否やは今後其機關たるこの雜誌を見ることに
よりて知ることが出來ると思ふ。何となれば雜誌は實に會員諸子の思想感情
を率直に發表して居るものであることを信ずるからである。吾等は飽くまで
も此雜誌が純眞なものであることを望む。さすればこれは一面に於て學校を
通じて世間を淨化するに役立つであらう。かの徒らに纖巧軟弱なる文を學び
或は他の創作を摸擬剽竊するが如きは唾棄すべきことである。」「我校は創立
以來未だ多くの星宿を經て居ない。故に確乎たる校風の樹立は尙ほ今後に待
たねばならぬ。之を思ふときに我等は此雜誌の任重く道遠きを感ずるのであ
る。」と記し、「校友会が果たしてこの目的に向かって考える。　なぜなら雑
誌は実に会員諸子の思想、感情を率直に発表すると信じているからだ」。

8　『校友會誌』第 2 号、116 頁。

9　『校友會誌』第 3 号、175 頁。『校友會誌』第 4 号、205 頁。

10　『大邱師範尋常科誌』大邱師範尋常科同門会、1991 年、144〜145 頁。

11　『校友會誌』第 1 号、大邱師範学校校友会、1933 年 6 月、144 頁。

12　『校友會誌』第 1 号、前掲書、144 頁。
「一命を投げうつて御國の爲に、大君の爲に、又いひ換へれば即ち我等の爲
に、江南の梅ならで露と消えました忠烈無非の肉彈三勇士。それは丁度二月
の二十八日、冷い空氣が耳をさす朝でした。校長先生のお目には涙がこぼれ
てゐました。「皆さん我等は非常に幸福です。我國は非常に美しいのです」あ
の三勇士の如き忠臣がゐるからこそ我等は幸福といひ、我國は美しいといへ
るのです。皆さんはかの忠烈な三勇士のことを御存じでせう。校長先生のお
目の涙はつひにほほから流れおちた。僕も今までこらへてゐた。熱い涙が後
からからへと流れた。最後に校長先生は、わき出る涙を押へ、ややふるへる聲
で「皆さん三勇士はかやうに忠烈でした。今後又かやうな三勇士が何時現は
れるかも知れません。皆さんもあの立派な三勇士になるんです」くひしばつ
た齒も次第にゆるみ、もふ堪えきれなくなつてわつと聲をあげました。先生
も涙を落としながら -- しばらく敎室はしーんとしてゐました。」。

13　「彼等漢人は無限に大きい魂の持主であつた。吾人が東洋史を通じて、ピン
と直感するのは彼等支那人はよく大げさなことを吐く所謂針の小棒大なるも
のである。（中略）今日彼等支那人が外交が上手と申すのも、畢竟彼等の魂
が、「漫々として大海の如く、浩々として中國大陸の如く、遠い道を行く牛の

如く、悠々閑々としてゐる爲ではなからふか。」。

14 『校友會誌』第2号の鳥飼生駒校長の「就任の辭」では、平山正校長が「勇退」
したとした。

15 류미나「植民地期 朝鮮의 明倫學院」『教育史學研究』17-1、2007年。박영미
「日帝強占期 漢文高等教育機關 設立에 관한 小考」『韓國漢文學研究』59、
2015年。

16 「朝鮮總督府官報」1935.2.15。『朝鮮』1935年3月号(國史編纂委員會、韓
國史データベース)

17 南廣祐「보통사람尋常科第5期生」『大邱師範尋常科誌』大邱師範尋常科同門
会、1991年、240〜241頁。

18 この金剛山修学旅行の旅記は、裵相稷が書いたが、このことについては一
切言及しなかった。「金剛山修學旅行記」『校友會誌』第3号、1935年、225〜
234頁。

19 皇甫均「毗盧峯事件의全貌」『大邱師範尋常科誌』、前掲書、222〜224頁。

20 『釜山日報』1935年1月30日(國史編纂委員會、韓國史データベース)「カ
クテル」欄で大邱師範學校長 鳥飼生駒はつぎのように述べた。
「今聯隊で軍事演習をやつてゐる生徒達の状況を見て來たところです、來春卒
業する者ばかり全部で百八十名が皆元氣でやつてゐます、この頃嗜眠性脳炎
が流行つてゐますが、インテリが多くやられるさうぢやないですか、だとす
ると我々教育家も危ないやうですが、然し私は大丈夫です、自分は名だけの
教育家で頭の中はカラツポですから人を教育するといふ様な大外れた考へは
毛頭ありません、自分などは固よりインテリの仲間入りは出來ず單なる一介
の勞働に過ぎませんよ」。

21 阿部俊昭「日本は強い」『校友會誌』第3号、前掲書、134〜135頁。

22 城市龜雄「愛國の心」『校友會誌』第3号、147〜148頁。

23 崔甲孫「我等の使命」『校友會誌』第3号、147〜148頁。

24 玉致祥、朴準浩「大邱師範尋常科學生運動(所謂玄俊赫事件)眞相報告」『大邱
師範尋常科誌』、前掲書、194頁。

25 『校友會誌』第4号、1936年、238頁。

26 『校友會誌』第4号、70頁。

27 山下達也「「外地」中等教員ネットワークと広島高等師範学校」『教育史學會第
60會大會コロキウム』2016年。

28 『大邱師範尋常科誌』、260頁。

29 허종「日帝強占期後半大邱師範学校の学生運動」『韓国独立運動史研究』27、2006 年。「日帝下戰時體制期大邱地域学生運動의展開와性格」『大邱史學』110、2013 年。

30 『校友會誌』第 7 号、1940 年、160 頁。

31 大邱師範學校尋常科제 17 期 ソン・ヨンギュン(2016 年 12 月 29 日のインタビュー)。

第3章　植民地朝鮮の京城中學校『校友會誌』にみるアジア認識

徐鍾珍

1　はじめに

　「わが居留民に危害を加え、満州におけるわが権益をさへおびやかす挙にでました。すなわち、昭和六年九月、支那軍は、不法にも、南満州鉄道を爆破しました。東洋の平和を望み、隣国のよしみを思へばこそ、たへしのんで来たわが国も、事ここに至って、決然としてたちあがりました。支那は国際連盟にすがり、列強をみかたに引き入れやうとします。わが国は、正々堂々、膺懲の軍を進めて、たちまち、支那軍を満州から駆逐しました。長い間、悪政のもとに苦しんでゐた満州の住民は、これを機会に独立の運動を起こし、昭和七年三月、新たに国を建てて満州国とし、溥儀執政をいただくことになりました。わが国は、東洋平和のため、その建国を喜び、同年九月、列国に先だって独立を承認し、日満議定書を交換して、両国の共同防衛を約束しました。」[1]

　上記の引用は戦前歴史教科書の「満州事変」と「満州国」に関する記述内容である。その内容をみると、満州事変を起こした日本は「正々堂々」と軍を進め、東洋平和のために「満州国」を承認したとされているように、教科書の内容は史実とは程遠いものであった。当時近代日本の植民地帝国内ではほぼ同じ内容の教科書が用いられていたので、朝鮮や台湾における学生たちはどのような認識をもっていただろうか。戦後、教育基本法が制定されてから、新たな教育理念に基づいて執筆された教科書で歴史教育が行われてきたが、とくに植民地という空間で教育を受けた少なからずの「引揚者」の歴史認識というものはどういうもの

であっただろうか。そして植民地本国の人々との歴史認識と差はあった
だろうか、戦後にはどうなのだろうか、いまの歴史認識を考えるうえに
示唆するところが多いと思われる。戦後 70 年を迎える現時点で、東ア
ジアでは歴史認識問題が地域協力の妨げになっているが、歴史問題の多
くは近代日本の戦争や植民地支配からの問題である。

　そして、本稿は植民地における最初の日本人中学校だった京城中学校
の校友会雑誌に記載された日本、朝鮮、中国などアジア諸国に関する記
述をもとに当時学生たちのアジア認識の一端を考察することを課題に
したものである。ここでいう「アジア認識」とは、斎藤利彦による五つ
の側面－時局認識、歴史認識、国家認識、民衆認識、文化認識－からの
アジア認識の内容分析の枠組みを用いることにする。植民地朝鮮におけ
る学生たちのアジア認識を検討すると、斎藤利彦による 5 つの側面が重
層的に含まれており、最終的には植民地支配と戦争拡大を正当化する
「帝国イデオロギー」に収斂しているからである[2]。

　本稿の主な分析対象とする校友会雑誌には学生たちの学校生活の記
録として学生の言説、諸活動などが豊富に掲載されている。ところが、
日本の植民地で刊行されていた校友会雑誌が分析された研究はまだ多
くない。中等学校の校友会雑誌に関する代表的な先行研究としては斎藤
利彦、市山雅美によるいくつかの研究と梅野正信の研究などがあげられ
るが[3]、植民地の中等学校を対象にした研究は、史料収集の制限もあって
日本でも韓国でもまだ十分とは言えない状況である[4]。

　植民地期の体制から考えると、校友会雑誌は、総督府や学校の統制下
にあったことがうかがわれ、統治機構の施策方針を反映し、教師の影響
などから学生たちをとりまく状況を考慮すると、検閲から自由ではなか
ったことがわかる。校友会雑誌から学生たちのアジア認識を考察する場
合、そこには当時の植民地統治当局の施策にしたがった学校側の方針が
浸透されていたと思われるので、一般化した認識を取り出すには慎重で
あるべきだが、植民地当時の歴史認識と戦後日本のアジア認識との関係
からも意義ある作業だと思われる。

　以上の問題意識を踏まえながら、本稿では京城中学校『校友會誌』に
あらわれている学生たちのアジア認識を考察する。植民地本国と植民
地、日本人と「朝鮮人」学生などの比較も視野に入れなければならない
が、本稿では、いま確認可能な 1928 年から 1939 年までの京城中学校
『校友會雑誌』の「論説」を分析の対象にした。まず、「文化政治」期
以後の植民地朝鮮の社会状況を理解するために 1929 年に発生した「光
州学生運動」を検討し、次に植民地本国以外の最初の中学校であった京
城中学校[5]について概観し、最後に校友会雑誌『校友會誌』の「論説」に
描かれている学生たちのアジア認識の一端を考察した。

2　「光州学生運動」と在朝日本人学生

　帝国日本の植民地のなか、朝鮮は他の植民地と異なって「併合」以前
から在住日本人が多く居留していたことは注意すべき点であろう。1876
年「日朝修好条規」締結以来、日本人の居留がはじまって 1910 年の朝
鮮の植民地化の時期の在朝日本人居留民の数は約 17 万人に増加してい
た[6]。これらの在朝日本人は「保護」期以後に朝鮮半島の完全植民地化に
いたる過程で統監府の施策にも少なからずの影響を与えた。すなわち、
彼らは自分たちの利権を守るために組織をつくって本国に働きかけた
り、植民地権力にも協力的であったのである。このような状況はその後
にも続けられ、生活現場で日本人と朝鮮人の接触も自然に増えるなか
で、日本人居留民の声と主張は地方における植民地支配の方針決定にま
で徐々に影響を与えることになっていた。ここで検討する光州学生運動
は、在朝日本人の存在が植民地朝鮮と朝鮮人とどう関係していたのか、
さらに、本稿の研究対象である 1920 年代後半の植民地朝鮮の教育状況
を考えるうえでも示唆するところが多いと思われる。

　植民地期の朝鮮における民族運動として最も代表的な運動の一つは
1919 年の 3・1 運動である[7]。この全国規模の民族運動を境として朝鮮総
督府の施策が変えられるが、それがいわゆる「文化政治」である。1920
年代の文化政治とは以前の強圧的な支配策を「改善」した一連の施策を

さす。海軍予備役の新総督斎藤実が赴任して、朝鮮人に対する差別を廃して日本人と同等に処遇する、言論の自由を認めて朝鮮語の新聞発行を許可するなどを、総督府は主な「改善」施策として掲げたのである。しかし、総督府が宣伝した憲兵中心の「武断」政治からの転換としての警察の増員、新たな親日勢力育成のための懐柔策の強化から考えると、総督府の支配政策の本質は変わらないものであった。ここでは、3・1運動後の抵抗運動として全国規模に拡大していた学生主体の運動であった光州学生運動を概観することによって当時の植民地朝鮮社会と教育状況の一断面を垣間見ることにしたい[8]。

　光州は朝鮮半島の西南部に位置する中心都市の一つであるが、光州学生運動とは、この都市で1929年11月3日から翌年の3月1日まで約四か月間にわたって全国に拡散していった学生運動である。運動のはじまりは、10月30日に羅州－光州の汽車通学生のなかで、光州高等普通学校の学生と光州中学校の学生との些細な衝突からであった。光州中学校の福田修三(3年)が光州公立女子高等普通学校の朴基玉をからかったことに対して、朴の義弟なる光州高等普通学校の朴準埰が「侮辱的態度」だとして、口論がおこって最後には殴り合いになった。事件後に日本人側の働きもあって、この事件をめぐって『光州日報』が偏った報道をしたと朝鮮人の不満が高まるなか、11月3日に朝鮮人と日本人の学生グループ間の衝突が発生した。光州高等普通学校と光州中学校の両校寄宿舎学生間の大乱闘へ拡大したのである。学生達の乱闘は警察の呼びかけによって召集された在郷軍人会、消防隊、青年団の制止によっておさまったが、光州高等普通学校生が学校で集会を開いて再び街頭に出て同事件を偏向報道していた『光州日報』新聞社を襲撃したのである。この示威過程では光州農業学校の学生も合流しており、学校側は翌4日から6日間にわたる休校の措置をとったのである。

　示威運動を解散させた後、警察は暴行を主導した学生を検挙したが、光州高等普通学校学生48名、光州中学校学生8名、光州農業学校学生11名、光州師範学校[9]学生5名、計72名を検挙した。警察の取調の結果、10日の72名の内、朝鮮人学生40名（光州高等普通学校学生39名

と農業学校学生 3 名）を刑務所に収容して日本人学生 8 名全員と朝鮮人学生 24 名は釈放した[10]。検事の拘留状によると学生たちは保安法違反で起訴されたのである。ところが、この警察当局による処置が民族差別として受け取られて、12 月には同盟休業などの形で京城にも波及し、さらに全国的な抗日学生運動へエスカレートしたのである。1929 年 12 月 4 日の『東亜日報』号外によれば、正午までに 127 名を検挙し、8 千枚の檄文を押収し、謄写版も発見したと報じている。光州学生運動は 3・1 運動から 10 周年にあたる時期に起こった抗日運動として全国に拡大していったが、1930 年 3 月 1 日は警察側の事前取締もあって、大きな抵抗運動とならないままに終わっている。

　この光州学生運動に参加した学校数は 194 校、参加学生約 6 万名、その内退学処分者 582 名、無期停学者数 2330 名、被検挙者数 1642 名になっている[11]。地方における朝鮮人と日本人学生間の些細な衝突事件が全国的な抗日運動として拡大した原因の一つは、事件発生後に不安を感じた光州地域の日本人と光州中学校父兄による警備力充実や軍隊派遣など官憲への陳情と圧力であった[12]。ここから 1930 年代当時、植民地朝鮮の状況がどうであったかを読み取ることができる。「韓国併合」から 20 年が過ぎた時点で、被支配者である朝鮮人は文化政治という当局の「改善」施策にもかかわらず「差別」は続いており、優越意識をもつ日本人と同居していたのである。そのなかで地方都市光州の在朝日本人は支配者として優越意識をもつ一方、官憲への陳情からわかるように「不安感」も抱いていたのである。そして総督府と警察などの当局は、社会主義と共産主義などの外来思想の流入を警戒しながら、学生運動と民族運動の連携と再発を取り締らなければならない状況であった。文化政治が行われていても当局の最大の課題は植民地朝鮮の治安維持であって、地方都市光州と首府京城にかかわらず、在朝日本人は優越感とともに不安感をもちながら朝鮮人と接していたのである。

3　京城中学校概観

　下の文書は、朝鮮総督府の大野緑一郎政務総監が植民地朝鮮における
内地人子弟教育の重要性とその使命に関して述べたものである。

> 「新附同胞子弟と接触し彼等の有てる長短美醜は、即ち全内地人のそ
> れとして評価せられ、身応てその成人の暁きは、真の朝鮮理解者同情
> 者として我が日本内地と新附朝鮮の楔となって、両者の間を結合し
> て、その政治的、経済的、社会的融合の因子たるの重大使命を負荷し
> て居る。」[13]

　朝鮮では戦争拡大にともなって日本人中心の差別的な教育制度の変
更が試みられるなか、在朝日本人の教育が重視され、内地人子弟の役割
も総督府から期待されていたのである。とくに、京城中学校は日本国外
におけるエリート集団の中等学校の一つとして、植民地官僚育成という
総督府の「重大使命」を担う最も代表的な日本人中等学校の一つとして
位置づけられていた。

　京城中学校は、「韓国併合」前年の 1909 年 5 月に植民地最初の日本
人中学校として西大門外で開校した。最初の正式な名称は京城居留民団
立京城中学校であったが、1910 年 4 月に「統監府中学校官制」制定によ
り統監府中学校に改称され、さらに併合後の 10 月には朝鮮総督府中学
校と改称された。このときに場所も西大門外の仮校舎から慶熙宮の地へ
移転された。そして 1913 年 4 月に官立京城中学校となったが、この年
には釜山中学校が設立され、その後、1916 年には平壌中学校、1918 年
は龍山中学校と大田中学校が設立されるなど、重要都市に次々と中学校
が設立されていった。3・1 運動後の行政改革により中学校が各道に移管
されることになると、京城中学校も 1925 年に京畿道管轄の公立中学校
になった。

　1912 年の入学生は募集定員 143 名に対して志願者が 355 名であり、
その内 152 名が入学している。入学者のなかで、内地学校出身者が 34

名であった。出身地は九州(38名)、山口(15名)、東京(14名)などで、朝鮮からの近距離地域と都会からの学生が多かったことがわかる。また、多くの学生には「学校を恰も予備校視する傾向」[14]があったようで、在校生はほとんど上級学校への入学を希望する朝鮮随一の進学校であった。1933年度の卒業見込者165名のなか、進学希望者は152名にもなっていたように、当時卒業者の多くが内地の高校や大学などの上級学校へ進学していた。1924年に京城帝国大学が設立されてからは京城帝国大学が最大の進学先となり、また、満州・関東州などの学校への進学もみられる。以下の表1は京城帝国大学の予科における朝鮮人と日本人入学者の統計であり、表2は京城にあった進学中等学校の朝鮮人学生の京城帝国大学進学状況であるが、京城帝国大学は京城中学校の少数の朝鮮人卒業生の進学先の一つであった。

表1　京城帝国大学予科の学生統計

年度	25	27	31	33	35	37	39	41	42
朝鮮人	－	104	－	97	112	165	204	219	201
日本人	－	204	－	214	197	296	338	395	442
計	71	308	102	314	309	461	542	614	643

参照：呉天錫『韓国新教育史』(現代教育叢書出版社1964年)。

表2　京城帝国大学予科の朝鮮人学生の合格者数

年度	24	25	27	29	31	33	35	37	39	計＊
京城中	－	1	－	1	3	4	1	1	2	25
京畿中	13	15	7	13	18	17	12	15	13	216
景福中	－	－	3	9	5	9	8	4	8	95

参照：『京城帝国大学予科一覧』(1943年)、정선이『경성제국대학연구』(文音社2002年)再引用。
　　＊計は1924年から1939年までの合計。

　1912年に寄宿舎を建てて全朝鮮の日本人小学校卒業生を受け入れる体制を整っていた。入学は1922年の第二次朝鮮教育令後、文化政治の

一環として「国語を常用する」朝鮮人の入学を公認した。日本人中学校現況をみると、1922 年の中学校七校には朝鮮人学生は計 74 名(2.4%)であり、1937 年の 16 校には日本人 7317 名、朝鮮人 465 名（6%）である。1930 年代のなかばになると約 6%に伸びているが、京城中学校の朝鮮人比率は一学年平均 4〜6 名で、約 2〜3%の在籍にとどまっていた[15]。

歴代校長は京城中学校赴任前にほとんど中等学校長の経験者であり、教員は東京高等師範学校の出身者が多くを占めていた[16]。初代校長隈本有尚はイギリス視察経験者でイートン校をモデルとした学校運営を構想し、国家指導層の養成を京城中学校の主な目標と掲げていた。京城中学校の校長と教師の多くは学校の設立目的を理解して学校の方針に忠治な人物が赴任して教育に当たっていたようである。

京城中学校の教師のなかには朝鮮人に対する理解をもっていた教師も赴任してきたが、勤務期間はそれほど長くなかった事例があった。その教師は 1921 年に大田中学校に赴任した新井徹である。新井は中学校で教鞭をとりながら、詩人として活動していた教師であった。新井は 1926 年から京城中学校で勤務をはじめていた。しかし、京城詩和会を組織していた新井は 1928 年に京城中学校をやめさせられている。新井が京城中学校を辞め、朝鮮から追放されたのは、朝鮮芸術社の機関誌である『朝』の創刊などの活動が問題になったからであった[17]。新井のように朝鮮人に共感をもって活動をするものなら、教師として相応しくないとみなされたのである。これは当時の社会状況とともに京城中学校の雰囲気がどういうものであったかをしめす事例でもある。

京城中学校は総督府から与えられた植民地官僚を輩出するという使命に充実した中等学校の一つであった。京城中学校が朝鮮随一の進学校といわれた所以は、何よりも与えられた使命と期待に充実に応えることを最優先した教師と学生が集まっていたからであろう。

4 京城中学校『校友會誌』の「論説」からみるアジア認識

『校友會誌』の「論説」タイトルをみると、まず、朝鮮に関する論説

が少ないことが目につく。1929年の「二十世紀に於ける我國の精神文化と朝鮮氣風」と1931年の「郷土朝鮮を思ふ」だけである。その内容をみると、朝鮮は比較的生活の容易な地であり、朝鮮人を「純朴」な人間として紹介しながらも植民地的気質・利己的根性をもっていると述べている。

> 「其の朝鮮気風とは一體何であらうか。＜中略＞ 今夫れを簡単な箇条書にして見れば、一、日本人としての作法を忘れた者。二、何事に依らず自己主義に流れる者。三、人情の美点を失つた者。四、人の物と自分の物との区別は知つて居ながら夫れをせぬ者。五、出し得べきを出さぬ者。」[18]

さらに、朝鮮は文化的に進んでおらず、経済的にも「行詰る」状況にあったとみている。

> 「細々と上る煙には何等文化的恩恵が見られない。従つて地方の風景に更に潤ひが無い。そこには躍動する気分がない。彼等には少しも進取的な様子が見えない。」[19]

当時の朝鮮は、農村地域では小作争議と都市では労働運動が激しく発生しており、農民と労働者の国外移住が盛んに行われていた。次の文書は当時の社会問題に対して目を向けている稀な文書である。

> 「国家は人口問題、食糧問題、経済問題に悩んでいるではありませんか。されば世界へ誇る大和魂は人情も道徳も無視し、己の利益のみを計るが大和魂でしょうか、弱きを助け、悩める者を救うが真の大和魂でないでしょうか。＜中略＞上流階級、地主階級の人々よ国家の為め、民衆の為めに起きていただきたい。」[20]

このような状況のもとで、学生は、朝鮮社会の農村問題と失業問題

のために思想問題が発生していると認識していた。学生たちが日常のなかで朝鮮人と接するなかで、なぜ朝鮮でいま失業問題が起こっているのか、思想が問題になっているのかを考えるようになる。しかし、学生たちの置かれていた状況は「内鮮人間の感情疎開を來し誤解を誘発」していたのであった。

1930年代、朝鮮総督府の「農村振興運動」展開にも農村問題は改善されなかったので、「心田」開発というスローガンを掲げていた。すなわち、実際の農村問題を精神的な「心田」問題としてみなして、総督府は具体的な施策ではなく空虚なスローガンだけを叫んでいたのである。学生たちの文書も似たようなもので、朝鮮の現状を植民地支配との関連よりは朝鮮の「気質」や「気風」という精神的なところに問題があるとみている。異民族支配に対する認識の乏しいことがどのようなものであったかは「日本は未だ嘗て不正な戦をしたことがない。なんで日本が軍国主義の国家であろうか。日本書紀の言葉に依っても分るではないか」[21]という文書から読み取ることができよう。

そして植民地支配に対する認識の問題は「満州事変」後の中国大陸に対する認識にもつづいていく。

　　「汝は既に二千年の昔から俺に色々の文化を少しの野心なしに興へて呉れた。又俺は汝の為にあらゆる者を犠牲にして戦つて居るのれはないか。かうした美しい関係の国が世界の一体どこにあるか。如何に汝が俺を怨んでも尚知らず知らずの中に汝は俺に友誼をつくして來て呉れて居るのではないか。この迷へる支那を自覚めしめるのが、白魔の妖雰から醒めしめるのが日本最初最大の仕事であつて、支那さへ自覚めて呉れるならば黄村の結束は後は朝飯前である。」[22]

学生たちには「満蒙」への「進出」が侵略であったという意識も乏しかったようである。次の文書で満蒙は日本と「最も関係の深い」地域として描かれているが、これは「満州事変」以

前からもっていた認識であった。

　　「お米を対立しているイギリスとフランス領から輸入している状況
　万一英・仏両国が協力して我が国を排斥する様な事があったとすれ
　ば、八千万に余る帝国民は如何にして糧を十分に得るであろうか。<
　中略>此の対策は如何にすればよかろうか。満蒙。我が国と最も関係
　の深い満蒙。此の広漠たる満蒙の地を利用するの外道は無いと自分
　は思う。然らば如何にして是を利用するか。我等日本人がどしゝ入込
　む事である。殊に有識者達が多数行かなければ何にゝもならぬ。而し
　て最も入り易いのは我が半島在住の日本人である。中でも中等学生
　が最も有望なのである。」[23]

　また、「我が生命線満蒙」という文書には、「進んで満蒙の開発に
力めよ」、「実に満蒙は充実した地力と赫々たる天日に祝福さ
れた世界の一大穀倉」であると記されているが、満蒙への思い
を日清・日露戦争と関連させていた。

　　「日清・日露の両役も、単に軍国主義の悪夢として古びた追憶の中に
　葬り去られようとしている。戦争の忘却はやがて満蒙の忘却であら
　ねばならない。そして満蒙の忘却はやがて日本の滅亡の一端を招来
　するものではあるまいか。」[24]

　このような時代を遡って満蒙を日本の「生命線」とみなす認識は、世
界情勢や国内外の現状に対する情報がまったく遮断されていたから起
因するものではなかったようである。朝鮮や中国などアジアの情勢だけ
ではなく、アメリカやイギリスなど欧米諸国と日本との関係に関する情
報もある程度伝えられていたようである。たとえば、「米国人は自立自
由を発達せしめ文物の何たるに論なく世界第一以て自ら任ぜり」[25]、「英
帝国分割論なるものが、遠からず人が口辺上るべき順序にある。英国
よ！斯くの如くに日本を排する勿れ、他を排すること必ずや自己の益す

るところとならず。」[26]など、英米に関する情報も伝えられていたように
みえる。また、京城中学校出身の坂本少佐が「護国の神として南京の
上空の華と散った[27]」ことで弔慰金を集めている記述がされていること
から、中国における戦争のことも伝えられていたのである。

　ところが、日本の立場が「嵐」に直面していたと認識しなが
らも、その危機状況を生み出した原因が何かについて論じたも
のはあまり見当たらない。日本が危機的な状況に陥っている原
因を、欧米「白人」の「奸計」によるものとしてとらえていた。
学生たちの認識は、植民地支配と「満州事変」などの帝国主義
的な膨張主義の問題との関連から現在の危機状況を見出すに
は程遠く、植民地統治問題に対する批判は全く見当たらないと
言っても過言ではない。

　　「東に米国海軍の大拡張あり、西に英国のシンガポール要塞あり、隣
　　国の支那は内訌絶えず、北にはロシアの赤き魔の手は拡げられ、＜中
　　略＞　嵐が来る、嵐が来る。この恐るべき嵐に打ち勝つべき備をせ
　　よ。それには真日本を知ることである。日本の尊い使命を知って、そ
　　の使命の達成を計ることは嵐に対する第一の備へである。使命の達
　　成とは何か。天業の恢弘だ。王道に依る世界統一である。日本文明の
　　建設である。」[28]

　　「東洋平和を攪乱するものは英米露等である。之等の諸国は日支両
　　国を争わせ、その間に漁夫の利を占めようとしているのだ。日支両国
　　が永く争うということは、即ち彼等の奸計に陥るのである。故に支那
　　がこの点を自覚せず、彼ら諸国の煽動に乗る時は、自滅を招く危険が
　　あると思う。故に日本、支那及び新興満州国は相提携して、欧米諸国
　　の野心を却け、東洋永遠の平和を期すべきである。」[29]

　学生たちの危機状況に対する認識は、危機状況の克服は「白人」との
対決を通して可能だという認識につながっていった。欧米との対決のた

めに「東洋」の団結が必要であり、それが日本の「天業」として強調されたり、日本の使命としての「世界統一」として描かれたりしている。そして「世界統一」は「有色の民」の結集によって成し遂げられるものであり、「王道」によるものであるが、それは日本中心的なものであった。学生たちの認識には、東洋の団結が妨げらえているのはなぜなのかという問いがなく、日本中心的な「世界統一」が戦争の拡大であるのに「王道」としてとらえられている。

　　「幸なる哉我々には古来四海同朋一視同仁の美徳を持つて居る。現
　　代の人類平和の基礎工事は余りにも悲惨なる東洋十億の救済に在
　　る。かゝる事よりして先に述べは太平洋時代二大立物の一人米国が
　　今後世界の指導者となる事は、その不純分子を多量に包含して居る
　　所からして当分不可能と伝はねばならないのである。ありとあらゆ
　　る方面からして、日本の活躍時代の来る事はもはや疑を入れぬ所で
　　ある。日本は実に天の使徒であり、大和民族は実に『宇内の天兵』で
　　ある。」[30]

　植民地朝鮮の現状に目を背いて形成された学生たちの認識は、戦争拡大にさいしても日本を「使徒」と「天兵」として描くだけであった。植民地主義と膨張主義は批判されず、それらはむしろ日本が古来からもっていた「一視同仁」の精神と「東洋の救済」のためのことだと合理化されていた。そして、王道による東洋の団結と日中の提携を唱えるときにも、それは日本盟主論に立った「アジア主義」であった。

　　「東洋の事は東洋人の手に依り即ち日満支の完全なる提携に
　　依り悪思想の防遏に努めると共に有無相通じ産業の開発をり、亜細
　　亜民族の隆興、延いては黄色人種に依る全世界の平和をこそ支那は
　　企すべきだと信ずる。」[31]

5　おわりに

　京城中学校の『校友會誌』にあらわれている学生たちの認識について考察したが、以下のことを指摘することができよう。まず、学生たちが植民地朝鮮に生活していながらも、異民族支配から生じている社会問題に目を背いていたことである。学生たちの認識は、朝鮮社会と朝鮮人との接触があまりなかったことに起因するように見受けられる。これは京城中学校が特殊なエリート集団であり、学生たちが特権意識あるいは優越意識に染まっていた結果でもあったであろう。

　第二に、満州事変と日中戦争など、戦争の拡大という危機的な状況にさいして、その原因を日本の膨張主義や侵略に帰するのではなく、日本の「生命線」への欧米の「奸計」による挑戦としてみなしていたことである。情報が全く遮断されていたのではなかった状況であったにもかかわらず、日本の膨張主義と侵略に対する批判はあまり見当たらないことは、校友会誌に対する統制によるものであろうか。

　第三に、日本の膨張主義が招いた危機的な状況を克服するためには戦争も合理化されていくという、一度誤った認識の再生産が行われていたことである。戦争は「白人」との戦争として描かれ、戦争のために「東洋平和」、「一視同仁」、「王道」などのスローガンだけが強調されていた。東洋平和のためにアジアの連帯が必要であり、そのさいに日本は「盟主」になる使命をもっていると主張していた。アジア連帯のためには、まず、日本の植民地主義と膨張主義政策の修正が前提にならなければならないのだが、日本の戦争拡大に対する批判はほとんど見当たらない。

　最後に、植民地主義と膨張主義に対する認識の乏しさ、戦争拡大という危機状況打開のための戦争の合理化などは、誤った認識が連鎖している結果であったともいえるだろう。そして、その連鎖は日本盟主論に基づいた「アジア主義」にいきつくのである。その連鎖を断ち切って誤った認識を改めるためには、植民地「京城」の中学校の学生として「優越意識」にとらわれていたことを見直すことからはじめなければならなか

ったのではなかっただろうか。学生たちが生活していた植民地「京城」
を本当の「郷土」として認識していたのだろうか。彼らの目が「郷土」
としての「京城」ではなく、植民地本国の「帝都」に向いていたならば、
再生産されていく認識の連鎖から距離を置くことは、容易ではなかった
であろう。

---

[1] 『初等科国史』（1940年）。朝鮮では1939年から日本人と共通の教科書が使
　用されるようになったが、1937〜38年に刊行された『初等国史』では「朝鮮
　史」関連記述が消滅されている。

[2] 斎藤利彦によると、帝国イデオロギーとは、自国の領土や文化の拡大さらには
　他国の侵略を正当化し、軍事力や経済力を背景に他国への支配や植民地化を
　必然のものととらえる意識の状況や政策をさす。斎藤利彦「『校友会雑誌』の
　中の帝国日本−満州事変前後における生徒たちのアジア認識−」（『近代東亜
　與社会　国際学術研討会　論文集』、2015年11月）。

[3] 斎藤利彦によると、校友会雑誌は「生徒たちが自ら作り上げたという側面」か
　ら「学ぶ者」の意識や状況を反映し、長期的に刊行され「時代状況の中での
　様々な内容の変化が分析」できて、学校間の比較が可能な資料であると指摘
　している。斎藤利彦、市山雅美「旧制中学校における校友会雑誌の研究」（『東
　京大学大学院教育学研究科紀要』第48巻、2008年）。梅野正信は、近代日本
　の植民地、占領地、「満州国」などで発行された校友会雑誌を収集した貴重な
　資料を用いて、そこに描かれたアジア認識の特徴と傾向などを比較している。
　梅野正信「日本統治下中等学校の校友会雑誌にみるアジア認識」（『上越教育
　大学研究紀要』第34巻、2015年）。なお本稿は、植民地の校友会雑誌の資料
　としての意味から、アジア認識という問題設定と執筆にいたるまで、斎藤利
　彦と梅野正信の仕事から大きな示唆をうけている。

[4] 斎藤利彦編『学校文化の史的探究』（東京大学出版会、2015年）は、近代帝国
　日本における中等学校の校友会雑誌を収集して資料として本格的に用いた貴
　重な研究である。

[5] 近代日本の植民地朝鮮における中等学校の校友会雑誌の中では、京城中学校
　の校友会誌が日韓両国の国会図書館や大学などに散在している状況である。

[6] 朝鮮における日本人人口は、1876年に54人、1895年に約1.2万人、1905年

に約 4.2 万人、1915 年に約 30 万人に達し、その後、1930 年には約 52 万人、1944 年には約 71 万人であった。森田芳夫『朝鮮終戦の記録』（厳南堂書店、1965 年）参照。

7 3・1 運動によって朝鮮の民族主義勢力は上海に臨時政府を樹立するが、これらに関しては、朴慶植『朝鮮三・一独立運動』（平凡社、1976 年）を参照。

8 光州学生運動については、朝鮮総督府警務局編『光州抗日学生事件資料』（風媒社、1979 年）に当時の極秘文書が載せられており、ここではそれらの資料をはじめ、姜在彦による同書の解説と「一九二九年の光州学生運動」（『季刊三千里』第 15 号、1978 年）などを参照している。

9 朝鮮総督府警務局編『光州抗日学生事件資料』には光州師範学校ではなく「師範学校」と記されており、朝鮮総督府警務局極秘資料(1930 年)によると「光州公立師範」と記されているが、本稿では光州師範学校と記す。

10 朝鮮総督府警務局編『光州抗日学生事件資料』風媒社、1979 年、133 頁。

11 姜在彦『日本による朝鮮支配 40 年』大阪書籍、1983 年、116〜117 頁。朴慶植『日本帝国主義の朝鮮支配 上』青木書店、1973 年、328 頁。

12 『東亜日報』1929 年 11 月 7 日。

13 朝鮮総督府『朝鮮教育問題管見』1936 年。

14 「京中の生徒に」京城公立中学校校友会 『校友會誌』第 29 号、1938 年。

15 稲葉継雄『旧韓国〜朝鮮の「内地人」教育』九州大学出版会、2005 年、185 頁。

16 1916 年当時、計 26 名の教員の内、7 名が茗渓会員であった。 稲葉継雄『旧韓国〜朝鮮の「内地人」教育』九州大学出版会、2005 年、169 頁。

17 高崎宗司『植民地朝鮮の日本人』岩波新書、2002 年、145 頁。

18 「二十世紀に於ける我國の精神文化 朝鮮気風」京城公立中学校校友会『校友會誌』第 20 号、1929 年。

19 「郷土朝鮮を思ふ」同『校友會誌』第 22 号、1931 年。

20 「精神的黎明の鐘は響く」同『校友會誌』第 19 号、1928 年。

21 「日本文明の建設」同 『校友會誌』第 19 号、1928 年。

22 「日本中心大東亜主義論」同『校友會誌』第 26 号、1935 年。

23 「行け満豪へ」同『校友會誌』第 29 号、1928 年。

24 「我が生命線満蒙」同『校友會誌』第 37 号、1936 年。

25 「覚醒せよ日本の青年」同『校友會誌』第 19 号、1928 年。

26 「転落への第一歩を辿る大英帝国」同『校友會誌』第25号、1934年。

27 「京中の生徒に」（同『校友會誌』第 29 号、1938 年）。1937 年 9 月に、坂本

少佐と同じ時期に岡本中尉の河北省での戦死も論説の前に記されている。

28 「日本文明の建設」同『校友會誌』第 19 号、1928 年。

29 「東洋平和と日支両国」同『校友會誌』第 25 号、1934 年。

30 「日本中心大東亜主議論」同『校友會誌』第 26 号、1935 年。

31 「支那を論ず」同『校友會誌』第 29 号、1938 年。

第4章　京畿中学校『學友會誌』にみるアジア認識

1　はじめに

　本稿は朝鮮における最初の中学校だった京畿中学校の学友会報『學友會誌』に記載された学生の作文をもとに日中戦争を前後した戦時体制下の中学生たちのアジア認識の一端を考察することを課題にしたものである。

　京畿中学校は大韓帝国期に「全朝鮮最古の学府」として社会に貢献する期待を背負って設立されたが、植民地化以後にも存続し続けていた代表的な中等教育機関である。京畿中学校は初代統監であった伊藤博文と「李王世子殿下」と「英親王」とも呼ばれた高宗の孫の授業参観をはじめ、「韓国併合」以後は寺内正毅と長谷川好道、斎藤実、宇垣一成など歴代の朝鮮総督がつづけて学校視察に訪れるほど注目されていた中等教育機関の一つであった。「解放」後も京畿中・高等学校として韓国社会の各分野で活躍する多くの人材を輩出しており、京畿中・高等学校とソウル大学への進学はエリートコースと言われているほどである。

　本稿の主な分析対象とする学友会報『學友會誌』には学生たちの学校生活の記録として学生の言説、諸活動などが豊富に掲載されている。ところが、植民地期朝鮮の中等学校を対象にした研究は、史料収集の制限もあって日本でも韓国でもまだ十分行われていない。植民地期の体制から考えると、朝鮮人中心の中学校の校友会および学友会の雑誌は、総督府や学校当局の統制下にあったことがうかがわれ、統治機構の施政方針を反映したであろう。また、日本人教師と朝鮮人学生という構図や教師の影響力などの学生たちをとりまく環境を考慮すると、規制から自由ではなかったことが予測できる。さらに、戦時体制下の「皇民化」政策が本格的に進められていた時期に、自分の作文が公表されることを前提に

書いていたことを考えると、本心をそのまま明かしているとは考え難い。実際に、編集後記には「投稿中色々な関係で」割愛しなければならなかったことを「お詫び」することが書かれていた[1]。これらの理由から学友会雑誌から中学生たちのアジア認識を考察する場合、そこには当時の植民地統治当局の施策にしたがった学校側の方針が浸透されていたと認め、一般化した認識を取り出すには注意が必要であろう。

　下記の引用は1930年代の朝鮮総督府の今井田清徳政務総監の道学務課長及び視学官に対する訓示の一部である。

　　「昨秋來教導に亘り初等学校教員又は書堂教師にして共産主義に感溺し、学校の内外に於て不穏なる運動を試み、純真なる児童の将来を蠱毒して刑辟に触れ、教権の神聖を汚すが如き者を相当多数出しましたことは、誠に遺憾とする所であります。」[2]

　共産主義思潮の浸透による植民地朝鮮学校における「不穏なる運動」を警戒している訓示である。植民地支配下朝鮮の思想状況と教育現場の実情をある程度予測できる。「満州事変」と日中戦争の間にも植民地朝鮮の学校という教育現場は学生たちにとって開かれた自由な空間であったようである。ところが、日中戦争の勃発になると従来ある程度の自由な空間であった学校の雰囲気は一変し、「陸軍特別志願兵制度」と「創氏改名」などが推し進められて学生は「皇民化」政策と直接かかわりを持たざるを得なくなった。

　植民地朝鮮のこのような状況を考慮しながら、日中戦争を前後した京畿中学校『學友會誌』にあらわれている学生たちのアジア認識を考察するに当たり、本稿では、いま確認可能な1934年の創刊号と最後になった1940年の創立40周年記念号の京畿中学校『學友會誌』の「文苑」を主な分析の対象にし、また2000年に韓国「京畿高等学校」の同窓会が発行した記念冊子を参照して考察した。まず、「日中戦争」期前後の植民地朝鮮の社会状況を理解するために「皇民化」政策の実際を一部考察し、次に朝鮮初の中学校であった京畿中学校[3]について概観し、最後に学

友会報『學友會誌』の内容比較と特徴、「文苑」に描かれている学生た
ちのアジア認識の一端を整理したものを検討する。

2　京畿中学校の概観

(1)　近代教育発祥地としての官立中学校設立

　朝鮮の「甲午改革」の際に、政治・経済・社会制度の改革がすすめら
れる中、教育分野も改革をするようになった。学務衙門が教育行政を担
当し、小学校、中学校、大学、実業学校、専門学校、外国語学校、師範
学校などを設置することを決めていた。そして 1895 年 4 月、勅令 79 号
で「漢城師範学校官制」、5 月に「外国語学校官制」、7 月に「小学校
令」を次々と公布された。初等教育機関にあたる「書堂」と呼ばれた伝
統的な教育機関のほかに近代的な教育施設として小学校が設立される
ようになったのである。そして 1895 年 8 月に設置された官立小学校は
1900 年になって 10 校に増加していた。1897 年 7 月には第一回卒業生が
排出されたが、進学する学校がない状況であった。小学校高等科の卒業
生が進学する中学校の設置は時代の要請でもあった。そして大韓帝国時
代の 1899 年 4 月 4 日、勅令第 11 号「中学校官制」を公布（高宗皇帝光
武 3 年）して、翌年 1900 年 10 月 3 日、京畿中学校は中学校官制に基づ
いて「官立中学校」として開校した。
　当時学校行政の最高責任者であった学部大臣申箕善は保守的な思想
をもってあり、「開化」政策に対して積極的ではなかったようである。
しかし、それにも官制が制定されたのは教育機関の業務を担当する学務
局の責任者であり、初代校長であった金珏鉉の努力の結果によるもので
あった。学務局長を兼任した校長の尽力もあって、官制公布から 1 年 6
ヶ月が過ぎた 1900 年 10 月 3 日に最初の官立中学校の開校に至った。
　京畿中学校の前身で別名「官立中学校」、官立漢城高等学校（1906）、
京城高等普通学校（1911）、京城第一公立高等普通学校（1921）、京畿
第一公立高等普通学校（1925）、京畿公立中学校(1938)は、「朝鮮教育
の発祥の地」として称された。校舎の住所は現在のソウル北部、鐘路区

花洞 106 番地（朝鮮時代の改革官僚出身者で甲申政変の後に日本亡命した金玉均の邸址）であった。

　学校設立の目的は「男子に必要なる高等普通教育を施す」とされた。募集要項によると入学者は 17 才以上から 25 才の者で、教科は国文、算術、漢文、歴史、地誌などがあり、2 種類の班に分けられていた。一般志願者が入る（イ）東班は外国語として英語を課しており、（ロ）西班は高等小学校（当時は小学 3 年、高等小学 3 年）卒業者で外国語として日本語を学ぶところであった。学科は倫理、読書作文、歴史、地誌、算術、経済、博物、物理、化学、図画、外国語（日本語または英語）、体操などであった。官制は専修科 4 年、高等科 3 年の 7 年制になっており、高等科は実現できず、修業年限は 4 年であった[4]。

　官立中学校の開校は伝統的な儒学中心の教育から新学問へ転換して西洋の学問や文物を受け入れるようになった政府の中等教育必要性によるものであった。ところが、開校の際には、その前に制定・公布されていた中学校の官制がスムーズに施行されず、人々の欧米の新学問への理解が広がらずに志願者はそれほど多くはなかった。1910 年代初期の学生募集の広告をみると、入学願書に身分を記入する項目があったことが分かる[5]。すなわち、貴族・両班・常民などの身分に分けて明記するようになっていた。これは当時身分制度が廃止されていたが、まだ身分によって入学を制限できる状況であった。学校設立の初期には学生募集に積極的に広告を出さなければならなかったが、1910 年代にも広告を出しながら身分を常民までに広げていたことは注目すべき点である。

　学校設立の最初は学生たちを集めるのが容易ではなかったであろうが、当時の校長と教官は名望をもつ人物であり、新学問と人材育成に人並みならぬ意欲をもっていたので、名望家の有望な子弟の入学もあって、1904 年 7 月に第一回卒業式が行われていた。1904 年には 2 種類の東班と西班が一つになり、すべて高等小学校の卒業生が入学できるようになった。

　日本の強圧による「日韓保護条約」が結ばれ、「韓国統監府」が設置されて顧問政治が行われるなど、大韓帝国の自主権が剥奪される状況で

官立中学校が発展するには限界があった。1906 年 8 月 27 日の勅令第 42号「高等学校令」と学府令第 21 号「高等学校令施行規則」によって官立中学校校名を「官立漢城高等学校」に変更した。また、修業年限を 4年にして置きながら、学科目に代数、幾何、簿記を加えた。定員は 500名に大幅に増加し、その後には修業年限 1 年の予科も設けられたが、これは 1909 年に廃止された。

　あらゆる分野で日本人管理が増えるなか、学校では韓国人教員の代わりに日本人教員が大勢登場すると同時に、韓国人教員は通訳のために採用された。本来中学校という名称は小学校の上級学校であり、将来的には大学設置を前提に中間段階にあたる教育機関としての意味をもっていた。したがって当時中学校を廃止して高等学校に名称を変更したのは高等学校を最終学校と想定していたとも考えられる。とくに、農業などの実業教育を強化していたことも教育制度の萎縮したことを意味し、それによって従来までの授業内容も、実業教育強化という名目で授業の内容が質的に低下したという。英語（随意科）と商業（実業科）、唱歌などが加えられ、とくに「韓国併合」直前の 1910 年 3 月には学校附設として「臨時土地調査事務員養成所」が設置されたのも注目される。

　韓国の植民地化以前、大韓帝国時代の韓国人校長は第 6 代まで続いており、最後の洪奭鉉校長は 1907 年 4 月に赴任してから「韓国併合」のあとも続けて 1911 年 12 月 29 日まで 3 年半も校長を歴任した[6]。日韓保護条約の後、韓国統監府が設置されてから教育機関の校長職を日本人が独占していた当時の状況から考えると非常に異例であった。ところが、後の『學友會誌』などの記録からみると、1 代から 6 代までの朝鮮人校長は歴代校長として数えられることなく記されており、初代校長を岡元輔校長だと記録している。これは朝鮮を植民地化した以後、京畿中学校の開校してから安定的に定着するまでの時期を当局が認めようとしない雰囲気を反映した結果であった。

　近代教育「最高」で「最古」の学府として国家に貢献するために設立された京畿中学校設立の精神はその後も続けられた。「国家が国民を教育する所以のものは啻に誰子一身一家の幸福を思うのみに非ず国民の

中堅として将来国家有用の材たらしめんことを期する」[7]と称えられたが、次の文章からこの学校に対する評価を理解することが出来よう。

　　「思うに本校の歴史は由緒深い。それだけ又比類のないものである。半島の全生徒は本校を仰ぎ見て入学を切望し、そしてそれを無上の光栄と思い、或は師主と尊び本校に従おうとする。本校は朝鮮の学校を率いて立つ使命を帯びている。かゝる半島第一の学生たり得た我等は如何に幸運か。と同時に如何に羨望の的か。我々はそう考える時、胸に軽い何物かを感ずる。然し又一方重い重い責任感が湧いて来るのである。」[8]

（2）　植民地期の学校沿革

　1910年の帝国日本による「韓国併合」と同時に学校は朝鮮総督府に移管された。1911年の「第一次朝鮮教育令」の実施とともに「京城高等普通学校」と改称して修業年限は4年となり、学生の定員は500名に定められた。入学資格は普通学校卒業者とこれと同等以上の資格を有する者の入学できるものになった。同時に旧官立漢城外国語学校の学生が京城高等普通学校へ編入し、また、1895年に創立された旧官立漢城師範学校の後を継承した修業年限3年の臨時教員養成所とその附属普通学校は「京城高等普通学校」の附設として指定された。

　1911年12月に岡元輔校長が日本人初の校長として赴任した。翌年1912年5月には教育勅語謄本が「下賜」された。植民地時代には、学校の歴史を1911年から数えており、岡校長は1920年6月まで在職したが、朝鮮総督府の中等教育政策に対する試問官のような身分をもって、植民地期の学校の教育基礎を作り上げたと評されていた。朝鮮教育令の改正によって高等普通学校に改称されたとき、日本人初の校長であった岡校長の功績を讃えて胸銅像の建立をもって「師弟至情の発露」と「内鮮融和表現の美挙」として成功裡に効果を収めたと評価されている。

　植民地期学校の記録はそれほど残ってないが、学友会報から部分的ではあるが学校の状況をうかがうことができる。1912年の募集定員は150

名であり、志願者は931名であった。1915年から入学競争がさらに激しくなっていた。1920年代になってからは学生の経済状況と民族運動への参加を理由に退学される学生が増えて卒業できない学生が続出した。下の表1は1940年代の在学生出身地域別の統計であるが、京城と京畿という首都圏が圧倒的に多い中、ある程度全国からの人材が入学していたと言える。また、当時の学校当局は学生を父兄の身分によって貴族、両班、常民に区分していたことが確認できる[9]。

表1　地方出身別の在学生の数（1940年調査）

地域	京城	京畿	忠北	忠南	全北	全南	慶北	慶南
人数	449	149	33	92	62	55	43	55
地域	黄海	平北	平南	江原	咸北	咸南	満州国	計
人数	36	23	21	39	13	60	1	1132

　下の表2は地域別の在学生の数と父母の職業別に分類したものである。[10]

表2　父兄職業調査表（1940）

職業	農業	工業	商業	官公吏	銀行・会社員	その他
人数	567	25	180	122	96	142

　1913年の附設臨時規則の改正によって、教育教員養成所は第一部と第二部に分けられて、第一部は朝鮮人教員を養成し、第二部は新しく内地人教員を養成することとなった。また、同年4月から実施する第二部は修業年限一年にして中学校卒業者または中学校以上の学歴をもつ者が入学できるようになった。1913年4月、普通学校の朝鮮人教員養成のため修業年限一年の師範科が設けられ、高等普通学校の卒業者には門を開いたが、同年5月になって附設臨時教員養成所は第一部と第二部の区別を廃止し、普通学校内地人教員のみを養成することになった。

　3・1運動後、いわゆる「文化政治」が行われるようになったが変更以前の武力による統治政策の本質は変らなかったのは周知のことである。

3・1 運動には学生たちが大勢参加していたが、京畿中学校の学生たちも約 1000 名が参加していた。とくに、京畿中学校と近いところで最初の集会が行われていたこともあって、学生たちは上級学生の指導で組織的に動いており、運動に参加した学生の中で 27 名が裁判を受けていた[11]。3・1 運動が勃発した 1919 年の秋には「同盟休学」も行われ、これにかかわった学生たちの退学処分や自退、また失踪した学生もあって学生数が減っていたが、京畿中学校も例外ではなかった。

　1920 年には福岡県立明善中学校長加藤常次郎が新しく校長に就任し、10 月には官制の改正によって「京城第一公立高等普通学校」と改称され、修業年限 2 年の補習科が設置されて第一学年を迎えた。差別的な状況を打開するとの総督府の「文化政治」という新しい統治方針にもかかわらず、1921 年に「京城第一公立高等普通学校」と直接関係する事件が起こった。本科 4 年と補習科 1 年を終えた学生たちが日本の高等学校に入学願書を提出したところ、修学年限が足りないとの理由ですべての応募願書が返却されたのである。これは差別であると抗議する学生たちは同盟休学に入り、当局はやむをえずに教育政策を変更したのである。

　1922 年 2 月に、総督府は教育令を全面改訂して「第二次朝鮮教育令」を公布し、高等普通学校は 4 年制から 5 年制になった。本科の修業年限を 5 年に延長し、学科課程を中学校と同じくし、また、内地人をも入学できるようにして 4 月から実施した。補習科は在籍学生の卒業をまって廃止することを定め、臨時教員養成所をも廃止して附属普通学校を京城師範学校に移した。そして 9 月には斉藤実総督が学校を視察しており、10 月には閑院宮戴仁殿下の授業参観が行われた。

　1924 年 4 月に朝鮮総督府事務官兼同視学官の重田勘治次郎が校長として赴任した。1925 年に学校は朝鮮総督府から京畿道に移管されたので、学校名称が「京城第一公立高等普通学校」と改称された。また師範科は分離されて京城師範学校に移った。1927 年 5 月に宇垣一成総督代理が学校を視察しており、同年 5 月末に本館が完工された。1928 年 2 月には池上政務総監が学校を視察し、3 月 30 日には大庭儀三郎咸興公立高等普通学校長が就任し、1929 年 8 月には平壌公立高等普通学校の齋

藤欽二校長が赴任した。1920 年代の朝鮮では新しい教育令にもかかわらず当局の差別教育は続いており、1924 年に日本人教師の資格の問題で再び同盟休学、1926 年に 6・10 万歳事件参加、1927 年には民族教育を要求する長期間で大規模の同盟休学、1929 年に光州学生運動など京城第一高等普通学校の学生のかかわった学生運動は絶えなかった。当時、校長の任期が比較的に短いのは学生運動の影響によるものであろう。

1932 年 3 月には平壌公立高等普通学校の和田英正校長が新しく赴任した。1933 年 11 月には大正天皇御大典記念館が改築された。1934 年には修業年限 1 年の補習科が設置され、また学校に現役将校が配属された。1934 年 12 月には宇垣総督の前で学校の軍事訓練授業である教練査閲が行われていた。1935 年 1 月には兵器庫が一棟建てられた。1936 年には新校舎の敷地で地鎮祭が行われ、1937 年には御真影を「奉戴」していた。1938 年 4 月には再び朝鮮公立学校学制が改正され、学校の名称が「京畿公立中学校」と改められるとほぼ同時に新校舎に移転した。6 月には大谷拓務大臣が学校視察に訪れており、10 月には朝鮮総督府の岩村俊雄視学官が校長に任命されている。1939 年 5 月には学校教練の配属令実施から 15 周年に当たるとして御親閲を行っており、また狭窄射撃場が新しく設けられた。同じ年に第 1 回臨海集団訓練が実施され、「青少年学徒に賜る勅語」の奉戴奉読式が行われた。1940 年には学友会に滑空部が設立され、また開校 40 周年を迎えて記念日の 10 月 3 日に校庭に「中等教育発祥之地」と刻まれた記念碑が建てられ、10 月 27 日には御真影奉安殿が設けられている。

(3)　京畿中学校の卒業者と教員

1930 年代の中等学校の状況をみると、1935 年の中学校の全身たる高等普通学校が 26 校、女子高等普通学校が 19 校で、学生数はそれぞれ 14364 名と 6047 名であった。1943 年の統計をみると、主に朝鮮人学生が通う中学校と日朝両国の学生が共に通う学校を合わせると中学校 41 校、高等女学校 44 校であった。学生数は中学校が 16920 名であり、高

等女学校が 10161 名であった。1935 年と 1943 年を比較してみると、学校数では日朝両国学生の共学できる学校を省くと、中学校は９年前と同じく 26 校であり、高等女学校は 19 校から 16 校に減少している。学生数は中学校が 14364 名から 16292 名に、高等女学校は 6047 名から 10161名に、それぞれ約 2000 名および 4000 名ずつ増加している[12]。これはそれほど大きな変化とはいえない。これは当時の当局が初等教育だけに力を入れた結果であり、中等教育以上の教育にはあまり関心をもたなかった結果と言える。

　下の表３は上述した統計を表にしたものであり。表４は朝鮮の中学校と高等女学校の朝鮮人・日本人の学校数と学生数である。

表３　1935 年と 1943 年の中等学校状況の比較

		1935 年		1943 年	
		男	女	男	女
朝鮮人	学校数	26	19	26	16
	学生数	14364	6047	16292	10161
日本人・朝鮮人共学	学校数	—	—	41	44
	学生数	—	—	16920	10161

表４ 中学校・高等女学校統計[13]

	中学校			高等女学校		
	朝鮮人学校	朝鮮人日本人　共学校	計	朝鮮人学校	朝鮮人日本人共学校	計
学校数	26	15	41	16	28	44
学生数	13887	2305	16292	6653	3508	10161

　京畿中学校の学生は進学を希望する学生が多く、学生の約八割は上級学校を志願していたという。前述したように 1921 年に京畿中学校の本科４年と補習科１年を終えた卒業者が日本内地の高等学校に入学願書を提出したところ応募願書が返却される事件が起こった。願書を受け付けなかった理由は朝鮮の高等普通学校卒業者の修学年限が足りないことにあった。学生たちが「同盟休校」に入って抗議したところ、総督府は

「第二次朝鮮教育令」を公布して高等普通学校修業年限を5年に延ばす処置をとった。進学をめぐる植民地と内地との間の差別事件は京畿中学校を含んで朝鮮社会の教育熱を物語るものであった。京畿中学校の卒業者は朝鮮の他の学校より進学率が高かく、たとえば1934年には120名が上級学校へ進学していた。

　前章表2（朝鮮人学生の「京城帝国大学」進学状況）でみたように、全国から秀才が集まっている京畿中学校卒業生の主な進学先の一つは「京城帝国大学」であった。

　戦時期になると進学という学生の希望に応える授業内容にはならなかったようである。当時の京畿中学校は日本語教育を徹底するため学生に日本語常用を要求し、また教練や機械体操を奨励し、日本の伝統的武士道精神を修練するために武道を尚び、勤労作業を徹底して行っていたのである。また草花の栽培や盆栽の手入れ、詩吟朗詠のような日本的趣味生活を図っていたという。

　日中戦争を前後して戦時体制に入ると、朝鮮における教師は足りなくなっていた。1935の教員数は日本人109人に対して朝鮮人514人である。日本人教職員数は1938年度以降160人台にとどまり、以後の学校数の増加は、朝鮮人教職員数の伸びによることになる。1941年の時点では、日本人169人に対し朝鮮人1613人という比率である。1935年に作成された「簡易学校の増設方針」という文献には、「教員の供給が尽き」440校の増設計画が220校にしかならず、「教員は将来内鮮人半々の割で分布せしめたいが現在の所三分の二が朝鮮人である」と書かれている。日本人教員の確保はさらに困難となり、かつそのなかで朝鮮に渡ってきた教員は施策における矛盾のなかで、支配者と同じく朝鮮に対して優越意識や差別的な眼差しをもっていたようである。そしてこれが学生運動や同盟休業の原因の一つになっていたのである。

　京畿中学校の場合、1930年代半ばの教師は日本人が多く朝鮮人は少なかったが、教員のなかから幾人かを紹介する。まず、英語教師として学校初めから1907年に強制追放されるまで勤めていたハルバート(Homer Bezaleel Hulbert)[14]というアメリカ出身の教師がいた。ハルバ

ートは1886年の23歳に朝鮮政府の招待で朝鮮に来て官立漢城師範学校で英語を教えたが、1900年9月から官立中学校の嘱託教官として在職していた。彼は朝鮮で宣教師や研究者、独立運動の後援者として知られている。彼は1905年に結ばれた「日韓保護条約」の無効を主張する大韓帝国の高宗の秘密書簡(密書)をもってハーグ万国平和会議に朝鮮人3名の密使とともに派遣されたことで、1907年に強制的に追放されたのである。

　次に、教員の中に教練を担当していた河本中佐という配属将校兼教員がいた。河本中佐は日本語がそれほど上手くなかったが、学生たちは彼を日本人だと思っていた。しかし、彼が実は李絳雨という朝鮮人であった。本名河本と知られていた李は教練の時間で安重根を慕うことを話すなど密かに学生たちに度々民族意識を高める話をしていたようである。解放後、李は日本に渡っていったそうだが、その後の行方は知られていない。

　そして韓国の無協会主義のキリスト者として知られている金教臣も短いではあるが在職していた。学生の回想によると、ある日朝会時間に岩村俊雄校長(1938年10月～1944年3月)が新しく赴任した先生を紹介するとして、金教臣教師を壇上に迎えて赴任を知らせた。金教臣は東京高等師範学校で地理と博物を学び、1928年から養正高等普通学校で12年間在職していた。1940年代のはじめに偶然に市内で岩村校長に会って1940年9月から6ヶ月間、岩村とともに同じ学校で勤務するようになった。金は韓国の無教会主義運動の先駆者として聖書研究と普及を通して民族運動を展開しようとし、「聖書朝鮮」筆禍事件によって監獄に投獄されたりもした。

　金教臣は当局の要視察人となって就職ができなかったが、東京高等師範学校の先輩であった岩村校長の計らいで京畿中学校に來られたという。約半年間、京畿中学校で勤務した後に開城の松都中学校に移った。

　日本人の教員としては北川喜代麿美術教師がいた。植民地支配下の朝鮮人学校には統一した服装はもちろん学校を象徴する校歌や校旗などをもつ学校は稀であった。民族運動や社会運動を警戒していた当局は、

学生たちの運動参加をも警戒して制服、校歌、校旗などが学生たちの求心点になることを未然に防ぐ狙いからであった。京畿中学校も意図的に制服や校歌は制定していなかった。1920 年代の学生運動が盛んになっていた当時、京畿中学校も校旗のような学校のシンボルが定められずに放置されていた。1931 年になってようやく斎藤欽二校長のときに北川喜代麿美術教師がバッチを製作した。

また、1932 年 3 月に赴任した和田英正校長は朝鮮のいくつかの高等普通学校で校長として努めた経歴をもっていた。和田校長は赴任してから意欲をもって最初の校歌と校旗を製作し、運動場をも拡張した。和田校長は校旗の必要性を感じてまた北川教師に校旗の製作を委嘱した。北川は柴紺色の中央に白い線を一つ入れて黄金色の糸で「高」の字を刺繍したものを校旗としてデザインした。学生の回想によると、最初のバッチと校旗を製作した北川教師は朝鮮人に対する優越意識をもっていたという。このため学生たちとの関係は悪くなり、1944 年 12 月に金浦飛行場の勤労動員現場で学生たちに殴打される事件も起こった[15]。

京畿中学校の卒業生は韓国社会の各層の様々な分野で活躍していた。学友会報によると、1934 年まで卒業生と在校生の約 3100 名の状況をみると、官庁勤務 300 名、教職 1000、実業従事 500 名、上級学校在学中の者 450 名その他の者が 800 名であると紹介している。卒業生の進路について学友会報では次のように述べている。

　　「更に我等の先輩は優に四千名を突破している。それらの先輩は内
　　に外に現在社会の中堅となって活躍されていて、しかも京畿中学校
　　ともいうべきものが厳然と根を張っている。到る所我が先輩の居ら
　　ない所はなく、我が校名のとゞろかない所はないのである。」[16]

下の表 5、6 は京畿中学校の卒業者の統計である。卒業者は 1940 年までおおよそ約 3000 名をこえており、それ以外補習科を合わせると卒業者はさらに増えることになる[17]。

表5 卒業者人数（第一次教育令）

年度	10	11	13	15	16	17	18	19	20	21	22	23	24	計*
人数	15	18	74	64	81	123	126	104	73	64	32	38	53	979

＊ 計は1910〜24年までの合計。

表6 卒業者人数（新教育令）

年度	22	23	25	27	29	31	33	35	37	40	計*
人数	19	33	77	103	105	153	143	133	144	175	2078

＊ 計は1922〜40年までの合計。

　表5、6をみると、1910年代は徐々に増えて1917年からは123名に達しているが、1919年になると104名に減っている。これは3・1運動に参加した学生たちの退学などの結果であった。さらに1920年代には二桁が続き、1927年になって103名になっている。1920年代は、植民地朝鮮で社会主義など外来思想の流入によって労働運動や学生運動が盛んになっていることと関係する。

　学生たちは同盟休校などで差別政策と学校当局と教員に対する不満を表出したり、社会運動にも参加することもあった。学生の身分として運動に参加した学生たちが退学処分を受けたり、自退することもあった結果、卒業生が少なくなっていたのである。もちろん、農村の貧困とともなう経済不況と財政的困難で学校を辞める学生も少なくなかった。

4　京畿中学校『學友會誌』からみる朝鮮人学生のアジア認識

　京畿中学校の『學友會誌』は1934年4月に創刊号が発行されている。しかし、その後1940年の開校40周年記念号を最後に1941年からは『菁菁』に変っている。学友会がいわゆる「国民総力京畿中学校連盟」に改編されるやいなや『學友會誌』が廃刊されたのである。今回の報告に当

たっては 1934 年の創刊号と 1936 年の第 3 号、そして最後の『學友會誌』となった 1940 年刊行の開校 40 周年記念号を用いた。『學友會誌』には「文苑」をはじめ教員の「論説」、「旅行記」、「集団訓練記」などが載っているが、ここでは各学年の学生たちが書いた「文苑」の作文を主な分析の対象にした。また、その「文苑」が 1936 年開校 35 周年記念号には載ってないので、主に 1934 年と 1940 年の「文苑」に載せられている学生たちの作文を用いた。

　まず、学友会報『學友會誌』は基本的に日本語で書かれている。その日本語はほぼネイティブに近いものだと考えられるほど、滑らかで自然な表現をつかっている。ただ、唯一漢字単語混じりのハングルで書かれている文章が 1936 年の開校 35 周年記念号の中に一つあった。それは開校記念式行事に父兄代表として参加した尹致昊の祝辞であるが、その祝辞をそのまま載せている[18]。

　また、1934 年と 1940 年の『學友會誌』を比較してみるといくつか目に付く差があった。前者の筆者としての学生たちの「姓名」は朝鮮式のものであったが、後者の筆者の「姓名」は「創氏改名」によって日本式の「姓名」に改められたものであった。一部朝鮮式の「姓名」もあったが、日本式に改められた筆者名が多かったのである。そして 1940 年発刊『學友會誌』の最初のところには、内閣総理大臣と各省大臣副署の「詔書」をはじめ、紀元二千六百年を記念する「奉祝国民歌」、そして「皇国臣民の誓詞」などが載っていた。

　「文苑」タイトルは以下の通りである。

表 7 『學友會誌』の「文苑」のタイトル

	「文苑」タイトル
1934	・スケートの初日（1）・私は落葉である（2）・秋の水源を訪ねて（1） ・私はモツトーです長者を敬ふ(1)・猫(2)・冬の月(2)・農村の暁(2) ・春来る(2)・敬老愛幼(2)・社会奉仕について(2) ・奮師に近況を知らす手紙(3)・黎明の思い出(3)・国境風情（4） ・雪の降る日に(4)・馬賊にか(4)・海の虹(4) ・電車(5)・吾が畏敬する史上の人物（5）・秋は暮れ行く(5)

	・吾が畏敬する史上の人物(5)・空陸実弾攻防演習見学(会報部員) ・防空演習参加記(5)・運動会記事（会報部員）
1940	・紀元二千六百年を迎えて(各学年)・教育勅語渙発五十周年(4) ・始政三十周年を迎えて(4)・開校四〇周年を迎ふ(各学年)・慈雨(5) ・四年生としての覚悟と志望(4)・四年生としての覚悟と志望(4)・雑吟(4) ・雑吟(4)・道標(4)・色彩観察(4)・三河先生を送る(2) ・帰られぬ故郷(2)・電車の中で(1)・林君の家に行った時(1) ・母(1)・帰省の喜び(1)・或日(1)・手(1) ・故郷へ向ふ喜び(1)・早起会に加って(1)・夏の一日(1)

　1934年の「文苑」のタイトルは多様なもので、日常生活や学校生活を素材にしたり、個人的な思いや思索などから自由に所在を選んで書いていたことが多かった。これに比べると1940年のものは、タイトルが与えられて同じタイトルの作文を各学年で出していたり、何かの記念行事について書いているものが多かった。1934年のもののように日常生活から所在を選んで個人的に書いているものは少なかった。これは戦時体制という時局を反映したものであろう。日常生活や学校生活のものからは、「一日たりとも忘れねることの出来ない我が故郷」のように、故郷と家族への思い出の話が多かった。また、1934年の作文には自然や歴史的な文化遺産としての遺跡について書いているものも少なくない。この場合、その内容をみると、「崩れそうな西門」「主人を待つ」「腐れた城壁」のように現状に対する苦悩や将来への不安などが比喩的に表れている。これらのものは1940年のものにはあまり見当たらなかった。

　以下では「文苑」にあらわれている学生たちのアジア認識を国際情勢、朝鮮認識、中国認識、東亜新秩序認識を通して垣間見ることにする。先ず、国際情勢は強国を中心とした「大ブロック」を形成し、現在の世界は四つの大ブロックに分けられていると書いていた。

　　「かくして世界は欧州大陸に於ける強国を中心とするヨーロッパ、アフリカに亘る一大ブロックと北米合衆国を中心とする一大ブロック、これに対し我が日、満、支、南洋を包含する東亜大ブロックの四

大ブロック国に大別せられんとする趨勢にあり、世界の新しき秩序と平和とを確立する事が現実の問題となって来た。帝国の大理想は東亜に於ける新秩序の建設である。即ち亜細亜の復興であり、興隆であり、繁栄である。故に、この大理想を実現する為には、地理的、人種的、文化的、経済的に密接なる関係にある亜細亜に於ける諸民族が共存共栄の分野を作る事であり、又これによって始めて世界のブロック圏に対して立ち得べき自給自足圏を確立し、帝国は東亜の指導国家たるの実力を具備する事が出来るのである。」[19]

　その四大ブロックのとしての「東亜大ブロック」は帝国日本、「満州国」、「支那」、「南洋」によって形成されるが、満州事変以後、帝国日本が国際連盟からの脱退を余儀なくされている現在状況を「危機」としてとらえていた。

　　「国防に貿易に内は産業に経済に思想に夫々機運順応の対策を講ずる要ある等　〈中略〉　満州事変に対する我が正義の主張は多数連盟国の容れる所とならず遂に客歳創設以来十有三年協力支持したる国際連盟を離脱するのやむなきに至り」[20]

　日中戦争後になると、この状況を打開するために「東亜新秩序」の建設が重要であり、そのために世界を「四大ブロック」の一つとしての「東亜大ブロック」の形成が必要であると考えていた。だから、「東亜大ブロック」は国防をはじめ貿易・産業・経済などにおける対策が必要とされ、新しい世界秩序を確立するために「亜細亜の復興」よる「自給自足圏」としての「東亜大ブロック」を形成することが必要である。この際、帝国日本は地理的、人種的、文化的、経済的に密接な関係をもつ諸民族を指導する国家としての実力を具備しているとみていた。
　しかし、日本を「盟主」とする「東亜大ブロック」の理想はまだ成し遂げられていたものではなく、その状況は「自給自足圏」には到達できずにいた。国際連盟から脱退した現在は「危機」的な状況だから、朝鮮

と日本の関係は重要であり、植民地朝鮮は「東亜大ブロック」の「試金石」だと看做されていた。「一衣帯水」の関係であった日本と朝鮮が「併合」された後、明治天皇の「一視同仁の大御心」から教育勅語の「渙発」が行われ、明治天皇の治績がその姿をあらわしたのが「陸軍特別志願兵制度」と「創氏制度」もその治績の実として宣伝されていたことが分かる[21]。

　朝鮮の位置と役割が重要視されているが、これも未だ満足するような段階ではないことは「百尺竿頭」の状況に比喩されていたことから見てとれる。つまり、「皇民化」政策の施行にも「内鮮一体」は形式的な段階に止まっており、内容の一体、あるいは「真の合体」には届いていないと認識していたのである。言い換えれば「皇恩」にもかかわらず「差別」の状況になっていたことを学生たちの認識の中で読み取ることができる。「内鮮一体」の質的な向上が進んではいるが一層の「合体」すなわち「真の皇国臣民化」に「努力」すべきだとみていたのである[22]。

　また、人種的に文化的に地理的に経済的に関係の深い東亜大ブロックに属している中国の民衆はいまだ「蒋政権の悪政」のもとで苦しめられていると認識されていた。学生たちは中国の現政権が「支那民衆」に「悪政」を行っている現状は新秩序形成の「不安」要素とされている。外国の侵入に対して「東洋」の諸国は「挙国一致」して手を握って日本を盟主とする「新東亜」の建設に邁進すべきであるが、現在中国政権は「新東亜」建設に反して間違った道に進んでいることになる[23]。東亜新秩序建設の聖業が着々とその効を奏しているとしながらも、東亜新秩序の建設途上の中国の現状は「防共を旗幟とする新支那中央政権の成立」[24]によるものなので未だ成し遂げられていない状況となる。

　戦時体制下の学生たちの認識は、戦場拡大に伴いまして唱えられた「東亜新秩序」や日本盟主論が「大理想」として位置づけられてはいたが、国際連盟からの脱退から戦争拡大に至った危機的な国際情勢、「皇民化」政策の施行にもかかわらず届かぬ「内鮮一体」や「真の合体」、民族的な「差別」と対立に加えて、中国現政権存続からくる「防共」への「不安」などを読み取ることも出来よう。

5 おわりに

　戦時体制期の植民地朝鮮では「皇民化」政策が本格的に施行されていた。これらの施策は朝鮮教育令の改正とかかわりをもちながら展開されていたことを見逃してならない。「陸軍特別志願兵制度」や「創氏改名」のような新しい施策を朝鮮で適用するのに植民地民から「自発性」を引き出すことは容易ではなかったからである。そこで植民地権力側にとって学校と学生は「皇民化」政策を拡大させるのに有効な通路の一つになっていた。学生を通じて家庭や親への「圧力」をかけることが出来たからである。

　植民地支配を受ける前、朝鮮最初の「官立中学校」として設立された「京畿中学校」は全国から秀才が集まる名実共に朝鮮の「最古」の中等教育機関であった。京畿中学校の在学生は自負心をもち、朝鮮社会では「羨望」の的であった。

　植民地支配のための当局の様々な施策が行われるときに学校には、学校側と学生たちの間の「緊張」関係が形成されていたことが予測できる。京畿中学校の場合、学生たちの「同盟休校」のような抵抗行為と学生運動が続いており、1920 年代半ば以後になってから校長の任期が短くなって頻繁に交代されているのは組織的に起こっていた学生運動が一つの原因になっていたからであろう。「満州事変」以後になると植民地朝鮮の学校にもその影響があらわれるようになっていった。たとえば、1934 年には京畿中学校に現役将校が配属され、教練科目や軍事訓練も強化されるようになったのである。続いて同じ年の 12 月には、宇垣一成総督が学校を視察したさい、学生たちを動員して教練査閲が行われていた。翌年 1935 年 1 月には京畿中学校の校内に兵器庫が一棟建てられていた。これらの学生の「臣民化」と学校の「兵営化」への動きは 1938 年の「陸軍特別志願兵制度」へとつながっていたことに注目すべきである。

　以上のような戦時体制という背景のなか、植民地朝鮮における朝鮮人
学生たちのアジア認識を考察するために京畿中学校の校友会報である
『學友會誌』に掲載されいた学生たちの作文「文苑」の内容を考察した。
1930年代の当時、「文苑」などの『學友會誌』のなかに京畿中学校の行
事として総督府官僚の視察や教練査閲などはその度に紹介されてはい
たが、学生たちの文書からも「京畿中学校」の学校内に張り詰めた「緊
張関係」があったことを見通すことは容易ではなかった。そこには学校
内外の記念行事をはじめ、学校生活、部活動、修学旅行での出来事など
などを所在した多くの作文が載っていたが、少なくない京畿中学校の学
生たちがかかわっていた学生運動と「同盟休校」などについてはほとん
ど記されていなかった。とくに、日中戦争の勃発にともなって植民地朝
鮮で「皇民化」政策が本格的に施行されているなか、「京畿中学校」に
対する規制とともに、校友会発行の『學友會誌』の投稿原稿に対する検
閲もさらに厳しくなっていたことが分かる。これは『學友會誌』の編集
後記に投稿原稿の内容を「色々な関係で」割愛しなければならなかった
ことを「お詫び」を記していたことから分かるが[25]、ここでいう「関係」
とは制限的でありながら許されていた学校の「自由」が抑圧されて当局
と「緊張関係」が形成されていたことを意味する。
　「皇民化」政策にともなって益々強められていく学校内の緊張は従来
「同盟休校」というかたちであらわれた学生たちの抵抗を表からその姿
を消すようにしたが、抑圧への抵抗意識は見えないところに潜伏するよ
うになっていたようである。「京畿中学校」の学生たちの地下秘密組織
である「槐会」の存在と活動が当時の状況を代弁している。1944年4月
に5年生の学生たちが16節になっている歌を謄写し、非公開に全校生
を講堂に集めておいて歌を教える事件が起こった。これがいわゆる「逍
遙歌事件」であり、この事件は厳しい戦時体制における監視を避けて行
った学生たちの抵抗運動として後輩の学生に伝えられていたようであ
る[26]。その「逍遙歌」は「戦前」の日本の青年将校が作った「革命歌」を
真似たもので、「天賦の使命を負っている」ような民族的な色彩を帯び
ていたので、朝鮮総督府と警察当局、学校当局が厳しく取り締まること

になったのである[27]。前述した京畿中学校の教員の一人であった北川教師に対する殴打事件を主導したのも「槐会」の会員によるものであったという。

そして1945年の夏、京畿中学校の学生たちが校内に設置されていた兵器庫で武器を奪取する事件も発生していた[28]。京畿中学校には1930年代半ばから「朝鮮軍」から派遣された3名の将校が教練を担当しており、さらにその後「武器庫」も設置されていた。京畿中学校の「武器奪取」事件は当時3学年で45回の卒業生が主導したもので、一部の学生たちが憲兵隊に逮捕されて懲役5年を宣告されたが、日本の敗戦で全員釈放されていた。

1919年の「3・1独立運動」をはじめ、1926年代の「6・10万歳運動」、1929年の「光州学生運動」、数多くの学校「同盟休校」、さらにあまり知られていない「京畿中学校」と直接かかわる「逍遙歌事件」、「槐会」のような秘密組織による事件で、多くの学生たちが退学、自退、失踪する学生が少なくなかったことも指摘しておく必要があろう。特定学年の卒業者が少なくなっていたのは、これらの学生運動や事件にかかわった学生が少なくなかった結果によるものであった。これらの学生運動や事件とともに学生たちの行った抵抗のことはもちろん後輩たちに「口伝」で伝えられていたので、戦時体制下の厳しい当局の取締りと監視においても学生たちの組織的な抵抗が絶えずに発生していたのであろう。

戦時体制下の「皇民化」政策が進められていくなか、朝鮮人学生たちの認識というものが素直にあらわれている文書として、1934年の京畿中学校の校友会報の『學友會誌』創刊号に掲載されていた「吾が畏敬する史上の人物」というタイトルで書かれたものと、1940年の最終号として発刊されたもの「文苑」に載っていた二人の学生の作文を紹介して置きたい。

最初の1934年の文書には「僕はマグドナルドが心から好きだ。」と書きながら、戦争に対しての自分の考えをイギリスの非戦論者であるマグドナルド首相を通して著わしている。つまり、戦争においては「戦勝国も戦敗国もなかった」はずだから、「銃を捨て劍を投げよ」と叫んで

いる。この文書は京畿中学校の『學友會誌』の学生たちの文書のなかで時局に対して批判的に述べているものとして目に付いたものであった。この作文は 1940 年の「文苑」とはかなり違うところであった。ただ、1940 年の作文の一つ「四年生としての覚悟と志望」は当時の学生の素顔をみせているものだと思い最後に紹介して本稿を結びたい。

「所で私は残念ながらこの志望が未だ確定しておらぬ。父は私の好む方面に行けと云う。しかし私自身は未だ私に適している職業は何であるか知らない。私は確定した志望のない努力がどのような結果に陥るかを知っている。私は悩んである。私の志望について＜中略＞近い中に先生にも御相談しようと思うなるべく早く。そうして私の心を落着かせたい。」[29]

---

[1] 京城第一公立高等普通学校『學友會誌』創刊号、1934 年。

[2] 朝鮮総督府『朝鮮施政に関する論告・訓示並に演術集』（1937 年）。佐野通夫『近代日本の教育と朝鮮』社会評論社、1993 年、25 頁、再引用。

[3] 近代日本の植民地朝鮮における中等学校の校友会および学友会雑誌の中では、京畿中学校の『學友會誌』は主に韓国の国会図書館や京畿高等学校などに散在している状況であり、本稿では 1934 年の創刊号、1936 年の第 3 号（開校 35 周年記念号）、1940 年の開校 40 周年記念号（最後）を用いて整理した。

[4] 京畿中学校『學友會誌』第 7 号、1940 年、4 頁。

[5] 京畿高等学校同窓会『사진으로 본 경기 100 년』、2000 年、54 頁。

[6] 洪校長は 1895 年に官費留学生として慶應義塾の普通学を修学してから東京専門学校に進学して 1897 年に卒業した経歴をもっている。官立中学校の設立直後の 1900 年 10 月に赴任して校長になったが、彼は大韓帝国時代の 6 人の校長のなかで唯一平民出身の最後の朝鮮人校長であった。京畿高等学校同窓会、『사진으로 본 경기 100 년』、2000 年、47 頁。

[7] 京城第一公立高等普通学校『學友會誌』創刊号、1934 年、3 頁。

[8] 同上。

[9] 前掲、京畿高等学校同窓会『사진으로 본 경기 100 년』、56 頁。

[10] 前掲、京畿中学校『學友會誌』第 7 号。

11 前掲、『사진으로 본 경기 100 년』、30 頁。

12 呉天錫『韓国新教育史』現代教育叢書出版社、1964 年、345 頁。

13 同上、344 頁。

14 ハルバート(Homer Bezaleel Hulbert)はアメリカに帰国した後でも韓国初代大統領になる李承晩を助けて民族独立運動を支援した。韓国の独立後には韓国政府から建国功労勲章が授与され、ソウルの外国人墓地で永眠している。

15 前掲、『사진으로 본 경기 100 년』、143 頁。

16 前掲、京城第一公立高等普通学校『學友會誌』創刊号。

17 前掲、京畿中学校『學友會誌』第 7 号。

18 朝鮮の「改革派」として知られる朴泳孝も中枢院副議長という肩書きで祝辞を載せているが、その祝辞は日本語であった。京城第一公立高等普通学校『學友會誌』、1936 年。

19 前掲、京畿中学校『學友會誌』第 7 号。

20 前掲、京城第一公立高等普通学校『學友會誌』創刊号。

21 前掲、京畿中学校『學友會誌』第 7 号。

22 同上。

23 同上。

24 同上。

25 前掲、京城第一公立高等普通学校『學友會誌』創刊号。

26 逍遙歌は洪スンミョン(1927〜1983 年)によってつくられたと言われている。洪は京畿中学校と広島高等学校、ソウル大学を卒業し、解放後に韓国日報で記者として勤めていた。 京畿高等学校同窓会『사진으로 본 경기 100 년』、2000 年、138 頁。

27 前掲、『사진으로 본 경기 100 년』、138 頁。

28 同上、141 頁。

29 前掲、京畿中学校『學友會誌』第 7 号。

第5章　戦前期台湾の校友会雑誌「生徒散文」にみるアジア認識

1　はじめに

　本稿では、戦前期台湾に設置された中学校、高等女学校、師範学校で刊行されていた校友会雑誌のうち、生徒作品としての散文（以下「生徒散文」）から、戦時下の状況、「時局」を反映する形で、アジア及び日本に関する印象や評価等が表明された記述を取りだし、特徴と傾向を整理する。

　検討対象とする資料は、日本と中国が対戦状態となった 1937 年 7 月7 日（盧溝橋事件）以後の、中国と直接的戦闘関係を反映させた校友会雑誌と、日本と米英が対戦状態となった 1941 年 12 月 8 日（真珠湾攻撃）以後、米英との直接的戦闘関係を反映させた校友会雑誌に、それぞれ掲載された、生徒散文である。

　校友会雑誌が官憲や学校の検閲、統制下[1]にあり、とりわけ「時局」に関わる記述は、生徒の自由な意志表明の場などでなかったことは、容易に推測される。したがって本稿は、強圧的で支配的言辞の下、戦前期の生徒が、「時局」に関わる散文をどのような記述していたのか、このことを確認するに尽きる。しかしそれは、過去の教育を反省する歴史的事実の確認であるとともに、自国の優位性、他国に対する憎悪の昂進が再燃しつつある今日の日本において、なお歴史の教訓を示す作業にもなると思われる。

　戦前期、日本が他国との戦闘状態に入った盧溝橋事件（1937 年 7 月 7日）と真珠湾攻撃（1941 年 12 月 8 日）以降の時局を反映した生徒散文を掲載する校友会雑誌を各 1 冊以上確認できた学校は、旧制中学校の臺北第一中学校『麗正』の第 45 号（1938 年 3 月）と第 49 号（1942 年 6

月）、臺北第三中学校『三中』の創刊号（1940 年 2 月）と第 4 号（1942 年 7 月）、嘉義中学校『旭陵』の第 9 号（1938 年 5 月）と第 13 号（1943 年 8 月）、高等女学校の基隆高等女学校『會誌』の第 24 号（1940 年 8 月）と第 26 号（1942 年 9 月）、師範学校の臺北第一師範学校『麗育学報』第 25 号（1938 年 1 月）と第 29 号（1942 年 1 月）、臺北第二師範学校『芳蘭』第 11 号（1938 年 2 月）と第 15 号（1942 年 3 月）、以上 6 校に限られる。ここでは、既に拙稿「中等諸学校生徒のアジア認識の生成と相克」[2]及び、同「日本統治下中等学校の校友会雑誌にみるアジア認識－研究方法を中心に－」[3]で考察を加えた臺北第一中学校『麗正』と臺北第二師範学校『芳蘭』を除き、臺北第三中学校『三中』、嘉義中学校『旭陵』、基隆高等女学校『會誌』、臺北第一師範学校『麗育学報』の 4 誌について検討を加えることにする。

　また、本稿では、校友会雑誌に掲載された生徒散文の特徴や傾向を整理する指標としては、前掲拙稿及び、時局性を重視する斉藤利彦の提言[4]をもとに、日本軍の戦闘行為と勝利を無条件に賛美する「快哉」、日本の優位性を無条件に誇示する「優越性」、敵対する国家や国民あるいは国内において時局に同調しない者を無条件に憎悪する「敵対的憎悪」の 3 点に焦点をあてる。

2　臺北第三中学校『三中』「生徒散文」の特徴と傾向

　臺北第三中学校の校友会雑誌『三中』では、散文は「作品集」欄に掲載されている。検討対象とした雑誌は、『三中』の創刊号（1940 年 2 月 22 日発行）と第 4 号（1942 年 7 月 10 日発行）である。また、臺北第一中学校『麗正』と同様、『三中』第 4 号の発行者は報國校友会と名称変更されている。

（1）　盧溝橋事件後の「時局」を反映した『三中』創刊号「生徒散文」

　『三中』創刊号の「作品集」に掲載された生徒散文は 13 作品である。盧溝橋事件後の「時局」を反映した時期の雑誌であるが、生徒散文につ

いては、「快哉」「優越性」「敵対的憎悪」を表明した散文は、みあたらない。

(2)　真珠湾攻撃後の「時局」を反映した『三中』第4号「生徒散文」

　『三中』第4号に掲載された「生徒散文」は26作品、このうち、「快哉」「優越性」「敵対的憎悪」の特徴を顕在化させた散文は、「皇道」「戰勝」「昭和十六年十二月八日」「皇軍の威力」「制海権」「航空機」「東亞の黎明」「戰に臨む青年」「あゝ感激の瞬間」「感激の日」「日本の飛行機」「意義深いお正月」「大東亞戰爭の實感」「年頭の所感」の14作品である。

① 「快哉」を顕在化させた散文

　開戦半年以内に記述された散文であるためか、真珠湾攻撃と初戦勝利の報に接し高揚感を表明する、「快哉」を顕在化させた散文が多く確認できる。「制海権」「航空機」「感激の日」「戰勝」「昭和十六年十二月八日」「年頭の所感」「意義深いお正月」「皇軍の威力」「東亞の黎明」「戰に臨む青年」など、連戦連勝の報に接し、誇らしげに意気上がる様子、執筆者の高揚感が率直に伝わってくる。なお、（中略）は本稿筆者による。

　　　「満洲事變以後十年間、支那事變を経て順次築かれつつあつた東亞新秩序の建設は、十二月八日に至つて遂に躍進的發展に移つたのである。（中略）前古未曾有の大勝を博し、西太平洋の制海空圏を確保し、國威を世界に輝かせる武勲は實に驚異的である。」[5]（「制海権」）

　　　「見よ、我が空軍の威力を。昭和十六年十二月八日。英米に對する宣戰の大詔が渙発せらるゝや。同日未明我が無敵空軍の精鋭は電撃的にハワイを空襲して米國太平洋艦隊に全滅的大打撃を與へ、更に

マレー沖に於て英國東洋艦隊の主力を一撃の下に撃沈したではないか。（中略）航空機に一命を託して皇國日本の護りたることに無限の喜びを感じなければならない。」[6]（「航空機」）

「とうとう來るべきものが來たのだ。今こそ我々一億が一心となつて戰ふべき時が來たのだ。言葉にこそ出さないけれども皆その心にいつもよりずつと感謝の心をこめて朝飯をとつた。学校へ行つた。皆いつものやうには冗談をきかない。学校は臨時休業となつたので家へかへるとハワイ大空襲のニュースを聞いた。僕はやつたなと胸がおどつた。この快事、流石に日本の海軍だ。（中略）強い海軍、強い陸軍、『海ゆば水づく屍、山行かば草むす屍』の心を身を以つて殉じる愛国の人々のことを考へて頭が下がる感じだ。一億一心の総力の要する時だ。」[7]（「感激の日」）

「今や我が一億の國民は、強烈な火の玉となつて擧國一致の前進があるのみです。東亞は明ける。」[8]（「戰勝」）

「平和を念願する帝國のあらゆる努力にも拘わらず遂に決裂止むなきに至つたのだ。（中略）僕は御稜威のあまねき日本に生まれたことがいま更ありがたく感じた。とともに僕らの雙肩にかかる重大使命を果さなくてはならない。」[9]（「昭和十六年十二月八日」）

「紀元二六〇一年十二月八日、米英に對し宣戦の大詔渙　発せられ、こゝに我等一億國民にとつて、正に記念すべき曠古の大東亞戰爭の幕は切つて落とされた。大御稜威の下、海に、陸に、空に、皇軍の捷報は相次ぎ、遂に一つの敵影も見ずして昭和十七年の新春を迎へ、まことに有難すぎることである。」[10]（「年頭の所感」）

「昭和十六年十二月八日。突如として發布された、『對米英宣戰戰布告』隠忍自重久しきにわたつて行はれた對米英平和交渉も、こゝ

に遂に決裂のやむなきに至つたのである。（中略）又長らく支那の英米勢力の策源地であつた香港も陥落し、マニラ、ダバオ當相次ひで陥り、馬來半島、比島も皆我皇軍の制壓下にあるのである。そして我日本は、此の輝かしい戦果の中に慌しい年の轟を通して、昭和十七年の元旦を迎へたのである。」[11]（「意義深いお正月」）

「見よこの大戦果を、時は宣戦の大詔が煥発せられた昨十二月八日、戦勝第一報の電波は国内を歓喜の坩堝と化せしめたのである。（中略）僕は目頭が熱くなつて來て止めどもなく熱いものがこみ上げて來てならなかつた。恐らくこの戦報を聞いて感涙に咽ばなかつたものはあるまい。（中略）赫赫たる戦果は世界の民族を驚嘆させ恐怖させたのである。東亞侵略の基地香港は陥落し、マニラも皇軍の占領する所となつた。萬歳はドツと擧がつた。」[12]（「皇軍の威力」）

「今こそＡＢＣＤ包囲陣の壊滅だ。開戦僅か一箇月餘、思つても胸が躍るこの大戦果、しかも我が本土に一指も觸れさせざる皇軍、これ偏へに御威光のしからしめるところである。（中略）ただもう感激に何も云へない。大本営よりの戦果が發表される度に、胸のすく思ひがすると共に、日本の爲に今すぐにも銃を執つて前線をかけめぐりたいやうな衝動にとらはれる。顔がほてる。手の中には汗を握りしめる、ただ『やるぞ！』といふ聲が心の底で叫んでゐる。」[13]（「東亞の黎明」）

「乾坤一擲昨年十二月八日英米に開戦したのである。此れ即ち我が大和民族の興亡をかけ、世界歴史大轉換の發足である。幸にも開戦直後に前古未曽有の大戦果を挙げ、米英を一寸の間は建直し出來ぬ迄にたゝきつけたが、（中略）此の戦争の勝利は必ず我に有る。勝利の暁には、我々大和民族は全世界民族の指導者として、世界各地に雄飛せねばならない。」[14]（戦に臨む青年」）

② 「優越性」を顕在化させた散文

　「日本の飛行機」「皇道」「皇軍の威力」「あゝ感激の一瞬」は、日本及び日本人の優位性を、無条件に誇示する傾向、「優越性」を顕在化された散文である。

　　「大東亞戦争が始まり、これら米国自慢の戦闘機と我　が日本の戦
　　闘機とが戦つてみると、我が戦闘機は適よりずつと優秀なことが証
　　明された。シンガポール上空で、マニラ上空で、或いはラングーン
　　上空で行はれた大空中戦の戦果が明らかにそれを物語つてゐる。今
　　では世界の人が皆日本機の優秀な事を覺つたのだ。」15（「日本の飛
　　行機」）

　　「混濁の世を救い世界二十億の人類に光明と平和とを與へ得る救
　　世主は誰ぞ。日本を措いて他にはないのである。」16（「皇道」）

　　「戰線の大詔は煥発せられた。（中略）わが大和民族傳統の正義の
　　矛は抜かれた。（中略）中華民國は我が眞意を解せず徒らに外力を
　　恃んで帝國に挑發し來たり支那事變の發生を見るに至つた。然し御
　　稜威の下皇軍の向かふ所既に健全明朗な新春が訪れて來た。」17（
　　「皇軍の威力」）

　　「あゝ斷として行なはれた大東亞戦争!!　聖なる國日本に生れ
　　合はした現実の幸福を今更の様に感じる。」18（「あゝ感激の一瞬
　　」）

③ 「敵対的憎悪」を顕在化させた散文

　『三中』には、日本による対外侵攻正当化と敵対する国家や国民を無条件に憎悪する傾向（敵対的憎悪）を顕在化させた散文として「大東亞戦争の実感」「皇軍の威力」「東亞の黎明」「戦に臨む青年」「あゝ感激

の一瞬」がある。「大東亞戰争の実感」からは、米英に対する、あからさまな侮蔑と憎悪の表明をみることができる。

　　　「我々の住む東亞にどうして米英人がいらぬ口出しをするのか。」[19]（「大東亞戰争の実感」）

　　　「先進資本主義國の米英両國は、東亞を永久に隷属的地位に置かんとする頑迷なる態度を改めようとせず、百方支那事變の終結を妨害し、この自省を平和裏に解決せんとする我が國の正當なる提案を全面的に拒絶した。」[20]（「皇軍の威力」）

　　　「今日までの東亞諸国は、すべて米・英の壓迫ら苦酸をなめてきた。東亞はまだ闇だつたのだ。亞細亞人には塗炭の苦しみがあつた。果然、十二月八日!!　帝國は遂に立つた。日本帝國萬歳！ここに世界大戰は勃發した。」[21]（「東亞の黎明」）

　　　「以前にも増して英米の敵性は露骨化し、あるいは禁輸或は資金凍結等をなし、延ては積極的の軍事行動即ち太平洋の海空軍基地の増強、ＡＢＣＤ包囲陣を完成し、吾が國の存立をすら危うくしようとした。しかしながら日本も馬鹿ではない。」[22]（「戰に臨む青年」）

　　　「なんで米、英如きものが敵するものぞ、アングロサクソン民族の持つて生まれた狡猾なる根性と、非人格的行動をたゝきつけてやるのだ。」[23]（「あゝ感激の一瞬」）

3　嘉義中学校『旭陵』「生徒散文」の特徴と傾向

　嘉儀中学校の校友会雑誌は『旭陵』である。検討対象とした雑誌は、第9号（1938年5月8日発行）と第13号（1943年8月27日）である。

散文は「作品集」欄に掲載されている。また、『麗正』、『三中』と同様、第 4 号の発行責任者が「報國校友會」と名称変更されている。

(1)　盧溝橋事件後の「時局」を反映した嘉儀中学校『旭陵』第 9 号「生徒散文」

　『三中』創刊号（1940 年 2 月）では、「時局」に関わる散文はほとんどみられなかったが、同時期の嘉儀中学校『旭陵』第 9 号（1938 年 5 月）には、散文 42 作品のうち、「感激と快哉」、「優越性の誇示」、「敵対的憎悪の表明」を顕在化させた、いわば「時局」を反映した散文として、「昭和青年の覺悟」「ハルビン」「空襲」「嘉中精神とは何ぞや！！」「心は戦場に飛ぶ」「我が國旗」「海軍」の 7 作品を、確認することができた。

①　「快哉」を顕在化させた散文

　盧溝橋事件後の日本の戦闘に関わる報告に接し「快哉」を顕在化させた散文として「心は戦場に飛ぶ」と「我が國旗」がある。

　　「ラヂオより流れ出て来るニュース、新聞に載せられてゐる戦勝の数々、之等を見聞する度に我等の心は常に戦場に飛ぶ。（中略）ひゆうひゆうと弾丸の雨と散る中で一死報國唯一心を國に捧げて國の為力戦奮闘を続ける皇軍将士の姿、雪の降つてゐる夜中の歩哨の姿、それからそれからと我等の心には國の血となり肉となつて活動する皇軍の姿を想ふき、日本人たる我々は如何に感じるであらふか。（中略）あゝ心は戦場に飛ぶ飛ぶ。正義の歩調を變へずに進む皇軍の姿も見える。進め進め全日本國民の心は戦場に飛んで士気を鼓舞する。國民の愛國の血は燃える。東洋平和を騒がす悪魔を焼き払ふやうに。」[24]（「心は戦場に飛ぶ」）

　　「皇祖天照大神の尊い御姿を仰ぐ様な神々しい気持にひたります。見よ。滿洲事變を、上海事変を又現今の支那事変を、皇軍の向ふ所

日の丸の旗のひらめく所萬歳の叫ばれぬ地とてはなく、草も木も蘇へつたりその盛んなる姿を見ては誰が其の尊厳なるに驚かない者があらうか。」[25]（「我が國旗」）

② 「優越性」を顕在化させた散文

「ハルビン」「昭和青年の覚悟」「嘉中精神とは何ぞや！！」「空襲」「海軍」は、いずれも、日本及び日本人の「優越性」を誇示する散文である。

「帝政時代の高位高官は今は見る陰もなく駆者・運転手・労働者となり、路上に土まみれになつて横臥せる様はあはれといふも愚だ。國籍のない人間ほど悲惨なものはない。それと同時に、大日本帝國に生まれた有難さを海外に一歩踏み出して知り得たのである。」[26]（「ハルビン」）

「日清日露の戦役を始め、致命的損失を受けた関東大震災や近くは満州・上海事変や今次の支那事変が躍起したが、いずれの時も我が國はよく上下一致し、協力忍耐して堂々と征服し、益々新興日本の實力を外海に顕現したのである。（中略）いかも、吾皇軍の征く跡には必ず良民和平なる楽郷が生み出され、北京に於いて早くも中華民國臨時政府の誕生を見るに至り、彼らは喜色満面に溢れ、魔手から奪取してくれた日本に対し感謝と親日の空気が北支・中支に漂うてゐる。」[27]（「昭和青年の覚悟」）

「今や、國家は非常時局に際會し、本校も　亦非常時に際してゐる。陸士に三人、幼年学校に二人、我等の責任や重にして且つ大なりと云はなければならぬ。」[28]（「嘉中精神とは何ぞや！！」）

「ブルンブルン、にぶい音が聞えて青い燈が三つづつ、かさなつて、飛んできた。敵機襲来だ。ズドォン！ズドォン！・・敵機を追つて例

の白羽の乱舞、勇ましい。実に実践の様だ。敵機は遂に空しく西空へと飛び去つた。遠くで、ズドンズドン・・遠雷のやうに、敵をほふりたる虎の如く高射砲であらうか吠え続けて居る。」[29]（「空襲」）

「此の大海軍こそ日本の護り、東洋の護り且つ更に世界平和を護る尊い海軍である。（中略）此の度の支那事変に於ても此の不断の努力がものを言ひ支那を膺懲し、陸に陸軍を救け、海に対岸閉鎖、空に制空権を得日本海軍の実力は遺憾なく発揮せられてゐる。此の時に當つて我々も此の強い兵隊さん達の銃後の護りとして特に日本に生まれた有難さと誇を感じて勉強に励まねばならぬ。」[30]（「海軍」）

(2)　真珠湾攻撃後の「時局」を反映した『旭陵』第13号「生徒散文」

真珠湾攻撃後の時局を反映した『旭陵』第13号（1943年8月）には該当する散文欄が設定されていない。

4　基隆高等女学校『會誌』「生徒散文」の特徴と傾向

臺北州立基隆高等女学校の校友会雑誌は『會誌』である。検討対象とした雑誌は、『會誌』第24号（1940年8月20日発行）と『會誌』第26号（1942年9月10日発行）である。散文は「詞藻」欄に掲載されている。『會誌』第26号は、『三中』『旭陵』と違い、基隆市高等女学校校友会の発行として、表紙に「基隆要塞司令部許可濟」と記載されている。

(1)　盧溝橋事件後の「時局」を反映した『會誌』第24号「生徒散文」

『會誌』第24号（1940年8月）の「詞藻」欄には、散文は9作品が掲載されているが、「感激と快哉」「優越性の誇示」「敵対的憎悪」のいずれも確認できなかった。

（2） 真珠湾攻撃後の「時局」を反映した『會誌』第 26 号「生徒散文」

『會誌』第 26 号（1942 年 9 月）の「詞藻」欄には、9 作品が掲載されている。このうち、「基隆神社祭に際し北白川宮殿下を偲び奉る」の1 散文に、「時局」を反映した記述を確認することができる。

① 「優越性」を顕在化させた散文

「基隆神社祭に際し北白川宮殿下を偲び奉る」は、「優越性」を誇示する内容となっている。戦時下にあって平常に生活できる様子を誇らしげに記述している。

> 「日本は支那事變始つて以來、足掛け六箇年を経てゐるのに、國力は衰へるどころか、國も民は平常通りかうした賑かなお祭をしてゐる。英米蘭支の敵性國では、思ひもつかぬことであらうと思ふとなんだか愉快な氣になり、又日本國民と生まれた有難さがこの時もしみじみと思はれた。」[31]（「基隆神社祭に際し北白川宮殿下を偲び奉る」）

5 臺北第一師範学校『麗育学報』「生徒散文」にみる特徴と傾向

臺北第一師範学校の校友会雑誌は『麗育学報』である。検討対象とした雑誌は、第 25 号（1938 年 1 月 25 日発行）と第 29 号（1942 年 1 月 25 日発行）である。臺北第一中学校『三中』、嘉義中学校『旭陵』と同様、第 29 号の発行者は「報國校友會」と名称変更されている。

（1） 盧溝橋事件後の「時局」を反映した『麗育学報』第 25 号「生徒散文」

『麗育学報』第 25 号（1938 年 1 月）の生徒散文欄「説苑」「文苑」に掲載された生徒散文は 37 作品、このうち、「感激と快哉」「優越性の誇示」「敵対的憎悪の表明」など、盧溝橋事件後の「時局」を反映した散文として、「我等國民の使命」、「大和民族の血」「支那事變と皇

民化運動」「支那事變に際して」「戰地に濱崎小池両先生を送つて」「戰地に渡邊次男さんをおくつて」「叔父の戰傷」「支那事變雑感」「國民精神総動員の意義と陸軍墓地清掃作業実施後感」「我々の覺悟」の13作品を、確認することができる。

　前述のように、『麗正』第45号、『三中』創刊号では、盧溝橋事件後の「時局」を反映した生徒散文は、ほとんどみられなかった。しかし『麗育学報』第25号は、嘉儀中学校『旭陵』と同程度、37作品中7作品に「時局」を意識した散文が掲載されている。

① 「快哉」を顕在化させた散文

　盧溝橋事件の報に接し、恩師の出征、日本軍の戰闘行為と勝利を無条件に賛美し、感激と快哉を叫ぶかのような散文として、「戰地に濱崎小池両先生を送つて」「叔父の戰傷」「我々の覺悟」「支那事變雑感」がある。

　　「あゝ感激の日よ。私達北一師生の感激は濱崎小池両先生の出征によつて高く高く波立つた。皇國の男子と生れて幸なる哉、天に謝し君の恩恵に奮ひ立つて皇軍一度起たんか暗雲は拂はれて碧空は微笑む。洋々たる両先生の前途、颯爽たる両先生の面影。」[32]（「戰地に濱崎小池両先生を送つて」）

　　「暴戻なる支那軍に對する憤激と、御國の爲、大君の爲、東洋平和の爲に身命を大君に捧げて戦ふ我が皇軍の勇敢なる行動に對する感謝の念で感慨無量、思はず拳を握りしめました。」[33]（「叔父の戰傷」）

　　「我が皇軍は遂に堪忍袋の緒を切つて決然と起ち上がるや神州男児の面目は如何なく発揮せられて、その勇猛果敢な奮戦は支那を恐怖の底に陥れたのである。空に海に陸に支那膺懲の兵を進めてゐるのである。この非常時にあたつて北支に、中支にあらゆる困難をお

かして、我が東亞平和の爲に奮戦をしてをられる我が皇軍の労苦を
思ふ時も我々は一時も無駄に出來ないであらう。」[34]（「我々の覺
悟」）

「ラヂオのニュース、新聞の記事には毎日戦線に於ける皇軍の活動
が報道された。一両日にして北平附近の敵を潰走させたり、暴戻飽
くなき支那空軍に對抗して、日本空軍が斷乎上海・杭州・廣州、遠
く南京・漢口の敵根據地を完膚なき迄に叩きつけて、無敵空軍の名
を擧げた報道は、どうんなに我々の胸を躍らせた事か。然も膺懲の
師は、今もつて海陸空、三軍心を一にして支那各地に渉り、着々正
義の御旗を進めてゐるではないか。」[35]（「支那事變雑感」）

② 「優位性」を顕在化させた散文

　日本の優位性を無条件に誇示する散文として、「戰地に渡邊次男さん
をおくつて」、「國民精神総動員の意義と陸軍墓地清掃作業実施後感」
「我等國民の使命」「大和民族の血」「支那事變雑感」「支那事變に際
して」がある。

「皇軍は、東洋平和のために支那各地に於て徹底的に、抗日、容共
二色に塗られた敵國に大弾壓を加へてゐます。正々堂々たる日本の
使命を世界に表明するために、永遠に東洋平和を確立する爲に、隣
邦支那を開拓するために皇軍は夜を日についで努力してゐられ
る。」[36]（「戰地に渡邊次男さんをおくつて」）

「一切を擧げて畏くも、天皇陛下に捧げまつる此の心こそは、日本
精神の根幹である。われらは肉弾戦線に於ける決死の将士を軍人魂
として別人の如く考へるは、そこに大なる誤りがある。苟も我は銃
後の國民であると自覚するその心の置き處は、共に此の尊い軍人の
心境に迄引き揚げねばならぬ。」[37]（「國民精神総動員の意義と陸
軍墓地清掃作業実施後感」）

「汪洋たる東洋文化の潮流と、澎湃たる西洋文化の潮流とは、今や相倚り相融合して渾然たる世界文化の大潮流をなしつつあり。此の新たなる生活を指導する者は誰、東海國有り、とこしへの青年名は日本、建國二千五百九十有七年の歴史を有して、連綿たる皇統を戴き、盡忠報國の精神にもゆる國民の若々しさ。正義の國日本の若々しさ。正義是は常に勝てり。新時代の喇叭を高らかに吹奏しつつ平和と愛と悦びとの花瓣を撒き散らす所神勅は輝く。」[38]（「我等國民の使命」）

「遠く神武天皇の御東征に、近くは日清・日露両戰役、満洲・上海・支那事変に、幾多の人々によつて流された尊い血潮によつて、我が大日本帝國は、世界最強國として又一等國として地位を得たのではありませんか。現在に於ては支那事変の爲に、御國の鬼となつて、尊い血潮を流されたと聞く度に一層一等國の地位を高めるやうに感じるのであります。」[39]（「大和民族の血」）

「我々は支那の排日・抗日を舉げ得る。聞く所に依れば、國民政府はあらゆる方面に排日抗日教育を施して、無智蒙昧なる支那民衆を煽り立て、以て満洲・上海事變よりこの方、大小幾多の不祥事件を起して來た。（中略）遂に盧溝橋事件を動機としてその癌とも言ふべき排日抗日の根據を一掃し、東洋永遠の平和を確立させる爲、斷乎膺懲の師を動かすに至つた。」[40]（「支那事變雑感」）

「此の際に我が帝國は父祖より一貫せる念願を實現すべく、即ち理想郷東亞建設に邁進すべきである。（中略）思ふに日本帝國の理想の一は東洋平和の保全である。其の為には日清日露の両役を始めとして近くは満洲・上海事變等に、我々の父祖は尊い幾万の屍を横たへた事であらうか。而して現在の日本を双肩に檐つて起つ者は我々である。祖父の一貫した念願を貫徹する爲には斷じて退いてはなら

ぬ。尊い鮮血を以て染めた北支を、単に流血の丘としてよかろうか。断じてならぬ。」[41](「支那事變に際して」)

③ 「敵対的憎悪」を顕在化させた散文

　敵対する国家や国民を無条件に憎悪する傾向(敵対的憎悪)を顕在化させた散文として、「支那事變と皇民化運動」「支那事變に際して」がある。

　　「悔日・排日・抗日のあらゆる政策を振翳して来る支那に対し、遂に帝國は不拡大現地交渉主義を一蹴し、断固膺懲の態度に出た。それも領土侵略の野心にあらずして、積極的防衛に外ならない。容共聯ソに、欧米依存に、逆宣伝に。狂奔し抗日宣戰を拡張し何等反省する所のない支那を覚醒させるものは、膺懲あるのみ。(中略)眞の日満支提携の日を望みつつ、暴支膺懲の剣をかかげて邁進する秋である。」[42](「支那事變と皇民化運動」)

　　「支那の不法・無智・残虐等の諸感性は、盧溝橋・郎坊等の不法射撃となり、國民政府の自己過信となり、或は通州事件となつて現れ、日常の新聞に其の非人道的行為の歴然たるものを見る毎に我々は幾度か義憤の拳を固めた事であらう。今こそ東亞の禍根(國民政府及び附属軍隊)を徹底的に断つべきである。現在の諸列強は自己防衛の爲に、營々として奔走し、他を顧みる暇が無いのである。」[43](「支那事變に際して」)

(2) 真珠湾攻撃後の「時局」を反映した『麗育学報』第29号「生徒散文」

　『麗育学報』第29号(1942年1月)では、生徒散文10作品のうち、真珠湾攻撃後の「時局」を反映した散文は、「米國の援英」「東洋と西洋」の2作品にとどまる。いずれも、自国の優越性を誇示する散文である。

「昨年大学軍備拡張計計畫を公にした當時以後、今日たゝ今の瞬間に至るまでも、アメリカの國防事情は「貧□極まる」としか云ひ様がない。(中略)アメリカという國は『進む計画、伴わぬ實績』と云う國であるから、援英も埒あかずと云う所である。」[44]（「米國の援英」）

　「今や東洋人は目覺めつつある。西洋的東洋の屈辱を去つて、眞の東洋的東洋の樹立に邁進しつつある。吾々東洋人の理想とする所は、東洋人の東洋を樹立することによつて、同等の立場に於て、西洋文明と對し彼我の純粹の良き物を交換し、より優秀な世界文明を建設すめことにある。」[45]（「東洋と西洋」）

6　考察

（1）　盧溝橋事件と真珠湾攻撃の「時局」を反映した「生徒散文」

　戦前期の台湾に設置された4校の校友会雑誌から、それぞれ盧溝橋事件と真珠湾攻撃の「時局」を反映した校友会雑誌を取り上げ、各誌に掲載された「生徒散文」を検討した。時局への表明ともいうべき、日本軍の戦闘行為と勝利を無条件に賛美する「快哉」、日本の優位性を無条件に誇示する「優越性」敵対する国家や国民あるいは国内において時局に同調しない者を無条件に憎悪する「敵対的憎悪」を顕在化させた散文は、盧溝橋事件以後の時局を反映した校友会雑誌では17作品（表2：重複を除く）を、真珠湾攻撃以後の時局を反映した校友会雑誌も、同じく17作品（表3：重複を除く）を確認することができる。

表2 盧溝橋事件以降の「時局」を反映した「生徒散文」

	感激と快哉	優越性の誇示	敵対的憎悪
臺北第三中学校 『三中』創			
嘉儀中学校 『旭陵』9	「心は戦場に飛ぶ」「我が國旗」	「ハルビン」「昭和青年の覚悟」「嘉中精神とは何ぞや！！」「空襲」「海軍」	
基隆高等女学校 『會誌』24			
臺北第一師範学校 『麗育学報』25	「戦地に濱崎小池両先生を送つて」「叔父の戦傷」「我々の覺悟」「支那事變雑感」	「戦地に渡邊次男さんをおくつて」「國民精神総動員の意義と陸軍墓地清掃作業実施後感」「我等國民の使命」「大和民族の血」「支那事變雑感」「支那事變に際して」	「支那事變と皇民化運動」「支那事變に際して」

　盧溝橋事件後の時局を反映した「生徒散文」17作品のうち、記述内容に「快哉」を顕在化させた散文は6作品、「優越性」は11作品、「敵対的憎悪」は2作品であった。（後者合計は延数）

表3　真珠湾攻撃以降の「時局」を反映した「生徒散文」

	感激と快哉	優越性の誇示	敵対的憎悪
臺北第三中学校 『三中』4	「制海権」「航空機」「感激の日」「戦勝」「昭和十六年十二月八日」「年頭の所感」「意義深いお正月」「皇軍の威力」「東亞の黎明」「戦に臨む青年」	「日本の飛行機」「皇道」「皇軍の威力」「あゝ感激の一瞬」	「大東亞戦争の実感」「皇軍の威力」「東亞の黎明」「戦に臨む青年」「あゝ感激の一瞬」
嘉儀中学校 『旭陵』13			

基隆高等女学校 『會誌』26		「基隆神社祭に 際し北白川宮殿 下を偲び奉る」	
臺北第一師範学校 『麗育学報』29		「米國の援英」 「東洋と西洋」	

　真珠湾攻撃後の時局を反映した「生徒散文」17 作品のうち、記述内容に「快哉」を顕在化させた散文は 9 作品、「優越性」は 7 作品、「敵対的憎悪」は 5 作品であった。（後者合計は延数）

　盧溝橋事件以降の時局を反映した「生徒散文」では「優越性」が多くみられ、真珠湾攻撃後では日本の勝利報道に躊躇なく「快哉」する散文、米英に対する「敵対的憎悪」の昂進を示す記述が多くみられた。

　国家を超然とした存在として絶対視して個の人命を軽んじ、これを専らに優越性とする倒錯した論理が臆面なく表明されている。

（2）　台湾出身生徒「生徒散文」の特徴と傾向

　氏名及び内容から台湾出身生徒と目される「生徒散文」は、盧溝橋事件後の時局を反映した校友会雑誌では、いずれも、嘉儀中学校『旭陵』掲載の「我が國旗」「ハルビン」「昭和青年の覚悟」「嘉中精神とは何ぞや！！」の 4 作品である。

　「我が國旗」は、「満洲事變」「上海事変」「現今の支那事變」をあげて、「皇軍の向ふ所日の丸の旗のひらめく所萬歳の叫ばれぬ地とてはなく」「誰が其の尊厳なるに驚かない者があらうか。」[46]と、日本軍の勝利・進軍に快哉する様子が記されている。

　「嘉中精神とは何ぞや！！」は、軍関係諸学校への進学者を誇らしげに記し[47]、「ハルビン」は、ロシア帝国の消滅で貧しく流浪する人々をあげて、「大日本帝國に生まれた有難さ」を強調する[48]。また、「昭和青年の覚悟」は、「吾皇軍の征く跡には必ず良民和平なる楽郷が生み出され」「北京に於いて早くも中華民國臨時政府の誕生を見るに至り、彼らは喜色満面に溢れ」[49]と、日本の統治下でアジアを王道楽土となし、平

和を実現する意義を説いている。「ハルビン」「昭和青年の覚悟」ともに、日本国民であることの誇りを顕在的に表明する点で共通している。

　真珠湾攻撃以後の時局を反映した「生徒散文」は、臺北第三中学校『三中』第4号に掲載された「制海権」の1作品である。「制海権」は、「前古未曾有の大勝を博し、西太平洋の制海空圏を確保し、國威を世界に輝かせる武勳は實に驚異的である。」[50]と、勝利の感激を率直に記す作品となっている。

　これらの作品は、「生徒散文」総数からみれば多いとは言えないが、日本の戦争遂行、侵略的植民地支配正当化の論理が、台湾出身生徒にまで及んでいた証左となっている。

7　総括

　本章では、盧溝橋事件以後の時局をふまえて発行された校友会雑誌と、真珠湾攻撃以後の「時局」をふまえた校友会雑誌を比較し、両者それぞれに掲載された「生徒散文」の特徴と傾向を整理した。冒頭で述べたように、「時局」への同調圧力が、どのような文面となって「生徒散文」に反映されていたのかを、確認したに過ぎない。それでも、「時局」或いは体制から流布された言辞が、学校を通して、閉塞的で強圧的な同調圧力を浸透させていた歴史的事実は、今日にあって必ずしも過去の事実ではないように思われる。

---

[1] 文部省学生部『校友会雑誌等の出版物に現れたる中等諸学校生徒の思想傾向』1932年。（国立国会図書館近代デジタルライブラリー）

[2] 梅野正信「中等諸学校生徒のアジア認識の生成と相克」『学校文化の史的探究』東大出版会、2015年、331〜356頁。

[3] 梅野正信「日本統治下中等学校の校友会雑誌にみるアジア認識－研究方法を中心に－」『上越教育大学研究紀要』第34巻、2015年、53〜65頁。

[4] 斉藤利彦「『校友会雑誌』の中の帝国日本－満州事変前後における生徒たちのアジア認識－」國立臺灣師範大学臺灣史研究所、國立臺灣歴史博物館、國立臺

灣師範大学図書館、臺灣教育史研究会による國際学術研究会『近代東亜の教育と社会』収録、2015 年 11 月 13 日～14 日、臺灣師範大学）。

[5] 詹「制海権」臺北第三中学校『三中』第 4 号、1940 年 2 月、43 頁。

[6] 「航空機」『三中』第 4 号、45 頁。

[7] 「感激の日」『三中』第 4 号、57 頁

[8] 「戰勝」『三中』第 4 号、62 頁。

[9] 「昭和十六年十二月八日」『三中』第 4 号、65 頁。

[10] 「年頭の所感」『三中』第 4 号、66 頁

[11] 「意義深いお正月」『三中』第 4 号、63 頁

[12] 「皇軍の威力」『三中』第 4 号、42 頁。

[13] 「東亜の黎明」『三中』第 4 号、49 頁。

[14] 「戰に臨む青年」『三中』第 4 号、55 頁

[15] 「日本の飛行機」『三中』第 4 号、58～59 頁

[16] 「皇道」『三中』第 4 号、42 頁。

[17] 「皇軍の威力」『三中』第 4 号、42 頁。

[18] 「あゝ感激の一瞬」『三中』第 4 号、56 頁。

[19] 「大東亜戰争の実感」『三中』第 4 号、66 頁。

[20] 「皇軍の威力」『三中』第 4 号、42 頁。

[21] 「東亜の黎明」『三中』第 4 号、49 頁。

[22] 「戰に臨む青年」『三中』第 4 号、55 頁

[23] 「あゝ感激の一瞬」『三中』第 4 号、56 頁。

[24] 「心は戰場に飛ぶ」嘉義中学校『旭陵』第 9 号、1938 年 5 月、181 頁。

[25] 洪「我が國旗」『旭陵』第 9 号、179 頁。

[26] 林（啓）「ハルビン」『旭陵』第 9 号、158 頁。

[27] 林（振）「昭和青年の覚悟」『旭陵』第 9 号、148～149 頁。

[28] 欧「嘉中精神とは何ぞや！！」『旭陵』第 9 号、165 頁

[29] 「空襲」『旭陵』第 9 号、164 頁。

[30] 「海軍」『旭陵』第 9 号、186 頁。

[31] 「基隆神社祭に際し北白川宮殿下を偲び奉る」基隆高等女学校『會誌』第 26 号、1942 年 9 月、18～19 頁。

[32] 「戰地に濱崎小池両先生を送つて」『麗育学報』第 25 号、8 頁

[33] 「叔父の戰傷」臺北第一師範学校『麗育学報』第 25 号、1938 年 1 月、24 頁

[34] 「我々の覺悟」『麗育学報』第 25 号、69 頁

35 「支那事變雜感」『麗育学報』第 25 号、29 頁。

36 「戦地に渡邊次男さんをおくつて」『麗育学報』第 25 号、9 頁。

37 「國民精神総動員の意義と陸軍墓地清掃作業実施後感」『麗育学報』第 25 号、
  33 頁。

38 「我等國民の使命」『麗育学報』第 25 号、23 頁。

39 「大和民族の血」『麗育学報』第 25 号、23～24 頁。

40 「支那事變雜感」、29 頁。

41 「支那事變に際して」『麗育学報』第 25 号、32 頁。

42 「支那事變と皇民化運動」『麗育学報』第 25 号、27～29 頁。

43 「支那事變に際して」、32 頁。

44 「米國の援英」『麗育学報』第 29 号、80 頁。

45 「東洋と西洋」『麗育学報』第 29 号、81 頁

46 「我が國旗」嘉義中学校『旭陵』第 9 号、1938 年 5 月、179 頁。

47 「嘉中精神とは何ぞや！！」『旭陵』第 9 号、165 頁

48 「ハルビン」『旭陵』第 9 号、158 頁。

49 「昭和青年の覚悟」『旭陵』第 9 号、148～149 頁。

50 詹「制海権」臺北第三中学校『三中』第 4 号、1940 年 2 月、43 頁。

Ⅲ　皇国臣民育成機能としての修学旅行

第1章　日本統治前期における台湾総督府国語学校の修学旅行とその影響

呉文星

1　はじめに

　日本統治初期、台湾総督府は同化主義の方針を次第に明確にしていき、差別・隔離の原則のもと、明治維新の経験を参考に、台湾に近代的な新教育を導入した。しかし、同時期に内地[1]で実施していた新教育とは、制度・施設面で明確な差異が存在していた。1919 年「台湾教育令」発布以前の時期は、いわゆる台湾教育の「試験時代」であり、台湾総督府は完全な教育制度を整えてはおらず、ただ各地の需要に応じて初等教育を実施する公学校を中心に新教育を実施していた。中等以上の教育設備に関しては甚だ不完全と言わざるを得ない状況であり、それはすなわち、修業年限 3～4 年の台湾総督府国語学校（以下国語学校と表記）、修業 5 年の台湾総督府医学校、そして修業年限半年から 2 年の農事試験場講習生及び糖業講習所、修業年限 3 年の工業講習所などに限られていた[2]。このうち、国語学校は、初等教員と公的・私的機関における人材を育成する総合教育機関として存在し、1919 年に制度改正で台北師範学校と名前を変えるまでの日本統治前期において、主な中等教育機関のひとつに数えられていた。

　1880 年代後半から、修学旅行は内地の師範学校の年中行事となっていった。修学旅行を通じて生徒は視野や見聞を広めることができ、言うまでもなく重要な学習活動であった。台湾での国語学校成立後、修学旅行の実施の経緯、実施の方法、内地の師範学校の修学旅行との相違点、この学習活動の効果とその影響、特に、植民地における師範学校生徒たちのアジア認識への具体的影響[3]については、今日未だ研究が進んでおらず、考察の余地が存在する。この状況を鑑み、本稿を日本統治前期台

138

湾における中等教育機関の修学旅行を実態と、生徒への影響を解明する
一助としたい。

2　国語学校の創立とその発展

　1896 年 4 月、台湾総督府は国語学校を設置した。同年 9 月に出され
た「台湾総督府国語学校及付属学校規則」に拠り、本校は師範部、語学
部に分けられた。師範部は年齢 18 歳以上 30 歳以下、尋常中学校第四学
年修了以上の学力を有する日本人を入学させ、その修業年限は二年であ
った。在学中、生徒は官費を支給され、かつ卒業後は国語伝習所及公学
校の教員となった。語学部は更に土語科及び国語科の二科に分けられ、
土語科は年齢 15 歳以上 25 歳以下、高等小学校卒業以上の学力を有する
日本人を入学させ、修業年限は三年、台湾語と公私の業務に就こうとす
る者に必要な教育を実施した。一方国語科は国語学校付属学校又は国語
伝習所卒業以上の学力を有する台湾人に日本語を授け、修業年限は三
年、将来台湾に於ける公私の業務に就こうとする者に必要な教育を実施
した。国語学校は、台湾最初の綜合教育機関であった[4]。
　1899 年、台湾総督府は台北、台中、台南の三箇所に師範学校を設立し、
公学校卒業及びそれと同等の学力を持つ台湾人を入学させた。修業年限
は三年であり、在学中、生徒はやはり官費を支給され、卒業後は公学校
の訓導となった。その後、台北、台中（1902 年）、台南（1904 年）師範
学校は廃止され、それぞれの学校の生徒と備品などは国語学校に収容
し、生徒は師範部乙科に編入させた[5]。これにより、国語学校は台湾唯一
の教員養成機関となったのである。
　1902 年 7 月、国語学校師範部は甲乙二科に分かれ、甲科は日本人教諭
を、乙科は台湾人訓導を養成することを目的とした。同年、土語科を廃
止した。1905 年 12 月、国語学校規則は改定され、甲科は年齢 18 歳 9 月
以上 25 歳以下、中学校卒業者若しくは之と同等以上の学力ある日本人
を入学させ、修業年限を一年三ヶ月とした。乙科は年齢 14 歳以上 23 歳
以下、公学校卒業以上の学力を有する台湾人を入学させ、修業年限四年

に延長した[6]。

在台日本人における学齢児童の増加に伴い小学校を増設してクラスも増やしたため、小学校教員の需要が激増したことから、1910年3月国語学校は小学師範部を増設し、もとの「師範部甲乙科」を改称して「公学師範部甲乙科」とした。小学師範部の入学資格、修業年限、公費待遇は公学師範部甲科と同じであって、入学すべき生徒は年齢満17歳以上25歳以下、中学校卒業者若しくは之と同等以上の学力を有する日本人で、修業年限は一年であった。公学師範部乙科の入学資格規定はこの時変わらなかった。卒業時に取得できる資格について言うと、小学師範部は「小学校本科正教員」で、この資格をもって台湾小学校教諭に任ぜられ、公学師範部甲科は「公学校甲種教諭」で台湾公学校教諭に任ぜられ、公学師範部乙科は台湾公学校訓導に任ぜられた[7]。

このほか、1898年国語学校第四付属学校付設尋常中等科は、在台日本人子弟に入学を許可し、1902年にはこの中等科は直接国語学校に付設され、間も無く中等部と改称した。1907年には、これが独立する形で総督府中学校が設置された[8]。

1900年、国語学校は鉄道電信科、1902年には実業部が増設された。実業部は農業科、電信科、鉄道科に分けられ、年齢17歳以上24歳以下で、国語学校国語部第二学年以上の学力あるものを入学させ、農業科は二年、電信科及び鉄道科は一年の修業年限であった。さらに1905年農業科の入学年齢は16歳以上となり、電信科及び鉄道科の年齢制限は満17歳以上26歳以下、入学資格は国語部第三学年以上の学力あるものとなった。しかし同年鉄道科は生徒募集を停止し、電信科、農業科もそれぞれ1906年と1907年に廃止となった[9]。

以上からわかるように、国語学校は需要に応じて様々な部や科を増設したが、長期的に見れば師範部と国語部国語科が主体となっており、土語科、中学部、実業部などは短期的な設置に過ぎなかった。1919年に至るまで、本校の卒業生は2827名にのぼり、このうち日本人は講習員256名、師範部甲科（公学師範部甲科を含む）712名、小学師範部170名、土語科（土語専修科3名を含む）65名、台湾人については師範部乙科

（公学師範部乙科を含む）1091名、国語科466名、実業部67名であった[10]。

　師範部各科及び国語科の生徒については、1900年以前、日本人か台湾人かに関わらず生徒募集は困難を極めており、生徒間のレベルに相当の開きがあった。しかしながら1900年代初頭より志望者が増え始め、入学試験に際しては競争が見られるようになった。この当時の師範部甲科（公学師範部甲科を含む）、小学師範部受験の競争倍率は日本国内の師範本科第二部よりずっと高かったのである。また、国語学校師範部乙科（公学師範部乙科を含む）、受験の競争倍率は常に五倍以上という状況が続いていた。国語科の平均合格率は28%であった。つまり、合格者はみな成績優秀であった[11]。

　生徒の家庭背景について言うなら、日本人生徒に関しては日本国内の師範生と全く同じで農村出身の青年を主体としており、経済的に恵まれていない家庭出身者も少なくなかった。台湾人は圧倒的多数が中流以上の家庭出身であり、富豪の子弟も少なくなかった。彼らの家長の職業は地主もしくは自作農が多数をしめた[12]。

3　修学旅行の実施

　国語学校成立翌年（1897）年4月、台湾総督府は台湾人に日本的な教化を施し、人心を変えて速やかな日本化を図るためには、台湾人が日本国内へ留学もしくは観光する事が必要だと考え、国語学校の「生徒費」の中に「修学旅行費」という項目を設け、毎年30名、30日以内、一人135円という条件で予算に組み込んだ[13]。5月18日には「台湾総督府国語学校生徒修学旅行旅費支給規則」を制定した[14]。この規則を根拠にして、7月1日には国語学校が「本校職員及び生徒学術実地研究又は観風のために行う旅行の旅費支給規定」を制定した[15]。同月16日には、同校本田嘉種教授が語学部国語科生徒21名を率いて東京、京都、大阪などを目的地とした50余日間の修学旅行へ向かった。東京では帝国大学、動物園、図書館、美術学校、音楽学校、博物館、盲唖学校、植物園、日

本銀行及び時事新報社等を見学した。京都、奈良、大阪では、名勝地、寺院、電気鉄道、水利機械などを見学した[16]。『教育時論』が評論したところによると、「今回の修学旅行が、彼らの見聞を広め、内地の文化を知らしむることを得、彼らの修学上、彼地の開明上、裨益することの浅少ならざるは、更に疑を容るべからず」とのことであった[17]。

　以上から、国語学校の修学旅行は特殊な目的をもって始まったことが分かる。

　一方、1896年7月、台湾総督府は訓令68号により国語学校長が職権を持って「島内修学旅行を為さしむること」[18]を規定した。1898年3月24日から27日まで、本校教授岡本監輔が教職員11名と師範部生徒23名、語学部土語科生徒31名、国語科生徒23名の計77名を引率して台湾の新竹地区への修学旅行を敢行したが、これが本校の台湾修学旅行のはじまりであった[19]。これより、国語学校の年中行事において、修学旅行を毎年不定期の行事とする旨が明文規定された[20]。修学旅行の旅費補助については、1900年の府令第24号の規定により、汽車及び汽船は下等の実費を支給し、日本国内へ向かう場合は、宿泊料一日あたり五十銭、生活手当一日三十銭の補助、台湾旅行の場合は、宿泊料一日あたり七十銭、生活手当一日三十銭の補助が支給された[21]。

　1903年6月19日、総督府は府令第45号をもって給費生生徒支給にかかわる規則を改定し、旅費補助は毎日一律宿泊料五十銭、生活手当三十銭、交通費補助は従来通りとした[22]。その後、この規定内容はほぼそのまま維持された。師範部各科の生徒の修学旅行は規定により旅費補助を支給、国語科生徒は、1910年より自費扱いとなった。

　表1、表2によると、国語学校が毎年修学旅行を行うのは10月から翌年の1月の間に集中しており、ある時は3月の春季休暇期間や6、7月の夏季休暇期間を利用する例も見られた。しかし、台湾の夏季は猛暑のためか、冬季が修学旅行の「最上の季候」[23]であると考えられた。このほか、国語学校は特殊な行事に合わせるようにして修学旅行を実施する場合もあった。例えば、1900年10月14〜15日、全校生徒は校長町田則文の引率の元、北部の港町基隆へ軍艦高千穂号を見学した。また、1903

年 9 月 28〜29 日師範部と国語部の生徒は、基隆へ軍艦秋津州号を見学した。そして、1903 年 3 月 3 日〜25 日、師範部と国語部の生徒は大阪へ向かい、第五回内国勧業博覧会を見学した。1907 年 6 月 22 日から 7 月 19 日には東京に向かい、東京勧業博覧会を見学した。1910 年 6 月 7〜28 日には名古屋へ向かい、第十回関西府県連合共進会を見学している。これらは全て、各種催し等に合わせて行われた修学旅行である。

当初、修学旅行は学年を超えて、或いは、全校規模の行事として行われていたが、1901 年よりその方式に変化が見られ、学年ごと、或いは科ごとの行事となった。低学年は旅行期間が短く大体 1〜2 日間、高学年になると大体 4〜8 日間の日程であった。師範部甲科については大部分が単独での実施であり、高学年では卒業前に 14〜18 日の長期間にわたる修学旅行をおこなった。

旅行ルート及び目的地については、大まかに言って台湾島内及び内地に分けられ、島内に関しては台湾中部、北部が主要な行き先で、具体的には北上して基隆に向かうか、南下して桃園、新竹、苗栗、台中、南投、彰化などに向かうかであった。師範部甲科高学年の生徒は海路を利用して澎湖、打狗（現在の高雄）へ向かい、その後陸路を利用して北上するなどの方法を採った。このことから、当時の交通条件の影響を受けていたことが分かる。当時、台北、基隆、新竹の間は汽車は通っていたが道路交通は伝統的な牛車、人力車、轎子（駕籠のこと）、軽便車（台車のこと、物や人を乗せる手押し車でレールの上を走る）などが主で、自動車などの近代的交通器具はまだ普及していなかった。それゆえ、全校生徒は往々にして徒歩での旅行をした。例えば、1900 年 10 月 14〜15 日、全校生徒で基隆に行き軍艦高千穂号を見学したが、行きは徒歩で、帰りになって汽車を利用した[24]。淡水、大料崁、桃園、苗栗、瑞芳、九份、金瓜石、宜蘭等への旅行は殆どが徒歩か上記軽便車の利用であった。

1907 年以後、師範部乙科、国語部高学年の修学旅行は台湾西部の最南端に位置する恒春を、師範部甲科高学年の生徒は海路を利用して基隆より海に出て、台湾東海岸に沿って南下し、恒春に上陸したのち陸路へ変更して北上するいわば台湾一周旅行を実施し始めた。このとき、台湾西

部は南から北まで軽便車を利用できたが、1908年10月の縦貫鉄道が開
通後には、西部地域への旅行はより便利になった。そのほか1905年に
なると総督府鉄道部は各学校の修学旅行には三割引の優待措置をとる
ようになり、このことは修学旅行における鉄道の利用を促した[25]。

　内地への修学旅行については、さきに述べたように、台湾の青年に「母
国文明の進歩」を知らしめるため、まず1897年7月16日から9月9日
に、本田嘉種教授を引率教員とし国語科生徒21名が東京、京都、大阪
などの地域に修学旅行へ向かった。これが、内地への修学旅行の端緒と
なった。その後1903年、1907年、1910年にはそれぞれ第五回内国勧業
博覧会、東京勧業博覧会、第十回関西府県連合共進会開催の機会を利用
し、日本国内修学旅行を実施した。1912年からは、日本国内への修学旅
行は毎年開催され、定番の年中行事となった。

表1　1898〜1910年国語学校各部生徒台湾島内修学旅行一覧

日程	引率教員	年次及び人数	ルート及び見学箇所
1898.3.24 〜3.27 （4日間）	岡本監輔 職員11名	師範部生徒23名、語学部土語科生徒31名及国語科生徒23名共77名	学校集合→新竹→香山→中港（海の魚介金石の蒐集）→台北
1899.10.14 〜10.15 （2日間）	町田則文（校長）、教職員16名	講習員、師範部一二年生、語学部土語科及国語科、中学科等日本人生徒101名、台灣人生徒65名	学校集合→基隆（軍艦高千穂號參觀、商船會社の台南丸）→台北
1900.11.3 〜11.18 （15日間）	本田嘉種	師範部二年生、語学部三年生共50余名	学校集合→基隆（軍艦大島艦參觀）→媽公港→白沙島（大榕樹、萬歳井、仏蘭西水師提督クールベー氏墓、文石書院）→安平港→台南市（台南師範學校、台南縣廳、辨務署、台南醫院、台灣府學、台南公學校、開山神社、盲学校、赤崁城跡、文昌閣、蓬

			壺書院、物產陳列館）→林鳳庄→新營→嘉義（媽祖宮、三山國王廟、地方法院、辨務署）→大甫林→雲林→北斗→員林→彰化（台中師範學校、辨務署、地方法院、八卦山）→台中（縣知事官舍、縣廳官舍）→苗栗（辨務署、苗栗市街）→新竹→台北
1900.11.6 ～11.9 （4日間）	稻田盛太 前田宇一郎 中村忠誠 渥美鋭太郎 楓龍寶	語學部土語科二年生、國語科二三年生共80名	学校集合→大稻埕→桃仔園（辨務署、公學校、憲兵屯所）→大料崁市街（辨務署、郵便局、守備隊及衛戍病院、腦務稽查總局）→中壢→新竹（辨務署、守備隊、鹽務局、名所舊跡、北白川宮能九親王露營の跡、農工陳列場、公學校、孔廟）→中壢→桃仔園→台北
1900.11.7 （1日間）	須田小五郎	國語部土語科、國語科一年生	学校集合→測候所→大稻埕→大龍峒→八芝蘭（第三附屬公學校）→北投→滬尾（公學校、耶穌女學校、渡船場）→大稻埕→學校
1901.3.25 ～3.26 （2日間）	橋本武 鈴木梅太郎	師範部一年生、國語部土語科、國語科一年生	学校集合→新竹→大料崁
1901.3.26 ～3.28 （2日間）	渥美鋭太郎 中村忠誠 高橋二三四	師範部二年生、國語部土語科、國語科二三年生	学校集合→基隆（仙洞、燈台、海防檢疫所）→九份、金瓜石礦山→瑞芳→基隆（社寮島）→台北
1901.12.20 ～12.27 （8日間）	渡部春藏	師範部二年生	学校集合→南庄→頭份→新竹
1901.12.20 ～12.27 （8日間）	渥美鋭太郎 內村藤太郎 滿江常次郎	國語部國語科三年生	学校集合→台中→彰化→苗栗
1901.12.20 ～12.27 （8日間）	中村忠誠 稻田盛太 鈴木梅太郎	國語部土語科	学校集合→台中→彰化→苗栗
1901.12.24	吉原千代吉	師範部一年生	学校集合→鹹菜埔→新竹→大

〜12. 27 (4日間)	高橋二三四		料崁
1901. 12. 24 〜12. 27 (4日間)	石田新太郎 志保田鉎吉 相澤源太夫	國語科二年生	学校集合→桃仔園→楊梅壢→大湖口→新竹(公學校)→苗栗(公學校、廳長官邸)→新竹→台北
1901. 12. 24 〜12. 27 (4日間)	須賀金之助	國語科一年生	学校集合→新竹→大料崁
1902. 3. 24		土語科24名、實業部11名	学校集合→南庄(蕃地調査)
1902. 3. 24 〜3. 27 (4日間)	渥美鋭太郎 相澤源太夫	師範部38名、國語科三年生33名	学校集合→瑞芳→頂雙溪→金瓜石、九份(藤田組金礦事務所)→瑞芳→基隆
1902. 3. 25 (1日間)		國語科一年生41名	学校集合→九份(礦山調査)
1903. 9. 28 〜9. 29 (2日間)		師範部甲乙科、國語部、實業部生徒共200余名	学校集合→基隆港(軍艦秋津洲艦參觀、築港局、基隆造船所、燈台、仙洞)
1903. 11. 11 (1日間)	石田新太郎 町田永五郎	實業部農業科生徒18名	学校集合→新竹安平鎮(製茶試驗場見學)
1903. 12. 21 〜12. 30 (10日間)	永澤定一 高橋二三四	師範部甲科二年生18名	学校集合→三义河駅→台中→嘉義→斗六(公學校)→雲林→嘉義→台南(台南師範學校、新樓學校、兩廣會館、土地調査局出張所、機業傳習所、文昌廟、台南地方法院、開山神社、第一公學校、孔廟、泰東書院、奎樓書院、赤崁樓、蓬壺書院、文昌閣、台南市街、ゼーランディア城、安平税關所)→鳳山街(公學校、曹洞宗國語學校、鳳山廳地方法院出張所、監獄支署、郵便局、衛戌病院、舊鳳儀書院跡、曹公廟)→打狗(打狗港、燈台、砲台、旗後市街、英國領事館、橋仔頭製紙會社、製糖會社)→台南(博物館)→嘉義(製紙會

			社)→彰化→台中 (物産陳列所、公學校、小學校、葫蘆墩公園)→三义河駅→台北
1903.12.21〜12.25（5日間）	渡部春藏	甲科一年生	学校集合→南庄
1903.12.21〜12.25（5日間）	中村忠誠	實業部及師範部乙科三年生、國語部三年生	学校集合→彰化
1903.12.21〜12.24（4日間）		國語部二年生	学校集合→南庄
1903.12.21〜12.23（3日間）		師範部乙科、國語部一年生	学校集合→新竹
1905.6.1〜6.2（2日間）	永澤定一	師範部甲科	学校集合→基隆→金包里
1905.9.28〜9.29（2日間）		師範部甲科二年生	学校集合→台北→安平鎮 (製茶試験場) →白沙岬 (燈台)
1905.11.7（1日間）		師範部甲科、乙科三年生、國語部三年生、實業科	学校集合→桃園
1905.11.7（1日間）		師範部乙科二年生、國語部二年生	学校集合→屈尺
1905.11.7（1日間）		師範部乙科一年生、國語部一年生	学校集合→暖暖水源地
1905.12.17〜12.24（8日間）	志保田鉎吉	師範部甲科二年生20名	学校集合→澎湖島→台南→打狗→台北
1905.12.21〜12.25（5日間）	和田彰	師範部乙科三年生45名	学校集合→苗栗→南庄
1905.12.23〜12.25	鈴木梅太郎	師範部乙科二年生16名	学校集合→金包里→富貴角

(3日間)			
1905.12.19 ～12.25 (7日間)		國語部三年生、 電信科生14名	学校集合→頂雙溪→宜蘭→坪林尾
1905.12.23 ～12.25 (3日間)	仙石吉之助	國語部二年生 31名	学校集合→金包里→富貴角
1905.12.25 (1日間)	三屋大五郎	國語部一年生、 師範部乙科一 年生100名	学校集合→大科崁
1906.2.5 ～2.10 (6日間)		實業部農業科 一年生	学校集合→台中(農產品評會見學)
1906.2.5 ～2.10 (6日間)		實業部農業科 二年生	学校集合→台南
1906.10.25 (1日間)		師範部乙科二 年生	学校集合→基隆(公學校、社寮島、基隆市街、フランス兵士戦死者の墓、測候所)
1906.12.1 ～13 (14日間)	永澤定一	師範部甲科	学校集合→阿緱→恆春
1906.12.4 ～12.10 (7日間)		師範部乙科三 年生、國語部三 年生	学校集合→台中(呉鸞旃花園、公園、台中陳列館、台中市街、林烈堂花園)→埔里社(魚池公學校、頭社)→南投(公學校、陶器製造所、南投市街)→彰化(員林公學校、八卦山、彰化市街)→台北
1906.12.4 ～12.10 (7日間)	和田彰 矢口矢太郎	師範部乙科二 年生、國語部二 年生、農科生共 68名	学校集合→嘉義→台南→打狗→鳳山→阿緱(農事見學)
1906.12.4 ～12.8 (5日間)		師範部乙科一 年生、國語部一 年生	学校集合→新竹(新竹廳舍、台灣銀行出張所、各官衙、公學校、小學校)→油車港庄(虎仔山晒鹽場、樹仔脚專賣局)→苗栗→台中
1906.12.4		農科生	学校集合→中部、南部各地(米

日付	引率者	参加者	行程
～12.13 （10 日間）			作、糖業開墾等見學）
1907.10.1 ～10.4 （4 日間）	鈴江團吉	師範部乙科生 30 名	学校集合→新竹→苗栗（公學校 教授及び訓練の見學）
1907.10.7 ～10.11 （5 日間）	和田彰 濱崎傳造	國語部及師範 部乙科生 80 名	学校集合→金瓜石（金礦見學） →鼻頭角燈台→金瓜石→瑞芳 （砂金採取法の見學）→基隆街 →社寮島→仙洞→築港局→海 港檢疫所→船舶修繕所→燈台 →台北
1907.10.15 ～10.24 （10 日間）	永澤定一	國語科四年生	学校集合→坪林尾→宜蘭
1907.11.22	和田彰 山口トヨ	生徒 70 余名	学校集合→鹽水港→台南→鳳 山
1907.12.1		師範部、國語部 一年生	学校集合→桃園→新竹→苗栗 （出礦坑見學）
1907.12.10 ～10.28 （18 日間）	渡部春蔵	師範部甲科生 25 名	学校集合→基隆→蘇澳港→花 蓮港→卑南（蕃社狀況及び蕃產 の調査）→火燒島→紅頭嶼→恆 春（公學校、測候所、種畜場、 鵝鑾鼻燈台、熱帶植物殖育場、 石門古戰場、琉球藩民墓）→阿 緱→鳳山→台南→（五人ずつの グループで台湾語練習旅行及 び各地狀況の調査）→斗六（集 合）→台北
1907.12.12 ～12.23 （12 日間）	永澤定一 鈴江團吉 森本修	師範部乙科二 年生、國語科二 年生共 70 名	学校集合→埔里社→南投→鹿 港
1908.3.21 （1 日間）	永澤定一	師範部乙科生、 國語科二三年 生共 156 名	学校集合→基隆（動植物の採 集）
1908.3.27 ～3.31 （5 日間）	森本修	師範部乙科生、 國語科二三年 生共 100 名	学校集合→嘉義→台南→鳳山 （製紙業等の見學）
1908.9.3 ～6		國語科三年生	学校集合→基隆→打狗港（築港 工事）→媽宮港（澎湖島々巡航、

（4日間）			媽宮街、庁役所、郵便局等の見学）→富貴角→基隆（西海岸一周の巡航）
1908.9.13〜9.21（9日間）	志保田鉎吉	師範部乙科、國語科四年生 65名	学校集合→台南→鳳山（公學校、曹公圳、曹公廟、鳳梨缶詰製造、模範蔗園等の見学）→阿緱（阿緱製糖会社、牛疫血清製造法、阿緱街等の見学）→甲仙埔（甲仙埔製腦会社）→蕃薯藔（鼓山公園）→橋仔頭（泥火山）→台北
1908.9.20〜9.22（3日間）	和田彰宇井英劉克明	師範部甲科生、乙科三年生、國語部三年生 70余名	学校集合→瑞芳→九份（金礦山、藤田組の精煉所等の見學）
1908.10.6（1日間）	永澤定一	師範部生徒 44名	学校集合→基隆→金包里
1908.11.19〜11.28（10日間）	和田彰	師範部三年生、國語部三年生	学校集合→新竹→苗栗（宝田石油会社）→台中→鹽水港→台南→打狗（製糖、製紙、製麻等工場の見學）
1908.11.22〜11.28（7日間）	濱崎傳造	師範部乙科二年生	学校集合→埔里社→魚池→集集→南投→彰化（陶器製造業、蕃產物及び各地地理歴史等の見學）
1908.11.22〜11.29（8日間）	甲斐國男	國語部二年生	学校集合→埔里社→魚池→集集→南投→彰化（陶器製造業、蕃產物及び各地地理歴史等の見學）
1908.12.20〜1909.1.7（19日間）	渡部春蔵	師範部甲科生	学校集合→台南→恆春→鵝鑾鼻→四重溪→楓港→枋寮→東港（各地地理、生業、特種手藝品、古蹟、宗教、社會狀況及び教育狀況等の見學、台湾語の練習）
1908.12.25〜12.31（7日間）		師範部甲科四年生	学校集合→基隆→東海岸→恆春→埔里社
1908.12.25		師範部甲科五	学校集合→基隆→東海岸→恆

～1909. 1. 4 （11 日間）		年生	春→鵝鑾鼻→四重溪→楓港→ 枋寮→東港（各地地理、生業、 特種手藝品、古蹟、宗教、社會 狀況及教育狀況等の見學、台湾 語の練習）
1908. 12. 23 （1 日間）	志保田鉎吉 高橋精一 宇井英	師範部乙科生、 國語部生徒共 113 名	学校集合→枋橋→鶯歌（鶯歌 石）→桃園（桃園市街）→安平 鎮（製茶試驗場）→新竹（公學 校）→油車港（鹽田、北白川宮 殿下御遺跡等の見學）→台北
1908. 12. 24 （1 日間）	永澤定一 和田彰	師範部乙科生、 國語部生徒共 300 名	学校集合→淡水
1909. 2. 14 ～2. 19	鈴江團吉	師範部甲科生	学校集合→新竹→苗栗→銅鑼 灣→三义河→彰化→二八水→ 員林(各小公學校實地教授の見 學)
1909. 11. 12 ～11. 13 （2 日間）	畠山慎吾 榎本秋治	師範部乙科二 年生、国語部二 年生	学校集合→瑞芳→九份→金瓜 石（金礦山の見学）
1909. 11. 13 （1 日間）	志保田鉎吉 高橋精一 宇井英	師範部乙科一 年生、国語部一 年生	学校集合→新竹→油車港（鹽 田、北白川宮殿下御遺跡等の見 学）
1909. 11. 20 （1 日間）	森川正雄	師範部甲科生 徒 20 名	学校集合→屈尺→烏来
1909. 12. 22 ～24 （3 日間）	田中友二郎 甲斐國男	師範部乙科三 年生、国語部生 共約 80 名	学校集合→瑞芳→九份→金瓜 石（金礦山の見学）
1909. 12. 22 ～1910. 1. 8 （18 日間）	森川正雄 小穴武次	師範部甲科生 徒 25 名	学校集合→基隆→彭佳嶼→蘇 澳→花蓮（東部地勢の見學）→ 恆春→鵝鑾鼻→車城→枋山(公 學校、市街、燈台、熱帶植物殖 育場、石門古戰場、琉球藩民墓、 蕃童學校等の見學及び動植物 地理歷史の研究、礦物博物の採 集)→枋寮（三人ずつのグルー プで地理社会教育生業等調査 及び台湾語練習旅行）→新竹 （集合）→台北

1910.3.19〜26（8 日間）	濱崎伝造	国語部四年生20 名	学校集合→宜蘭
1910.3.20〜26（7 日間）	高橋憲一榎本秋治高橋精一	師範部乙科二年生、国語部二年生共 95 名	学校集合→台中→埔里
1910.3.4（1 日間）	榎本秋治	国語学校生徒140 名	学校集合→新竹（公学校）→油車港（鹽田、北白川宮殿下御遺跡等の見学）→台北
1910.12.22〜1911.1.8（18 日間）	森川正雄横山鉄太郎	小学師範部、公学師範部甲科生徒共 45 名	学校集合→恆春（小学校、官衙、市街）→鵝鑾鼻（墾丁、灯台、蕃童公學校、熱帶植物殖育場等の見学）→高士佛（蕃童公學校、蕃社）→車城（市街、石門古戰場、琉球藩民墓、蕃童公學校等の見学）→圓山埔（公学校）→枋寮（公学校、蕃社）→水社寮（三人ずつのグループで台湾語練習旅行）→新竹（集合、小公学校、官衙、市街等の見学）→油車港（鹽田）→台北

出典：『台湾総督府国語学校校友会雑誌』1〜25 号（明治 32〜42 年）、
『台湾教育会雑誌』1〜140 号（明治 34〜大正 2 年）、『台湾日日新報』（明治 29〜44 年）

表 2　1897〜1918 年国語学校各部生徒内地修学旅行一覧

日程	引率教員	年次及び人数	ルート及び見学箇所
1897.7.16〜9.9	本田嘉種	国語科 21 名	学校集合→基隆駅→基隆港→長崎港→長崎勧工場→門司→宇品→広島→瀬戸内海→神戸→東京（日本橋、日比谷皇大神宮、上野公園、内国商品陳列館、帝国ホテル、浅草、淩雲閣）→伊勢神宮→京都→奈良→大阪→神戸→基隆
1903.3.3〜3.25	渡部春蔵志保田鉎吉	師範部甲乙科、国語部四年生	学校集合→基隆駅→基隆港→下関（安徳天皇陵、亀山神社、

| | 高橋二三四
加藤元右衛門
仙石吉之助
相沢源太夫
須賀金之助
満江常次郎
友松寅次郎 | 共205名 | 春帆楼、下関神社、平家の墓、八幡宮）→門司→神戸（楠公神社、諏訪山公園、居留地）→京都（太極殿、武徳殿、第四博覧会遺跡、銀閣寺、下賀茂神社、平安神宮、大徳寺、地金閣寺、豊国神社、八坂神社、南禅寺、三十三間堂、智恩院、清水寺、北野神社、二条城、東本願寺、西本願寺、京都帝室博物館、動物園、図書館、京都師範学校、盲唖院、京都帝国大学、織物会社、本願寺、京都織物会社等の見学）→奈良（東大寺、大仏堂、春日神社、三笠山）→静岡（富士山）→東京（東京帝国大学、上野公園、博物館、図書館、動物園、東京高等師範、東京女子高等師範、皇居、貴族院、衆議院、海軍省、警察監獄学校、裁判所、大蔵省、大審院、駿河台、遊就館、盲唖学校、渋谷駅等の見学）→横須賀→鎌倉→名古屋→大阪（第五回博覧会見学四日間、造幣局、大阪城、水族館、築港工事）→神戸（湊川神社）→門司→長崎→基隆 |
| 1907.6.22
〜7.19 | 永沢定一
渡部春蔵
和田彰
矢口矢太郎 | 師範部甲科一年生、乙科四年生、国語部四年生共88名 | 学校集合→基隆駅→基隆港→門司→瀬戸内海→神戸（地方裁判所、商品陳列館、各外国領事館、湊川神社、アサビール製造所等の見学）→京都（円山公園、知恩院、南禅寺、盲唖学校、島津製造所、豊国神社、方広寺、三十三間堂、阿弥陀が峰、清水寺、銀閣寺、平安神宮、織物会社（西村商店）、京都帝国大学、京都府立第一中学校、御所等の見学）→岐阜→東京（日比谷公 |

			園、皇居、勧工場商品陳列館、東京帝国大学、農科大学）→上野（東京勧業博覧会第二会場、台湾館、水族館、瓦斯会社陳列所、機械館、三菱陳列館、外国館、博覧会第一会場、東京博物館、動物園、東京高等工業学校、大日本麦酒株式会社等の見学）→上野公園→博覧会第一会場（農産物、工芸品その他商品）→美術館→博覧会第三会場（各種織物陳列品、運動機械）→湯島神社→東京高等師範学校附属教育博物館→靖国神社→東京帝国大学附属植物園→東京高等師範学校→愛宕神社→増上寺→日光東照宮→逓信省博物館→私立芝中学校→東京瓦斯会社→横須賀軍港→鎌倉（八幡宮、鎌倉宮、鎌倉大仏、長谷寺（長谷観音）→江ノ島神社→名古屋城→京都→奈良（春日神社、東大寺、興福寺、奈良帝室博物館等の見学）→大阪（天王寺、大阪城）→神戸→基隆
1910.6.7～6.28	高橋憲一横山鉄太郎	師範部乙科、国語部四年生共65名	学校集合→基隆駅→基隆港→門司→瀬戸内海→神戸→名古屋共進会（第一～五工場）
1912.10.23～11.12	田中友二郎濱崎傳造南景祐	師範部乙科、国語部四年生共80名	学校集合→基隆駅→基隆港→門司→瀬戸内海→神戸→桃山御陵→京都（御所）→名古屋離宮→伊勢神宮→橿原神宮→東京→靖国神社→拓殖博覧会
1913.12.26～1914.1.8	志保田鉎吉	師範部乙科、国語部四年生共77名	学校集合→基隆駅→基隆港→門司→瀬戸内海→神戸→桃山御陵→京都（御所）→名古屋離宮
1914.6.20～7.13	志保田鉎吉西山清澄	師範部乙科、国語部四年生共	学校集合→基隆駅→基隆港→門司→瀬戸内海→神戸→京都

| | 劉克明 | 73 名 | （伏見桃山御陵、東御陵、友禅染工場、三十三間堂、豊国神社、陶漆器製造試験所、清水寺、知恩院、動物園、商品陳列所、島津製作所、大極殿、須屋殿、北野神宮、金閣寺、西陣織工場、染織学校、御所、祐ノ井、仙洞御所、西村総左衛門刺繍工場、東本願寺等の見学）→大津市（琵琶湖、物産陳列所、漆器、疏水七寶焼工場、嵐山、二条離宮等の見学）→静岡（富士山）→東京（農商務省商品陳列所、銀座通り）、日比谷公園、二重橋、帝国劇場、警視庁、東京府庁、日本銀行、三越、中央停車場、高砂寮、盲学校、東京教育博物館、東京帝国大学、聾唖学校、植物園、東京高等師範学校、長谷川写真館、靖国神社、東宮御所、青山御所、青山墓地、乃木将軍邸、芝公園、愛宕山博覧会第三会場、博覧会第一会場、音楽学校、美術学校、図書館、上野公園、浅草公園等の見学）→日光（東照宮、大猷院廟、二荒山神社、霧降滝等の見学）→上野博覧会第二会場→静岡（静岡市物品陳列所、工業試験場、漆器陳列館）→名古屋→山田駅（伊勢外宮、徴古館、伊勢内宮、二見浦等の見学）→笠置山→奈良（興福寺、春日神社、東大寺、大仏殿等の見学）→畝傍山東北御陵→大和橿原神宮→天王寺→大阪市（大阪城、砲兵工場、造幣局等の見学）→神戸（直木燐寸製造所、川崎造船所、湊川神社等の見学）→門司（八幡製 |

			鉄所）→基隆
1915.12.9 ～916.1.12	和田彰 木村三郎 甲木牧夫	師範部乙科、国語部四年生110名	学校集合→基隆駅→基隆港→門司→瀬戸内海→神戸→京都（伏見桃山御陵、東御陵等の見学）→東京（皇居、靖国神社、乃木将軍邸、医科大学、聾唖学校、日本銀行、砲兵工場、三越、芝公園、上野公園等の見学）→山田駅（伊勢外宮、徴古館、伊勢内宮、二見浦等の見学）→奈良→大阪市（大阪城、造幣局）→京都（御所、博覧会、嵐山）→神戸（直木燐寸製造所、川崎造船所、湊川神社等の見学）→厳島神社→門司（若松製鉄所）→基隆
1916.6.30 ～7.20	平塚佐吉 相馬禎三郎 待鳥清九郎	師範部乙科、国語部四年生 87名	学校集合→基隆駅→基隆港→神戸→大阪→京都（伏見桃山御陵、東御陵等の見学）→伊勢神宮→奈良（畝傍山東北御陵、大和橿原神宮等の見学）→福岡（筥崎八幡、九州帝国大学等の見学）→門司（若松製鉄所）→基隆
1917.4.9 ～5.1	志保田鉎吉	師範部乙科、国語部四年生137名	学校集合→基隆駅→基隆港→神戸→京都（伏見桃山御陵、東御陵等の見学）→東京（奠都記念博覧会）→伊勢神宮→奈良（畝傍山東北御陵、大和橿原神宮等の見学）→京都→大阪→広島→福岡→呉（海軍工場）→江田島（兵学校）→門司（若松製鉄所）→基隆
1918.10.7 ～10.29	根津金吾 梅村好造 渡邊節治	師範部乙科四年生109名	学校集合→基隆駅→基隆港→門司(枝光製鉄所、箱崎八幡宮、東西公園等の見学)→福岡→博多→京都（桃山御陵、東御陵、三十三間堂、豊国神社、八坂神社、清水寺、知恩院、疏水、御

			所、北野神社、金閣寺、二条離宮、嵐山、染織学校、島津製作所、西本願寺等の見学）→東京（二重橋、楠公銅像、日本銀行、三越、神田、植物園、聾唖学校、砲兵工場、東京帝国大学、靖国神社、遊就館、東宮御所、日比谷公園、芝公園、高等師範学校、高等工業学校、浅草公園、日本橋通、銀座通、上野公園、博物館、動物園、図書館等の見学）→日光（東照宮、中禅寺）→東京→名古屋→伊勢神宮→山田→奈良（春日神社、東大寺、三笠山等の見学）→天王寺→大阪（商品陳列所、大阪城、造幣局、紡績会社、川口築港工事等の見学）→神戸（湊川神社、諏訪山公園、川崎造船所、直木燐寸製造所等の見学）→基隆

出典： 『台湾総督府国語学校校友会雑誌』1〜25 号（明治 32〜42 年）、
『台湾教育会雑誌』1〜140 号（明治 34〜大正 2 年）、『台湾教育』141（大正 3〜8 年）、『台湾日日新報』（明治 29〜大正 8 年）

4　修學旅行見学箇所の特色と生徒の感想

（1）　台湾島内修學旅行

　島内の見学箇所は、自然景勝地、旧跡、公的施設、新産業的施設などに分類できる。台湾の学校で使う国語、地理、歴史、博物、化学などの教科書の内容と、修学旅行の見学箇所の間に相関関係があったことは、注目に値する。当時修学旅行は学校参観や各土地の様子に親しむことをによって、生徒が学びを得ることを目的としていた。[26]生徒は修学旅行を通じて実地調査と見学をすることが出来たのである。彼らは学校に戻ってから修学旅行に関するレポートを提出しなければならなかった。代表的なものに関しては『台湾日日新報』、『台湾教育会雑誌』、『台湾

総督府国語学校校友会雑誌』に掲載されている。以下、島内の修学旅行について、具体的に生徒の感想を参考にしつつ概況をまとめ、簡単に考察を加える。

　見学箇所について、いくつかの種類に分けることが出来るが、その中でも自然景勝地は、基隆の仙洞及社寮島、鶯歌的鶯歌石、淡水、彰化的八卦山、橋仔頭の泥火山、恒春の鵝鑾鼻、澎湖の大榕樹などが定番であった。旧跡は、全て台湾の重要かつ代表的な所が選ばれた。例えば、高雄の旧砲台、恒春の恒春城、石門の戦跡、鳳山の曹公圳及び曹公廟、鹿港の文開書院、澎湖の萬歳井及び文石書院、そして台南の開山神社及び台灣府學（孔廟）、赤崁城跡、蓬壺書院、泰東書院、砲台などが挙げられる。景勝地と古蹟については、それぞれ台湾特有の地理景観地、そして歴史文化的性格を帯びていた。）。

　公的施設については、各地の官公庁、専売局、監獄、地方裁判所、台湾銀行、郵便局、小学校、公学校、測候所、植物園、博物館、製茶試験場、種畜場、熱帯植物殖育場、物産陳列館、農工陳列所、燈台、公園等がそれにあたる。日本による統治が始まってから出現した新しい産業施設については、藤田組金鉱事務所及び製錬場、製糖会社、製紙会社、陶器製造所、製塩所、パイナップル缶詰工場、製脳會社、製麻工場、宝田石油会社などが日程に組み込まれた。公共施設と新しい産業施設のほとんどは日本の統治開始後にできた近代的な機関、そして会社であり、当時としては「新しさ」、今日的に言えば、「近代性」を象徴するものであった。軍事関係施設や軍艦の見学が修学旅行の日程にあったことからは、日本陸海軍の強大さを知らしめる狙いがあったことが分かる。つまり、卒業後に台湾で教師になったり、公的私的部門での仕事に従事したりするつもりであった生徒たちにとって、このような見学場所は重要な意味を持っていたと言える。

　ここでは、台灣における修学旅行の生徒の感想を取り上げながら、修学旅行後の彼らの認識を説明したい。日本人生徒だけを見るなら、師範部甲科あるいは土語科生徒の修学旅行は実地調査と各地の地理、風土、その土地の人の状況、物産、名所旧跡、教育状況に触れるほか、同時に、

生徒は台湾語の練習をすることが出来、修学旅行は実地学習と体験の旅とも言える状況であった。

　全体的に見れば、当時の台湾の交通条件は日本の便利さに及ばなかったが、日本人生徒は交通の便が悪い為に修学旅行がつらいとは思っていなかったようだ。そのことよりもむしろ、視野が広がり、修学旅行による収穫は多いと考えていた。例えば、1903 年 12 月、師範部甲科 2 年生の生徒は台湾中部に 10 日の修学旅行に行った。その感想としては、例えば、「此南遊遠く百里の地に至る、殆ど汽車と台車（引用者註：軽便車のこと）の便をかりて所謂御大名旅行、靴擦れ一つも出かさなかったが僅か十日の旅行としては随分忙しい旅行であった、然しながら我々の眼界は之によりて大に拡大され」たといったものが見られた。[27]日本人生徒にとって修学旅行とは、職場に入る前に、台湾全島の自然、社会、文化等を更に正確に把握できる機会そのものであった。

　一方台湾人生徒は、修学旅行を通じて郷土台湾への理解を深められ、また総督府が建設した公的機関、そして新しい産業を見学に基づいて具体的に捉えられた。1900 年 11 月、国語部土語科二年の台湾人生徒、国語科二、三年の日本人生徒計 80 名は一緒に、初めての四日間の修学旅行に出かけている。このときのルートは、台北から桃園、大料崁、中壢、新竹などへ向かうものであった。（表 1 参照のこと）　この修学旅行後、生徒全体の所感として、「我等が唯一の快楽として且つは異なりたる土地に至り、名所旧跡を探り、直接実施に就きて、人情風俗を探究して、他日国家の為、本島の為に尽さんとする地盤を固めんと期したる修学旅行の挙も愈愈明日を以って終わらんとす」という感想が見られた[28]。

　以上のことから、生徒は台湾の社会や文化について、観察や体験などを通じて実地の学びを得ることができた。このことで台湾人生徒は郷土意識を強め、日本人生徒は台湾の民衆認識、歴史認識、文化認識を深めることができたと言える。

　1899 年 10 月、軍艦高千穂号の基隆停泊の機会を利用し、国語学校では全校生徒そろって見学に向かった。国語科生徒の陳維徳は、「水兵が案内者となりましてつき、私共を率いて、軍艦の内にある色々の機械等

を見せて下さって、一つ一つ難しい説明して下さいました。内地人の生徒は如何なる了見があうかはよく知りませんが、吾々本島人生徒が之を聞く毎にまるで驚いて感服しました。」[29]。また、陳貫は「案内者がつきまして、我々を連れ立って、色々の機械や大砲や水雷などを見せて下さいました。しかしこの軍艦の中の機械や大砲や水雷はなかなか沢山ありますから見ても見覚えておくことは出来ません。」[30]と記している。1903年秋津洲艦を見学後、国語部生徒の林振声は「毎月遠足、修学挙行して精密な観察を遂げさせたり高尚な理想を養わせたり実際の見聞を弘げ（引用者註：ママ）させたり豊富な智識を増加させられる」、「世に我が海軍は東洋第一と称して居りますが実は天下第一だと云っても言い過ぎではありますまい、アア我が海軍が此の様に盛んで万世一系の帝国皇統無窮の神国を守って居られるのは余等の幸福でござります」[31]と記している。このことから、台湾人生徒は、日本海軍の強大さに感服し、当時の日本の国力への信頼と期待を増幅させたことがわかる。言い換えれば、近代的な日本海軍軍艦の見学を通じ、台湾人生徒はさらに日本の国力の強大さへの認識を深め、「植民地」台湾に対応するところのいわゆる「宗主国」日本への国家認識を強めたのである。

(2)　内地修學旅行

　国語学校が内地への修学旅行を行った目的は、「比較的有力なる本島（引用者註：台湾）青年等をして、真に母国（同：日本）の文明を理解せしむるに至るべく」ことにあった[32]。日本国内の修学旅行の見学場所は、おおむね皇室や神道と関係の深い場所、官公庁及び軍事関係の施設、名勝旧跡、近代教育施設、そして近代産業施設に分けられる。其の中でも、皇室と神道関わる場所は特に重視されたと見え、毎年生徒を連れて行き参拝させた。これは総督府の同化政策と関係があると考えられる。
　1915年、国語学校教授志保田鉎吉が校長隈本繁吉に宛てて記した前年の内地修学旅行についての報告書の中で、「……思想言語風俗習慣の同化に至りて、最も遺憾多く。生徒は国体国風その他内地の事情に於いて耳に熟せりと雖、其は抽象的にして知識的なるを免れず。其感情を陶

冶し趣味を変化せしめれれば、抽象的に聞かしむるよりも具体的に目撃せしめ知識的に知らしめ考えしむるよりも直覚的に感情的に悟了せしむるの有効なるに如かず。且つ将来本島児童教育の衝の当り、又は先覚者として社会に立ったんとするものは本島人同化の源泉たるが故に、内地を親しみ懐かしむ感情なかるべからず生まれて未だ其地を踏みず其地の人に接せずして何よりてか。……この点より観て、本島人の内地旅行は其の効果偉大にして、教養上真に欠くべからざる重要事たる」[33]と指摘していることからも分かるように、国語学校の教育現場では座学による同化教育の限界を認識しており、更なる効果を修学旅行に求めていたのである。

　皇室や神道と関係の深い場所は、例えば安徳天皇陵、桃山御陵及東御陵、京都御所、名古屋離宮、畝傍山東北御陵、橿原神宮、伊勢神宮、平安神宮、皇居、東照宮、以及亀山神社、下関神社、厳島神社、湊川神社、豊国神社、八坂神社、北野神社、春日神社、靖国神社等がこれにあたる。

　官公庁及び軍事関係の施設は、貴族院、衆議院、海軍省、裁判所、大蔵省、大審院、警視庁、造幣局、東京府庁、日本銀行、兵学校、砲兵工場、海軍工場、横須賀軍港などがこれにあたる。

　名勝旧跡については、八幡宮、諏訪山公園、大阪城、金閣寺、銀閣寺、南禅寺、清水寺、本願寺、知恩院、琵琶湖、嵐山、東大寺、興福寺、天王寺、名古屋城、鎌倉の大仏、富士山、植物園、動物園、水族館、上野公園、三笠山などがこれにあたる。

　教育施設については、東京帝国大学、京都帝国大学、東京高等師範、東京高等工業、農科大学、警察監獄学校、盲唖学校、徴古館、博物館、美術館、図書館、博覧会などがこれにあたる。

　近代的産業施設については、商品陳列所、物産陳列館、陶漆器製造試験所、長崎勧工場、川崎造船所、直木磷寸製造所、若松製鉄所、島津製作所などがこれにあたる。

　つまり、このような場所の見学を通じ、生徒の日本皇室、神道への理解を強化しつつ、日本の近代文明の進歩、国力の強大さを知らしめ、そのことにより、日本文化を生徒により浸透させる狙いがあったと考えら

れる。

　台湾人生徒は内地修学旅行についてどんな感想を持っただろうか。ここにいくつか具体的に列挙してみたい。1903 年 3 月、第五回内国勧業博覧会見学後、師範部乙科生徒王名受は以下のように記した。

　　「……勝地無窮、所覽名山勝景、風土人情、百工技藝、著巧呈能、無不觀感而介於懷也。美風清潔、到處皆然。人民之忠勇堪誇、耳聞不謬。舟車往來、交通利便。商業之經營、直如集雲之盛矣！他如男女之勤勞、夫妻相睦共執事業。至於教育之隆盛、及於盲啞、誠所謂鄉無不學之戶、戶無不學之人、教化之振興實基於此。」[34]（引用者訳：……景勝地が多く、私たちが触れた名勝、風土や現地の人々、工芸技術に、細やかさや精巧さを感じ、深い感動を覚え、今でも懐かしく思う。彼らの風俗は善く、どこへ行っても清潔に保たれ、人々は正しく勇ましい。私が以前に聞いていた様子となんら変わりはなかった。交通は整備されており、船と車の往来が便利である。商業については、非常に盛んにおこなわれ、商店がよりあつまっている！男女ともに勤労で、夫婦はともに力を合わせて事業に取り組んでいる。教育も盛んで、たとえ障がい者であっても学校で知識を得ることが出来る。全ての集落には学校に行っていない人が殆どいない。全ての家庭にも、学校に行ってない人が殆どいない。今日の日本の教化の振興は、このような状況によるのだ。）

　つまり、王にとって印象深かったのは日本各地の名勝古蹟、風土や現地の人々、工芸技術などであり、また、特に陸、海の交通や商工業が発達していること、教育の普及状況などを賞賛していた。

　師範部乙科生徒林煥は、「我々が我々が神戸で上陸してから、京都、奈良を経て、大阪に来て帰るまでの十二日間、日日汽車の中から見たりした所が、荒地は少しもなくて、田地は皆綺麗に植え付け居ります。水には船陸には汽車、電気車、人力車、馬車、自転車等を以って、物を運搬したり、或いは人を乗せたりして、何十里の道も僅か一時間二時間を

以って達する事が出来る様になって居ります。教育は市街には若し学校が足らない所があれば、皆金を吝まないで自立して、子弟の勉強する事が出来るようにして居るが、村にも子供が仕事に従事しているものの外は一人も残らないで、学校へ出て勉強して居る。……この教育は国の富強を来す本源であるから、国の為には最も大事で御座います。」[35]林氏の感想は王氏のそれと類似しており、やはり、内地の陸、海交通の発達、教育の相当程度の普及を指摘していた。

　1907年東京勧業博覧会見学後、国語部国語科四年の林呈禄は「内地の自然美景は実に旅人をして覇旅を忘れる程で至る処、山明水秀で片田舎でも人格を高めるに足りる自然の好景でない処はない」、と述べたほか、「内地の交通の便利」さについての率直な感想や、「内地の物質的文明は非常に進歩したもので如何なる大工業を企てやうとも機械があって、人の労力を藉らないでも出来る」、「内地に荒地が見えない」、「内地は交通の便利と工業発達に依って、商業は非常に繁盛」、「内地の大都会にしても、小村落にしても、割合清潔であった」と述べた[36]。

　以上のような感想から、台湾人生徒は、内地について、近代的な交通の発達、近代的な教育の普及、商工業の隆盛、清潔さに感銘を受けていたことがはっきり分かる。つまり、彼らは、明治維新以来の日本が帯びていた「近代性」に特に強くひきつけられた。明らかに、彼らは見学によっていわゆる「宗主国」日本が相当に近代化した、そして進歩的な国であることを感じた。これこそが、修学旅行を通じて形成された、彼らの日本への国家認識と文化認識と言える。学校側は、内地への修学旅行を通じて、同化教育の強化を望んでいたが、それについては、少なくとも今回利用した史料の内容からは、具体的かつはっきりした影響をみることはできない。

5　結び

　総括していうなら、国語学校は創立間もなく修学旅行を実施した教育機関で、それは台湾の教育機関における初の試みであった。最初の何年

間に行われた修学旅行は学年を超えた、あるいは全校規模の行事で、1900年代からは各学年が毎年行うものとなり、そのやり方は学年の高低、生徒が所属する科、生徒の出自、旅行の距離の長さ、日程の長さにより、違いが生まれた。大まかに言って、低学年は1〜3日、台湾北部の、学校の近隣地域に見学に行った。高学年は2〜7日かけ、台湾の中南部や島嶼部へ向かった。まもなく卒業する生徒に対しては、2、3週間かけて長距離、台湾全島、あるいは内地への修学旅行を実施した。旅行期間には記録係に旅行の様々なことを記録、報告させ、同時に、生徒に必ず見学日記を書くよう指示した。修学旅行終了後、他人へ供する価値があるとされた報告や見学日記は校友会雑誌や教育雑誌に掲載された。このようなことは、同時期にほかの学校でも普遍的に行われていただけでなく、1920年代には台湾の各師範学校の修学旅行実施方法の雛形となった。ちなみに、日本統治下の朝鮮での、朝鮮総督府管轄の師範学校における修学旅行でも、同様の方法が採られていた。そこでは旅行の距離と日程の長さは学年の高低によって決定されており、低学年は1〜3日かけて学校から比較的近い場所を見学し、高学年では10〜15日かけて学校から比較的遠い場所、内地、あるいは満州（今日の中国東北地方、以下同）を見学した。例えば、1929年の京城師範學校「団体修学演習例規」によると、普通科一年は1日近郊、普通科二年は1日の開城への旅、普通科三年は3日間の平城への旅、普通科四年は10日間の満洲への旅、普通科五年と女子演習科は14日間の内地への旅、男子演習科は10日間の朝鮮での旅を修学旅行としていた。そのほか、生徒は必ず見学日記あるいは修学旅行報告書を書かなくてはいけないというきまりも似通っていた[37]。

　見学場所について言うなら、台湾島内の修学旅行では著名な景勝地、古蹟、近代的な公共施設、新しい産業施設等が選ばれており、台湾人生徒はこのような場所の見学を通じ、台湾の地理や歴史、そして、台湾総督府の統治の成果と日本統治以来興った近代産業の概況を把握することができた。日本人生徒にとっての修学旅行は、卒業して職場に入る前に、台湾の自然、社会、文化の概況について具体的、実地的に把握でき

る機会であり、同時に、この機会を利用して台湾語の練習をすることもできた。生徒の感想からは、これらの点について一定の成果を得られていたことがわかる。

1920 年代、各師範学校の見学場所は大体において国語学校のそれを踏襲したものであったが、台湾の経済的発展に伴い、近代的産業施設は「東洋一」、「日本一」、「台湾一」と言われる場所が選ばれるようになった。例えば、1930 年代の台南師範の修学旅行の行き先となった、淡水渓の吊り橋、烏山頭の大堰堤および珊瑚潭、鳳山無線電信所、金瓜石鉱山などは全て「東洋一」と形容されるところで、苗栗出礦坑の石油精製場、錦水ガス、日月潭水力發電所、嘉義高山観測所、新高山（今日の玉山）などは「日本一」、1935 年に落成した嘉義駅、濁水渓鉄橋、嘉義製材所などは「台湾一」と言われるところであった。このほか、寺社仏閣について言うなら、各師範学校では著名な廟だけでなく、特に各地の神社を見学、参拝の対象として選んだ。例えば、台北の台湾神社、建功神社、芝山巖神社、新竹神社、台中神社、玉島神社、嘉義神社、高雄神社、阿緱神社、台東神社などである[38]。明らかに、学校側は同化政策に従う形で修学旅行のスケジュールを組んでいた。

朝鮮総督府管轄の師範学校の場合をみてみると、修学旅行における朝鮮半島内の見学箇所も、自然景勝地、旧跡、公的施設、新しい産業施設等の場所であった。具体例としては、開城の南大門、開城神社、観徳亭、博物館、松陽書院、善竹橋、高麗朝の宮殿跡、鉄道公園、朱安の塩田と精製工場、上仁川の気候観測所、平壌の寺洞炭坑、飛行機隊、兵器製造所、平安南道庁、覆審法院、京城の博物館、箕子陵、牡丹臺、飛行聯隊などが挙げられる[39]。

内地への修学旅行については、初期は不定期の実施であり、1912 年以降からは、毎年行われる行事となった。見学場所は、皇室や神道と関連のあるところ、官公庁及び軍事施設、名勝古跡、近代教育施設、及び近代的な産業施設などであった。そのうち、皇室や神道と関連のあるところが含まれているのは、明らかに同化教育の目的を帯びた選択肢だろう。しかし、生徒の感想からは、多くの者が近代的建設の成果に注目し

ていたことがわかる。つまり、学校側がいくら同化教育を深めたいという思いや目的を持っていたとしても、在学中一度だけ、そして日数に限りのある日本国内への修学旅行では、その効果は限定的なものであったと指摘しなければならない。

　1920年代になると、日本国内への修学旅行は台湾の各師範学校の年中行事の一つとなっていた。その見学場所の多くは国語学校のそれと類似していたが、日本の重要な近代的産業施設及び軍事関連施設が増加しており、そのうち、近代的産業施設については、例えば門司の明治紡績合資会社、博多の八幡製鉄所、名古屋の愛知時計製造所、飛行機製造所、日本車輛製造株式会社、浜松の日本楽器製造会社等で、軍事施設については例えば横須賀軍港、追浜飛行場、造船所、三笠艦、海軍工廠などが選ばれた。学校側に、修学旅行を通じて生徒に日本の工業の発展や軍事力の大きさを理解させる狙いがあったことがはっきりとわかるだろう。そして、朝鮮の京城師範学校生徒の内地修学旅行の見学場所も、そのほとんどが台湾と同じであった[40]。

　以上の考察をまとめると、日本統治前期の国語学校の修学旅行は疑いなく、台湾人生徒たちの郷土認識を深め、彼らが、植民統治下に出現した近代的な公共施設、新しい産業施設などについて具体的な認識を形成することの手助けとなった。同時に、彼らは「宗主国」日本の、近代国家的建設、新しい産業に対する認識を深めた。一方で、日本人生徒たちは修学旅行を通じ、台湾の民衆認識、歴史認識、文化認識を深めることができた。このような修学旅行の実施は、日本による統治後期において台湾各師範学校が修学旅行を実施する時の重要な参考となった。その時には、ただ時局や国家政策に合わせ、見学場所とその重点に調整を加えるのみであった。そして、台湾での修学旅行実施とその方法は、朝鮮総督府管轄の師範学校の修学旅行に対してもおそらくなんらかの影響を与えていた、と結論付けることができる。

---

[1] 史料の中で使われている用語をここでもそのまま使用している。以下同様。前

後の文脈より、おおよそ今日の日本列島を指していると判断できる。

2 臺灣教育會『臺灣教育沿革誌』（同會、昭和 14 年）、2～3 頁。

3 近年、中等諸学校生徒のアジア認識について、先駆者として考察を進めてきた
斎藤利彦氏が述べるところによれば、戦前の中学校生徒（師範学校生徒も含
む）のアジア認識に関して言えば、その内容と枠組みには、時局認識、歴史認
識、国家認識、民衆認識、文化認識の五つの側面がある。以上齋藤利彦「『校
友会雑誌』の中の帝国日本－満州事変前後における生徒たちのアジア認識－」
『近代東亞教育與社會國際學術研討會』（2015 年 11 月 13～14 日、4～10 頁
（未刊行）を参照。

4 同前註。吉野秀公『臺灣教育史』（作者、昭和 2 年）、87～90 頁。

5 『臺灣教育沿革誌』、625 頁。吉野秀公、前掲書、205～207 頁。

6 『臺灣教育沿革誌』、599～600 頁。吉野秀公、前掲書、209 頁。

7 『臺灣教育沿革誌』、601 頁。吉野秀公、前掲書、325 頁。

8 『臺灣教育沿革誌』、727～730 頁。吉野秀公、前掲書、210～211、332 頁。

9 『臺灣教育沿革誌』、600 頁。吉野秀公、前掲書、223～225 頁。

10 謝明如『日治時期臺灣總督府國語學校之研究（1896-1919）』國立臺灣師範大
學歷史學系碩士論文（未刊行）、2007 年、240 頁を参照。

11 吳文星『日據時期台灣師範教育之研究』國立臺灣師範大學歷史研究所、1983
年、87～98 頁と謝明如、前掲書、154～163 頁を参照。

12 前掲書、105～111 頁と謝明如、前掲書、166～171 頁を参照。

13 「國語學校生徒修學旅行ニ關スル決議」『臺灣總督府公文類纂』、142 冊 9 号、
明治 30 年 4 月 1 日。

14 臺灣總督府國語學校編『臺灣總督府國語學校一覽』（同校、明治 39 年）、6
頁。

15 前掲書、6 頁。

16 「臺灣學生の修學旅行」『教育時論』444 號、明治 30 年 8 月 15 日、収入近代
アジア教育史研究会編『近代日本のアジア教育認識・資料篇』第 30 巻【台湾
の部（1）】（龍渓書舎、2004 年）、90～93 頁；本田嘉種「臺灣教育一班及び
意見（上）」『教育時論』572 號、明治 34 年 3 月 5 日、収入近代アジア教育
史研究会編『近代日本のアジア教育認識・資料篇』第 30 巻【台湾の部（1）】
（龍渓書舎、2004 年）、156～158 頁を参照。

17 「臺灣學生の修學旅行」『教育時論』444 号、明治 30 年 8 月 15 日、90 頁。

18 臺灣總督府國語學校編『臺灣總督府國語學校一覽』、30 頁。

19 「彙報：修學旅行」『臺灣總督府報』第 267 号、明治 31 年 3 月 27 日、62 頁。

20 臺灣總督府國語學校編『臺灣總督府國語學校一覽』、3 頁。

21 「府令第二十四號」『臺灣總督府報』第 708 号、明治 33 年 3 月 9 日、25 頁。

22 「府令第四十五號」『臺灣總督府報』第 1362 号、明治 36 年 6 月 19 日、23 頁。

23 「内外彙報」『臺灣教育會雜誌』第 4 号、明治 35 年 3 月、55 頁。

24 陳維德「軍艦高千穂號參觀記」『臺灣總督府國語學校校友會雜誌』第 3 号、明治 32 年 11 月、23〜26 頁を参照。

25 「修學旅行と鐵道賃金割引」『台湾日日新報』、明治 38 年 12 月 14 日付、2 頁。

26 「内外彙報」『台湾教育会雑誌』第四号（明治 35 年 3 月）、55 頁

27 著者不明「修学旅行日記」『台湾総督府国語学校校友会雑誌』14 号（明治 37 年 4 月）、45 頁。

28 国語部土語科二年、国語科二三年「修学旅行日記」『台湾総督府国語学校校友会雑誌』7 号（明治 34 年 3 月）、55 頁。

29 陳維德「軍艦高千穂号参観記」『台湾総督府国語学校校友会雑誌』3 号（明治 32 年 11 月）、25 頁。

30 陳貫「基隆修学旅行」『台湾総督府国語学校校友会雑誌』3 号（明治 32 年 11 月）、28 頁。

31 林振声「秋津洲艦の参観」『台湾総督府国語学校校友会雑誌』13 号（明治 36 年 12 月）、52、54 頁。

32 「内外彙報：臺北通信」『臺湾教育雜誌』、第 63 号、明治 40 年 6 月、頁 48。

33 「内地修学旅行報告（國語學校長）」『臺灣總督府公文類纂』、5925 冊 6 号、大正 4 年 1 月 1 日。

34 王名受「本国旅行日記」『台湾教育雜誌』第 15 号、明治 36 年 6 月、17 頁。

35 林煥「旅感」『台湾総督府国語学校校友会雑誌』12 号、明治 36 年 6 月、49〜50 頁。

36 林呈禄「本島生内地旅行日誌：序」『台湾総督府国語学校校友会雑誌』22 号、明治 40 年 12 月、109〜111 頁を参照。

37 金恩淑「植民地朝鮮における師範學校の修學旅行」『近代東亞教育與社會國際學術研討會』（2015 年 11 月 13〜14 日、3〜4、7 頁（未刊行）を参照。

38 拙著「日本統治下における台湾師範学校生徒の東アジア認識について－台南師範学校を中心に－」『教育史學会第 58 回大会』（2014 年 10 月 5 日）（未

刊行）、1〜18 頁を参照のこと。

39 金恩淑「植民地朝鮮における師範學校の修學旅行」『近代東亞教育與社會國際學術研討會』（2015 年 11 月 13〜14 日、8〜9 頁（未刊行）を参照。

40 金恩淑「植民地朝鮮における師範學校の修學旅行」『近代東亞教育與社會國際學術研討會』（2015 年 11 月 13〜14 日、10〜12 頁（未刊行）を参照。

図録1　1896年台湾地図

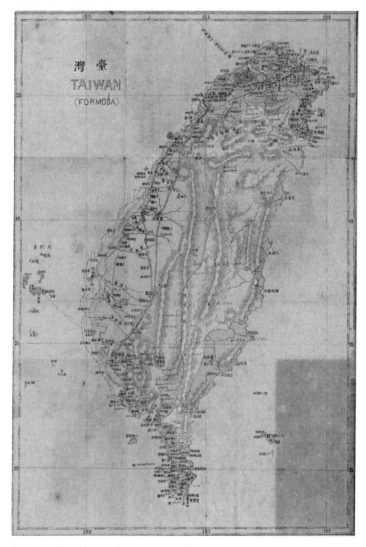

出典：土居通豫、『臺灣嶋』東京、青木恒三郎、1896。

図録 2　1916 年台湾全島図

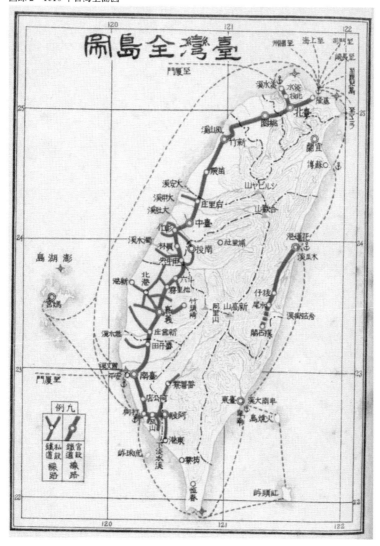

出典：臺灣日日新報、『臺灣要覧』、台北、同報社、1916。

1900年11月国語学校師範部、語学部生徒が台南の開山神社（左）、孔子廟（右）を見学の写真
出典:『臺灣總督府國語學校校友會雜誌』第7號、明治34年3月

1905年12月国語学校師範部乙科三年次の生徒が苗栗の獅頭山の頂上獅巖洞を見学写真
出典:『臺灣總督府國語學校校友會雜誌』第19號、明治39年6月

1908 年 12 月国語学校師範部甲科生徒が四重渓の琉球藩民墓を見学写真
出典:『臺灣總督府國語學校校友會雜誌』第 24 號、明治 42 年 3 月

第2章　日本統治末期における台南・台北第二師範学校の修学旅行とその影響

呉文星

1　はじめに

　修学旅行は、近代初・中等教育における重要な年中行事の一つである。

　1896 年、台湾総督府が台湾で最初の中等教育機関台湾総督府国語学校を設置した直後、修学旅行に関する規則を制定、また予算を計上し、学校の年中行事としての修学旅行が台湾でも実施されるようになった。筆者の初歩的考察によれば、最初期の数年間、国語学校の修学旅行の多くが学年をまたいだ、あるいは全校規模の行事であり、1900 年代になってはじめて、学年ごとの年中恒例行事へと変化していった。

　実施に際しては、学年、学科、生徒の族籍（台湾人か日本人か）によって旅行先までの距離や日程の長さに変化がつけられた。大まかに言って、低学年は 1～3 日、行き先は台湾北部周辺地区、高学年になると 2～7 日、行き先は台湾中南部、時には離島へ向かうこともあった。最高学年の場合は日程が 2～3 週間におよび、行き先も学校から比較的遠い場所や、台湾一周、あるいは日本内地へ向かう例も見られた。

　旅行に際しては教員が必ず生徒の中から記録係を選び、また、全ての生徒に見学日誌を書くよう指示した。全日程終了後、生徒の見学日誌或いは報告が校友会雑誌や教育関係の雑誌に掲載された[1]。1920 年代、台北、台南、台中師範学校、および台北第二師範学校が次々に設立され、このような国語学校の修学旅行が、次第に台湾の各師範学校の手本となっていった。金恩淑氏の研究によれば、朝鮮総督府管轄下の師範学校においても、同様の修学旅行が実施されていたという[2]。

　1920 年代以降、台湾の各師範学校の修学旅行はほぼ国語学校の実施方法を踏襲するようになっていた。しかし、台湾総督府が植民統治政策

と各種の建設を推進した結果、台湾の社会・経済状況も次第に変化していった。その上、台湾全島で交通網が拡大し整備され、利便性が向上したために、師範学校における修学旅行の方法、路線及び見学箇所も変わっていった。1930年代前期、台湾の師範学校における修学旅行実施状況、特に、目的地、見学箇所、交通手段はどのように変化し、どのような特色を帯びていたのか、これらの詳細については、いまだ検討が待たれる状況である。

　そして、1930年代後期、特に日中戦争勃発後、台湾もまた戦時体制下に入り、皇民化政策及び各戦争動員が実施された。このような時期に、台湾の師範学校における修学旅行は一体どのように実施されたのだろうか。それはどのように戦時政策と歩調を合わせたのだろうか。戦争動員とどのような関連を持っていたのか。そしてどのような効果及び影響をもたらしたのか。これらの問題については、これまで十分な考察がされてきたとは言い難い。

　これに従い、本稿では、台南・台北第二師範学校を中心とし、台南師範学校校友会編『校友会誌』、『台北第二師範学校一覧』及び校友会雑誌『芳蘭』、地元紙『台湾日日新報』などを一次史料として利用し、1930年代台湾の師範学校における修学旅行実施状況と、生徒のアジア認識、戦時政策や戦争動員との関連を分析したい。

2　1930年代前期台南師範学校における修学旅行

　第二次「台湾教育令」が発布された1922年以降も、修学旅行は、依然として台湾師範学校の主要な年中行事の一つであった。台南師範学校を例に取ると、設立当初の志保田鉎吉校長は、生徒に台湾の進歩を実感させるため、そして日本国民としての光栄と幸福を感じさせるために、対岸中国への修学旅行を実施する必要があると考えた。中国と比較させ、台湾の社会がより進歩的であると印象づけることを狙いとしたのである[3]。しかしながら、実施状況は不明である。1926年12月、新竹中学校は戦乱その他対岸各地が混乱を極めていた際、対岸への修学旅行を中

止した。台中・台南両師範学校も同様の措置をとった[4]。

　1930 年代の修学旅行は台湾島内と日本への旅行に、前者は更に地域的なものと、全島一周旅行に分類できる。地域的な旅行は、おおむね南部（高雄・屏東方面）、中部（台中・彰化・嘉義・關子嶺・阿里山方面）、そして北部（新竹以北）方面の三種に分類できる。時期は毎年 10 月又は 11 月、日数は 5 日間以内、毎回教員 2〜4 名が引率、参加者は普通科一〜四年次及び講習科一、二年次の生徒であった。ルートと見学箇所は事前に組んでいた。全島一周旅行については、毎年 12 月又は 3 月に挙行された[5]、日数は 11〜12 日、参加者は演習科の生徒で、毎年のルートと見学箇所は、大同小異である（表 1〜4 参照）。1935 年 10 月 10 日〜11 月 28 日の 50 日間にわたり、台湾総督府は「始政 40 周年記念台湾博覧会」を開催したが、台南師範学校はこの機会を利用し、全校生徒を連れて台湾博覧会見学へ向かった。日程は 11 月 4 日〜8 日の計 5 日間であった（表 5 参照）。日本行きの修学旅行については、時期は大体毎年 7 月の夏季休業期間中であり、日数はおおよそ 22〜26 日、参加者は普通科 5 年次、講習科 3 年次の生徒であった。これについても毎年のルートと見学箇所は殆ど変わらない（表 6 参照）。

　交通手段について言えば、1924 年、1926 年においては、台北-宜蘭間、台東-花蓮間の鉄道がすでに開通し、1932 年に蘇澳-花蓮港間の臨海道路も開通していた関係で、台北から台東までの区間で定時運行の汽車やバスを利用するようになっており、船に頼る必要はなくなっていた。1932 年からは、台湾一周の修学旅行には全部で約 4 時間かかる臨海道路を利用するようになった。途中には「東洋一」と称された全長 510 メートルの大鉄橋と、大理石でできたカナガン断崖、世界に類を見ない標高 2000 メートルの清水断崖などを車窓から見学した[6]。台東と屏東の間については、自動車を使える道路が多く開通しており、唯一、屏東牡丹湾と台東大武の間だけは徒歩という具合であった。このように、当時の台湾一周旅行は海路以外のルートを使っていた。

　見学箇所は、台湾か日本かを問わず、殆どが著名かつ代表的な場所であり、自然景勝地、旧跡、近代的施設、寺社仏閣などに分類できる。台

湾の学校で使う国語、地理、歴史、博物、化学などの教科書の内容と、修学旅行の見学箇所の間に関連性があったことは、注目に値する。自然景勝地、旧跡は、引率の教員が自ら解説し、近代的施設、寺社仏閣は、その施設の職員など学外者が説明、生徒の参観はある程度制限された中で行われた。以下、台湾及び内地への修学旅行について、具体例を挙げつつ考察を行う。

　自然景勝地については、基隆港旭ヶ岡、淡水、八仙山、日月潭、阿里山、壽山、鵝鑾鼻、太魯閣峡などが見学箇所の定番であった。これらは、1927年台湾日日新報社の主催で民間投票と審査委員会の会議によって選定したいわゆる「台湾八景」[7]であった。この他、高雄の泥火山、鵝鑾鼻の七星巌、關子嶺の温泉場、彰化の八卦山、新北投の北投温泉、台北の草山温泉や大屯火山、台東の知本温泉なども、生徒たちがよく見学した場所であった。日本各地の自然勝景地には、例えば大元公園、紅葉谷、別府温泉、地獄巡り、栗林公園、宝塚温泉、嵐山、二見夫婦岩、強羅公園、早雲山、大涌谷、小涌谷、蘆の湖、元箱根、華厳の滝、中禅寺湖などがあった。

　旧跡は全て台湾の重要かつ代表的な所が選ばれた。例えば、高雄の旧砲台、恒春の恒春城、石門の戦跡、鳳山の曹公祠、嘉義の呉鳳廟、鹿港の文開書院などが挙げられる。日本の旧跡はほとんどが皇室関連であった。例えば、亀山上皇御銅像、春帆楼、大阪城、桃山御陵、東御陵、明治天皇陵、昭憲皇太后陵、畝傍御陵、京都御所、二条離宮、塔尾御陵、名古屋城、源頼朝ノ墓、鎌倉幕府跡、乃木邸跡、多摩御陵などである。

　近代的施設については、往々にして「東洋一」、「日本一」、「台湾一」の特徴を持つ場所が見学の対象となった。例えば「東洋一」には、淡水渓の鉄線橋、烏山頭の大堰堤及び珊瑚潭、鳳山の無線電信所、金瓜石の（金）礦山、八幡製鉄所、宝塚大歌劇場などが、「日本一」には出礦坑の製油所（石油）、錦水瓦斯、日月潭水力発電所、嘉義の高山観測所、新高山、日本車輌製造株式会社、三菱重工名古屋飛行機製作所、マツダランプ製作所、愛知時計製造所、日本楽器製造会社、ライオン歯磨製作所、明治製菓株式会社、松坂屋百貨店、朝日新聞社などが、「台湾

一」には1935年落成の嘉義駅、濁水渓の鉄橋、嘉義の製材所などが名を連ねた。これ以外には、公的機関である総督府庁舎、博物館、植物園、中央研究所、専売局、農事試験場、種畜場、林業試験場なども旅程に組み込まれた。

　寺社仏閣については、台湾各地で神社が建立されるにつれ、これらも重要な見学箇所となっていった。例えば、台北の台湾神社、建功神社、台中神社、嘉義神社、高雄神社、阿緱神社等などである。しかし、神社のほかに、台北の剣潭寺、鹿港の龍山寺、彰化の孔子廟、北港の媽祖廟など台湾の民間信仰と深い関わりのある場所も見学していた。内地への修学旅行のほとんどが神社・神宮参拝を重要な旅程としていた。1920年代、台南師範学校生徒が内地修学旅行へ行った際は、渡航前にまず台北の台湾神社を参拝した[8]。1930年代、この慣例は維持された。しかし渡航前の参拝場所としては学校から近い台南神社が選ばれるようになった。また、ときに台北に一日とどまり、台湾神社参拝と自由見学をした。

　日本各地の重要な神社・神宮はいずれも定番の参拝場所となっていた。例えば、厳島神社、箱崎宮、赤間宮、湊川神社、平安神宮、八坂神社、豊国神社、北野神社、静魂神社、興玉神社、乃木神社、橿原神宮、伊勢神宮（内宮、徴古館、外宮）、春日大社、夫婦大国社、熱田神宮、鎌倉宮、明治神宮、靖国神社、児玉神社、東照宮、江の島神社、東京宮城（今日の皇居）、帝室博物館、二荒山神社、多摩御陵などである。この他、功山寺、四天王寺、法隆寺、興福寺、東大寺、東本願寺、西本願寺、金閣寺、清水寺、三十三間堂、知恩院、方廣寺、南禪寺、三井寺、石山寺、延暦寺、萬福寺、長谷大仏、浅草観音、泉岳寺、輪王寺、中禪寺などは、各地の著名な寺、且つ重要な旧跡であるため、やはり行程に組み込まれた。

　この他、軍事基地と関連施設も重要な見学箇所であった。例えば、日本統治前期、国語学校生徒が日本へ修学旅行をした時には、呉の海軍工場、江田島の海軍兵学校、東京の砲兵工場、横須賀の軍港、追浜飛行場、海軍造船所、三笠艦、海軍工場などを見学している[9]。1930年代前期の台南師範学校では、台湾か内地かを問わず、修学旅行で軍事施設を見学

することが増えていた。例えば、台湾屏東の飛行第八聯隊、鳳山の海軍無線電信所などは新しい軍事施設である。1920年代、日本の海軍の軍事力は世界で五本の指に入っており、軍事大国の名をほしいままにしていた。明らかに、生徒たちに軍事施設の見学をさせ、このことにより、日本の国防力の強大さを軍事面から知らしめる狙いがあったとわかる。

表1　南部修学旅行（高雄・屏東方面）

日程	年次	ルート及び見学箇所
1930.11.22 （宿泊無）	普一	台南→高雄→屏東→飛行聯隊（飛行場）→鳳山（海軍無線電信所、パイナップル缶詰工場）→高雄（高雄築港、高雄市街地、寿山）→台南
1931.11.20 ～21 （一泊）	普一	台南→橋子頭（泥火山）→高雄（高雄神社、寿山、海水浴場、高雄市街地）→屏東（製糖会社、公園、蕃屋［原住民の住居］）→飛行聯隊（飛行第八聯隊）→鳳山（海軍無線電信所、曹公祠〔民間信仰の廟〕、パイナップル缶詰工場）→高雄（高雄築港、旧砲台）→台南
1932.11.16 ～18 （二泊）	普二、 講一	台南→高雄→恒春（恒春城）→大板埒（捕鯨会社）→鵞鑾鼻（灯台、無線電信所、七星巌、林業試験所、石灰洞、種畜場）→四重渓→石門（石門戦跡、琉球藩民ノ墓、慶春農園見学）→屏東→飛行聯隊（飛行第八聯隊）→阿緱（瑞竹、製糖会社酒精工場、農事試験場、掘抜井戸、阿緱神社、蕃屋）→鳳山（海軍無線電信所、曹公祠、パイナップル缶詰工場）→高雄（高雄神社、水源地、寿山、海水浴場、高雄築港、港湾、旧砲台、高雄市街地）→岡山（大崗山、半屏山、泥火山）→台南
1933.10.19 ～21 （二泊）	普二	台南→高雄（寿山）→鳳山（海軍無線電信所、曹公祠、琉球嶼、パイナップル缶詰工場、掘抜井戸）→潮州→四重渓（蕃屋、石門戦跡、琉球藩民ノ墓、慶春農園、尖山火山）→鵞鑾鼻（恒春市街地、恒春種畜場、林業試験所、石灰洞、灯台、無線電信所、造礁珊瑚、恒春城）→屏東（屏東市街地、阿緱神社、蕃屋、農事試験場、掘抜井、瑞竹、製糖会社、酒精工場、飛行第八聯隊）→高雄（セメント会社）→台南
1934.10.25	普二	台南→高雄→屏東→飛行聯隊（飛行第八聯隊、屏東

～27 （二泊）		公園、蕃屋、阿緱神社）→石門→四重渓（琉球藩民ノ墓、石門戦跡）→恒春（恒春市街地、恒春城）→大板埒（捕鯨会社）→鵞鑾鼻（灯台、無線電信所、七星巌、林業試験所、石灰洞）→屏東（農事試験場、製糖会社、瑞竹）→鳳山（海軍無線電信所、曹公祠）→高雄（セメント会社、高雄神社、港湾、高雄市街地、寿山）→台南

出典：『校友会誌』第一号～第六号（台湾総督府台南師範学校校友会、
昭和6～11年）

表2　中部修学旅行（台中・彰化・嘉義・関子嶺・阿里山方面）

日程	年次	ルート及び見学箇所
1930. 11. 20 ～22 （二泊）	普四	台南→嘉義→社口（呉鳳廟廟）→嘉義（嘉義神社、嘉義公園、林業農事試験場）→眠月（集材伐木作業）→阿里山（阿里山森林、祝山から新高山遠望、阿里山神社、神木）→嘉義→台南
1931. 11. 19 ～21 （二泊）	普三、 普四	台南→嘉義→北港（媽祖廟）→社口（呉鳳廟）→嘉義（嘉義神社、嘉義市内見学）→眠月（集材伐木作業、阿里山森林）→阿里山（祝山から新高山遠望、阿里山神社、神木）→嘉義→台南
1931. 11. 20 ～21 （一泊）	普二、 講一	台南→後壁→関子嶺（温泉場、噴気孔、石灰製造工場、大仙巌）→嘉義（嘉義神社、嘉義公園、製材所）→烏山頭（林業試験所、貯水池）→台南
1932. 11. 17 ～19 （二泊）	普三	台南→嘉義→北港（媽祖廟）→嘉義→社口（呉鳳廟）→嘉義（嘉義市内見学）→眠月（集材伐木作業、阿里山森林）→阿里山（祝山から新高山遠望、阿里山神社、神木）→嘉義→台南
1932. 11. 18 ～19 （一泊）	普一	台南（鉄道沿線の自然及人文）→彰化（孔子廟、花火製造所、水源地）→八卦山（八卦山、台中及彰化の自然及人文）→鹿港（屋上道路及玄関、龍山寺、文開書院、鹿港街）→彰化（台中盆地と大肚渓）→台中（台中市街地、農業倉庫、青果検査所、台中師範、台中公園、プール、湧泉閣、貯水タンク、台中運動場）→台南
1933. 10. 18 ～21 （三泊）	普三	台南→彰化（孔子廟、水源地、花火製造場、八卦山）→鹿港（屋上道路及玄関、龍山寺、文開書院）→彰化→台中（台中市内見学、青果取引所、農業倉庫、台中神社、台中公園、水源地、台中師範）→嘉義（嘉

日程	年次	ルート及び見学箇所
		義営林所）→社口（呉鳳廟）→嘉義（嘉義市内見学）→眠月（集材伐木作業、高山観測所、阿里山森林）→阿里山（祝山から新高山遠望、阿里山神社、神木）→嘉義→台南
1933. 10. 20 ～21 （二泊）	普一	台南（鉄道沿線の自然及人文）→彰化（孔子廟、水源地、煙火爆竹会社、八卦山）→鹿港（屋上道路及玄関、龍山寺、文開書院）彰化→台中（農業倉庫、水源地、台中神社、台中公園、台中師範、青果物検査所）→台南
1934. 10. 25 ～27 （二泊）	講一	台南（北回帰線標、芭蕉栽培）→水社（発電所取水塔、日月潭、門牌潭発電所）→二水（増澤農園）→台中（台中神社、台中公園、水源地、台中師範、青果会社）→嘉義（嘉義製材所、林業試験所、嘉義公園、嘉義神社）→社口（呉鳳廟）→烏山頭（嘉南大圳、築堤工事、嘉南塾、貯水池）→台南

出典：表1に同じ。

表3　北部方面修学旅行（新竹から宜蘭まで）

日程	年次	ルート及び見学箇所
1930. 11. 18 ～21 （三泊）	普三、講二	台南→台北（台湾神社参拝、動物園）→士林（芝山巌参拝）→新北投（公共浴場、硫黄谷）→台北（博物館、総督府庁舎、度量衡所）→瑞芳（瑞芳第一炭坑）→礁渓（礁渓温泉）、→台北（台北第一師範、専売局、中央研究所、建功神社、植物園等）→台南
1931. 11. 17 ～21 （四泊）	講一	台南→瑞芳（瑞芳鉱山、金瓜石鉱山）→台北（総督府庁舎、台湾神社、芝山巌参拝、動物園、草山、硫黄谷、北投、大稲埕市街地、教育会館、植物園、建功神社、度量衡所、博物館、中央研究所）→新竹（新竹公園、新竹市街地）→造橋（カーボンブラック工場[註：ゴム製品等に使われる化学品の製造所]、錦水瓦斯鉱場、苗栗精油所）→苗栗→台南
1932. 11. 15 ～19 （四泊）	普四	台南→瑞芳（瑞芳鉱山、金瓜石鉱山）→台北（博物館、新公園、芝山巌参拝）→草山（草山温泉）→新北投（北投）→台北（台湾神社、動物園、汽車工場、総督府庁舎、図書館、度量衡所、中央研究所、専売局、台北第一師範、建功神社、教育会館、苗圃、台北市街地）→新竹（新竹市街地）、→造橋→錦水（錦水瓦斯鉱場、苗栗精油所）→苗栗→台南

1933.10.16 ～21 （五泊）	普四、講三	台南→瑞芳（瑞芳鉱山、金瓜石鉱山）→基隆（基隆港、旭ヶ岡）→台北→草山→北投（台湾神社、動物園、芝山巌、草山、硫黄谷、北投、台北市街地）→台北（建功神社、教育会館、度量衡所、中央研究所、専売局、台北第一師範、博物館、総督府庁舎）、→造橋→錦水（ガソリン工場、カーボンブラック工場、錦水瓦斯鉱場、精油所）→苗栗→台中（水源池、台中公園、台中師範）→彰化（八卦山、鹿港街）→台南
1934.10.23 ～27 （四泊）	普四	台南→瑞芳(瑞芳鉱山、金瓜石鉱山、炭坑)→台北(台湾神社、動物園、芝山巌神社)→草山(草山、七星山、大屯山)→新北投(硫黄谷、北投温泉)→台北(建功神社、植物園、商品陳列館、林業試験場、台北第一師範、度量衡所、中央研究所、新公園、博物館、台湾教育会館)→新竹→造橋→錦水(錦水瓦斯鉱場、ガソリン工場、カーボンブラック工場、石油井)→苗栗→台南

出典：表1に同じ。

表4　台湾全島一周修学旅行

日程	年次	ルート及び見学箇所
1932.12.20 ～30 （10泊）	演一	台南→二水（濁水渓沿岸の自然及人文）→水社（日月潭、水社化蕃（註：原住民）、魚池及び埔里盆地）→司馬鞍（門牌潭、水尾渓水力電気事業）→二水（増澤農園）→台中→造橋→錦水（ガソリン工場、カーボンブラック工場、石油井）→苗栗（精油場）→新竹（新竹市街地）→台北→新北投（北投温泉、北投石、硫黄採取所）→草山（草山温泉、大屯火山）→台北（芝山巌、台湾神社、剣潭寺、圓山動物園、圓山運動場、煙草工場、中央研究所、台北第一師範、教育会館、専売局、建功神社、物産陳列館、林業部、植物園、総督府庁舎、博物館）→金瓜石（金瓜石鉱山及製錬場、四脚亭炭山、澳底御遺跡地）→礁渓（礁渓温泉）→宜蘭(宜蘭平野)→蘇澳（炭酸泉、大理石工場、南方澳漁港）→峡口（タロコ峡、大断崖）→花蓮港（米崙山、築港、吉野村）→玉里（台東続谷の自然及人文）→台東（馬蘭社、卑南社、岩湾、知本温泉）→大武（大鳥社）→四重渓（牡丹社、石門戦跡、四重渓温泉、琉球藩民の墓、恒春街、捕鯨場、

		種畜場、林業試験場、無線電信所）→鵞鑾鼻（石炭岩地貌、灯台、尖山火山、慶春農園）→屏東（製糖会社、農事試験場、飛行聯隊）→高雄（セメント会社）→台南
1934.3.18 〜29 （11泊）	演二	台南→高雄（高雄神社、寿山、セメント会社、岸壁）→高雄港（船内設備、琉球嶼、沿岸遠望鵞鑾鼻）→紅頭嶼（紅頭嶼）→火焼島（火焼島）→台東（台東市街地、開導所、馬蘭社、知本温泉）→花蓮港（米崙山、築港、吉野村、薄薄公学校）→太魯閣（砂金採取、大断崖、タロコ峽）→蘇澳（炭酸泉、大理石工場、南方澳漁港）→礁渓（礁渓温泉）→金瓜石（金瓜石鉱山及製錬場、澳底御遺跡地）→瑞芳（四脚亭炭山）→台北（動物園、運動場、台湾神社、芝山巌、草山温泉、大屯火山）→北投（北投温泉、北投石、硫黄採取所）→台北（博物館、中央研究所、教育会館、専売局、建功神社、物産陳列館、総督府庁舎、植物園、台北第一師範）→新竹→造橋→錦水（ガソリン工場、カーボンブラック工場、石油井）→苗栗（精油所）→台中（台中神社、台中公園、水源地、台中師範）→二水（増澤農園）→水社（日月潭、水社化蕃[註：原住民]、魚池及び埔里盆地）→司馬鞍（門牌潭、水尾渓水力電気事業）→台南
1935.3.19 〜30 （11泊）	演二	台南→高雄（高雄神社、寿山、浅野セメント会社、蓬莱水産会社）→屏東（阿緱神社、農事試験場、瑞竹、アルコール工場、製糖会社、農事試験場、飛行隊）→四重渓（石門戦跡、四重渓温泉、琉球藩民の墓、牡丹社）→恒春（恒春街、捕鯨場、種畜場、林業試験所、石灰洞）→鵞鑾鼻（灯台、神社、無線電信所）→台東（馬蘭社、卑南社）→花蓮港（米崙山、築港、吉野村、薄薄公学校）→太魯閣（砂金採取、大断崖、タロコ峽、臨海道路）→蘇澳（炭酸泉、南方澳漁港）→礁渓（礁渓温泉）→金瓜石（金瓜石鉱山及製錬場、澳底御遺跡地）→瑞芳（四脚亭炭山）→台北（動物園、運動場、台湾神社、芝山巌、草山温泉、大屯火山）→北投（硫気口北投温泉、北投石、硫黄採取所）→台北（博物館、中央研究所、専売局、物産陳列館、総督府庁舎、台北第一師範）→新竹（新竹神社、御遺跡地）→造橋→錦水（ガソリン工場、カーボンブラック工場、石油井）→苗栗（精油所）

		→台中（台中公園、水源地、台中師範、台中市街地）→水社（日月潭、水社化蕃[註：原住民]、魚池及び埔里盆地）→霧社（霧社事件遭難碑参拝、蕃社、温泉）→埔里（門牌潭、水尾渓水力電気事業）→台南
1936.3.19 ～29 （10泊）	演一	台南→二水→水社（日月潭、水社化蕃[註：原住民]、堰堤、玉島神社）→霧社（霧社見学）→埔里（台湾中央碑、埔里街）→魚池（門牌潭発電所）→台中（台中市街）→造橋→錦水（ガソリン工場、カーボンブラック工場、錦水油田）→台北（芝山巌、台湾神社、博物館、台北市内見学）→金瓜石（大日本鉱業株式会社、金瓜石鉱山及製錬場、四脚亭炭山）→礁渓（礁渓温泉）→蘇澳→峡口（タロコ国立公園、タロコ峡、大断崖、奥タロコ峡、銀線の滝、千畳岩）→深水（深水温泉、鐘乳洞）→花蓮港（花蓮港市内観光、築港、吉野村、薄薄公学校見学）→台東（郷土館、台東神社、馬蘭社、卑南社、大南社、知本温泉）→大武（大武海岸）→恒春（恒春街、捕鯨会社）→鷲鑾鼻（鷲鑾鼻神社、灯台、七星岩、墾丁種畜場）→四重渓（石門古戦場、琉球藩民の墓）→屏東（製糖会社、屏東市内、飛行聯隊）→鳳山（海軍無線電信局）→高雄（高雄市内、高雄神社）→台南

出典：表1に同じ。

表5　台湾始政四十周年記念台湾博覧会見学旅行

日程	年次	ルート及び見学箇所
1935.11.4 ～8 （4泊）	全校教官と生徒	学校集合→台南→台北（第一会場；満州館、交通特設館、交通土木館、林業館、産業館：第二会場；愛知館、第一文化施設館、第二文化施設館、国防館、船舶館、奈良館、東京館、電気館、専売館）→南方館→草山分館→台北（台湾美術展見学）→夜間会場→建功神社参拝→基隆（基隆水族館、基隆市内自由見学）→台南

出典：梶原龍編『校友会誌』第六号（台湾総督府台南師範学校校友会、昭和11年）

表6　日本行き修学旅行

日程	年次	ルート及び見学箇所
1930.6.30 ～7.23 （23泊）	普五、 講三	学校集合→台南神社参拝→台南駅出発→基隆駅→基隆港（吉野丸乗船）→門司港→下関（赤間宮、壇ノ浦、長府乃木神社、功山寺、関門海峡）→門司駅→八幡（八幡市観光、八幡製鉄所）→宮島駅→厳島町（厳島神社、大元公園、紅葉谷）→大阪駅→橿原神宮駅（橿原神宮、畝傍御陵）→奈良駅（猿澤池、興福寺、五重塔、南円堂、春日神社、東大寺、二月堂、手向山八幡宮、三笠山）→二見浦駅（二見夫婦岩、興玉神社）→山田駅（内宮、徴古館、外宮）→名古屋駅（名古屋城、愛知時計製造所、三菱重工名古屋飛行機製造所、熱田神宮）→大船駅→鎌倉駅（鶴岡八幡宮、源頼朝ノ墓、鎌倉幕府跡、鎌倉宮）→横須賀駅（横須賀軍港、追浜飛行場、海軍造船所、三笠艦）→江ノ島（由井ヶ浜、稲村崎、七里ヶ浜、腰越萬福寺、江ノ島弁財天）→藤沢駅→横浜駅（震災記念館、波止場、外国人寄留地）→川崎駅（川崎照明学校、マツダランプ製作所）→浅川駅（多摩御陵）→新宿駅（銀座夜景）→東京滞在（宮城拝観、新宿御苑拝観、印刷局、日比谷公園、議院、桜田門、被服廠跡［震災記念館］、浅草観音、地下鉄道、上野公園、科學博物館、動物園）→上野駅→日光駅（東照宮、神橋、大谷川）→中禅寺口（輪王寺、田母澤御用邸）→中禅寺湖畔（華厳の滝、中禅寺湖、男体山）→上野駅（松坂屋百貨店、浅草夜景）→東京駅（明治神宮、乃木邸、靖国神社、遊就館、泉岳寺、三越百貨店、丸の内ビルディング）→京都駅（東西本願寺）→四明嶽駅（比叡山延暦寺）→坂本駅（金閣寺、北野神社、四条通り、新京極）→京都滞在（京都御所拝観、二条離宮拝観、嵐山、三十三間堂、豊国神社、方広寺、清水寺、八坂神社、圓山公園、知恩院、南禅寺、疏水、平安神宮）→桃山駅（桃山御陵、東御陵、乃木神社）→法隆寺駅（法隆寺）→天王寺駅（天王寺公園、四天王寺、朝日新聞社）→大阪駅（造幣局、大阪城）→宝塚駅（宝塚温泉）→神戸駅（湊川神社、大信丸乗船）→高松駅→琴平駅（金刀比羅宮）→栗林駅（栗林公園）→屋島駅（屋島古戦場）→高松駅（高松市内観光）→別府港（海地獄

		と血の池地獄巡り、耶馬渓見学）→門司港（扶桑丸乗船）→基隆港→台南駅→台南神社参拝→帰校
1931.7.1 〜7.22 （21泊）	普五、 講三	学校集合→台南神社参拝→台南駅出発→基隆駅→基隆港（瑞穂丸乗船）→門司港（五島、六連島、彦島、門司港）→箱崎（箱崎宮）→福岡市（亀山上皇御銅像、日蓮上人巨像、東公園）→博多駅（八幡市観光、八幡製鉄所）→下関駅→厳島町（厳島神社、大元公園、千畳閣、紅葉谷）→大阪上本町駅（橿原神宮、畝傍御陵）→奈良駅（猿澤池、興福寺、五重塔、南円堂、春日神社、東大寺、二月堂、三月堂、手向山八幡宮、三笠山）→二見浦駅（二見夫婦岩、興玉神社）→山田駅（内宮、徴古館、外宮）→名古屋駅（名古屋城、愛知時計製造所、三菱重工名古屋飛行機製造所、熱田神宮）→大船駅→鎌倉駅（鶴岡八幡宮、源頼朝ノ墓、鎌倉幕府跡、鎌倉宮）→横須賀駅（横須賀軍港、追浜飛行場、海軍造船所、三笠艦）→江ノ島（長谷大仏、由井ヶ浜、稲村崎、七里ヶ浜、腰越萬福寺、江ノ島弁財天）→東京駅（明治神宮、乃木邸跡、愛宕山放送局、泉岳寺、被服廠跡[震災記念館]、浅草観音、地下鉄道、上野公園、科學博物館、動物園、靖国神社、遊就館、新宿御苑拝観）→新宿駅→浅川駅（多摩御陵）→新宿駅（銀座夜景、浅草夜景）→上野駅→日光駅（華厳の滝、中禅寺湖）→中禅寺湖畔（東照宮、神橋、大谷川、輪王寺）→東京駅（三越、白木屋百貨店、丸の内ビルディング、東海道沿道）→京都駅→四明嶽駅→比叡山中堂（比叡山延暦寺）→三条駅（桃山御陵、東御陵、三十三間堂、豊国神社、方広寺、清水寺、八坂神社、圓山公園、知恩院）→京都滞在（京都御所拝観、二条離宮拝観、北野神社、金閣寺、平安神宮、嵐山、疏水、延暦寺、三井寺）→京都駅（東本願寺）→大阪駅（造幣局、大阪城）→宝塚駅（宝塚温泉）大阪駅（朝日新聞社、天王寺公園、四天王寺、湊川神社）→神戸港（瀬戸内海の風景）→別府港（海地獄と血の池地獄巡り、耶馬渓見学）→門司港（扶桑丸乗船）→基隆港→台南駅→台南神社参拝→帰校
1932.7.1 〜23 （22泊）	普五、 講三、 講二	学校集合→台南神社参拝→台南駅出発→基隆駅→基隆港（朝日丸乗船）→門司港（五島、六連島、彦島、門司港）→箱崎（箱崎八幡宮）→福岡市（亀山上皇

		御銅像、日蓮上人巨像、東公園）→博多駅（八幡製鉄所）→下関駅→厳島町（厳島神社、大元公園、紅葉谷）→大阪駅→安部野橋（蔵王堂、吉永院、如意輪堂、塔尾御陵、吉野神社、金剛山遠望）→吉野（橿原神宮、畝傍御陵）→新王子（法隆寺）→二見浦駅（二見夫婦岩、興玉神社）→山田駅（内宮、徴古館、外宮、神屈義塾）→名古屋駅（名古屋城、日本車輌製造株式会社、熱田神宮）→大船駅→鎌倉駅（鶴岡八幡宮、源頼朝ノ墓、鎌倉幕府跡、鎌倉宮）→横須賀駅（横須賀軍港、追浜飛行場、海軍造船所、三笠艦）→江ノ島（長谷大仏、由井ヶ浜、稲村ヶ崎、七里ヶ浜、腰越萬福寺、江ノ島弁財天）→東京駅（宮城参拝、印刷局、放送局、日比谷公園、泉岳寺、被服廠跡[震災記念館]）、浅草観音、上野公園、科学博物館、靖国神社、遊就館、明治神宮、乃木邸跡、聖徳記念絵画館）→新宿駅(新宿御苑拝観)→浅川駅（多摩御陵、泰明小学校）→飯田橋駅（銀座夜景、浅草夜景）→上野駅→日光駅（東照宮、神橋、大谷川、輪王寺、華厳の滝、中禅寺湖）→強羅駅（湯本、強羅公園、早雲山、大涌谷、小涌谷、蘆の湖、元箱根）→浜松駅（日本楽器製造会社）→京都駅→四明嶽駅→比叡山中堂（比叡山延暦寺、日吉神社）→三条駅（桃山御陵、東御陵、乃木神社、焼物工場、三十三間堂、豊国神社、方広寺、清水寺、八坂神社、圓山公園、知恩院）→京都滞在（京都御所拝観、二条離宮拝観、北野神社、金閣寺、嵐山、マキノプロダクション、疏水、平安神宮、南禅寺）→梅田駅→大阪駅（造幣局、大阪城）→宝塚駅（宝塚温泉）→大阪駅→神戸港（湊川神社、瀬戸内海の風景、淡路島、吉野丸乗船）→門司港（赤間宮、春帆楼、関門海峡、戸田市明治紡績合資会社）→基隆港→台南駅→台南神社参拝→帰校
1934.3.27 ～4.20 （24泊）	普五	学校集合→台南駅出発→台北駅（台湾神社参拝、台北市街）→基隆駅→基隆港（吉野丸乗船）→門司港→宮島駅（厳島神社、千畳閣、紅葉谷）→大阪滞在（大阪城、朝日新聞社、天王寺公園、四天王寺）→奈良駅（猿澤池、興福寺、南円堂、春日神社、二月堂、三笠山、東大寺、若草山、奈良女高師附小、帝室博物館）→二見駅（二見ヶ浦）→山田駅（内宮、

		徴古館、外宮）→名古屋駅（名古屋城、日木車輌製造株式会社、熱田神社）→強羅（強羅公園、早雲山、大湧谷、小湧谷、芦ノ湖、元箱根、富士山遠望）→小田原駅→横須賀駅（軍港、追浜飛行場、三笠艦、海軍工廠）→鎌倉駅（鶴岡八幡宮、鎌倉宮、長谷観音）→江の島駅→東京滞在（宮城、新宿御苑、多摩御陵、明治神宮、神宮外苑、聖徳記念絵画館、乃木邸跡、銀座夜景、浅草夜景）→上野駅→日光駅（東照宮、神橋、大谷川、輪王寺、家光廟）→中禅寺湖（中禅寺湖、奥日光）→中禅寺（華厳の滝）→上野駅→東京滞在（靖国神社、遊就館、日比谷公園、議院、泉岳寺、震災記念堂、浅草観音、科学博物館、上野公園、動物園）→京都滞在（桃山御陵、東御陵、乃木神社、平等院、京都御所拝観、金閣寺、北野神社、新京極、二条離宮拝観、嵐山、三十三間堂、豊国神社、方広寺、清水寺、八坂神社、圓山公園、知恩院、南禅寺、平安神宮、東西本願寺、桃山御陵）→石山（三井寺、石山寺）→比叡山（日吉神社、延暦寺）→法隆寺駅（法隆寺）→畝傍（畝傍御陵、橿原神宮、蔵王堂、吉野神社、吉水院、吉野の桜、如意輪堂、塔尾御陵）→大阪駅（造幣局）→宝塚駅（宝塚大歌劇場、宝塚温泉）→神戸駅（湊川神社）→高松駅（金刀比羅宮、栗林公園）→琴平（琴平宮）→大阪港→別府港（別府温泉、海地獄と血の池地獄巡り）→博多→脇山（脇山小学校見学）→八幡駅（八幡製鉄所）→門司港（瑞穂丸乗船）→基隆港→台南駅→帰校
1935.7.5 ～30 （25泊）	普五	学校集合→台南神社参拝→台南駅出発→基隆駅→基隆港（蓬莱丸乗船）→門司港（赤間宮、乃木神社、春帆楼）→門司駅→宮島駅（厳島神社、平松公園）→大阪滞在（住吉神社、天王寺公園、四天王寺、大阪城、豊国神社、造幣局、大阪朝日新聞社、砲兵工場）→湊町→法隆寺（法隆寺）→畝傍（橿原神宮、畝傍御陵）→奈良駅（猿澤池、春日神社、二月堂、三月堂、興福寺、東大寺、若草山）→山田駅（内宮、外宮、徴古館）→二見駅（二見ヶ浦）→御殿場（富士登山）→江ノ島→鎌倉駅（稲村ヶ崎、長谷観音、鶴岡八幡宮、頼朝の墓、鎌倉）→横須賀駅（軍港、三笠艦、海軍工廠）→東京滞在（宮城、二重橋、靖

| | | 国神社、遊就館、国防館、明治神宮、乃木神社、泉岳寺、芝公園、被服廠跡［震災記念堂］、ライオン歯磨製作所、浅草観音堂、上野公園）→新宿駅（新宿御苑、マツダランプ製作所、多摩御陵、明治製菓株式会社）→上野→日光駅（東照宮）→中禅寺湖（中禅寺湖、奥日光）→中禅寺（華厳の滝）→上野駅（科学博物館、帝室博物館、動物園）→東京駅→強羅（強羅公園、大涌谷、芦ノ湖、元箱根、箱根神社）→名古屋駅（熱田神宮、名古屋城）→名古屋→石山（三井寺、石山寺、琵琶湖、日吉神社）→比叡山（比叡山、延暦寺）→京都滞在（金閣寺、北野神社、四条通り、新京極、京都御所拝観、二条離宮拝観、嵐山、三十三間堂、豊国神社、方広寺、清水寺、八坂神社、圓山公園、知恩院、南禅寺、疏水、平安神宮、東西本願寺、桃山御陵、乃木神社）→宝塚駅（宝塚大歌劇場、宝塚温泉）→大阪駅→神戸駅（湊川神社）→神戸港（蓬莱丸乗船）→門司港→基隆港→台南駅→帰校 |

出典：表 1 に同じ。

3　1930 年代後期台北第二師範学校における修学旅行

　1927 年に設立された台北第二師範学校における「教務取扱」には、修学旅行関連の規定があった。要点は次の通りである。第一に、引率の教員たちに、引率主任、交渉係、会計係、引率係、記録係、衛生係といった役割分担があったこと。第二に、出発前、引率主任の教員が参加生徒全員に調査、記録、庶務のいずれかの係を分担させたこと。このうち、調査係は、行き先の地理、歴史、博物、経済など見学の際の参考になることを調査してまとめ、それを配布することや、旅行時の調査研究事項の整理してまとめ、それを配布することを担当した。記録係は見学日誌と報告の執筆、そして旅行先から学校への連絡を担当した。庶務係は、日程の選定や、旅費の収支計算など会計関連での手伝いなどを担当した。第三に、引率主任は必ず旅行出発三日前に計画書、旅行終了後一週間以内に生徒が提出した報告書を校長に提出するよう求められたこと。第四に、校長と引率主任は修学旅行出発前、必ず参加者に対して訓話を

行うべきであるとされていたこと。これらの内容から、台北第二師範学校では極めて細かい規定を修学旅行実施の根拠としていたと言うことができる。台北第二師範学校の「教務日誌抄」及び『台湾日日新報』の記事から、毎学年の修学旅行は予定通り実施されていたことがわかった。

　1937 年、日中戦争が勃発すると、戦況の拡大に従い、日本は国を挙げて非常時局へと突入していった。このような状況においては、台北第二師範学校内部から、修学旅行を無期延期にするべきではないか、といった意見も出たが、学校当局では、「本校の生徒は卒業後島内にとどまって、初等教育の責任を負うべき者なのである。本島の地理・風俗・人情・産業・文化等を知る必要のある事はもとより。内地を一度見せておく事は極めて必要である」という立場を表明した。その後学校当局では、熟慮の末、例年より経費を節約することと、「刻苦艱難に堪えつつ精神修養をなす覚悟」を持つことを条件に、修学旅行を引き続き実施するとの結論を出した[10]。つまり、台北第二師範学校は日中戦争によって修学旅行を停止することはなかったのである。

　現存する台北第二師範学校校友会誌『芳蘭』によれば、1936 年から 1940 年の間、当校は毎年 1、3、10 月に 1〜10 日間で台湾各地へ向かう修学旅行を、3〜4 月には 3〜4 週間で、内地へ向かう修学旅行も実施しており、毎回教員が 2〜4 名引率した。（表 7〜10 参照）

　戦争期においても内地への修学旅行は継続された。その理由は、内地各地の見学が非常に重要な意味を帯びていると考えられていたからだ。つまり、台湾総督府は、生徒が日本帝国の中心たる東京をはじめ各地の風物に接することで、「日本帝国臣民」として大きく成長することを期待していた。内地修学旅行は娯楽ではなく、台湾においては必要な教育活動の一環であったのだ。1940 年代はじめ、台湾総督府文教局に照会して許可が下りれば内地修学旅行が実施できたのは、内地修学旅行にこのような意味合いを持たせていたからである[11]。

　見学箇所をみれば、台南師範の場合と同様、台湾にせよ内地にせよ、景勝地、古蹟、近代的公共施設及び新しい産業施設などが依然としてそ

の対象となっていたが、特に台湾各地では神宮、神社の参拝と軍事施設の見学が目立ち、この頃すでに定番の日程となっていたことが分かる。

　見学箇所に選ばれた神宮・神社は、台南師範学校と似ていたが、数はこちらのほうがさらに多かった。例えば、芝山巌神社、台湾神社、建功神社、宜蘭神社、新竹神社、臺中神社、玉島神社（日月潭川中島）、北港神社、嘉義神社、臺南神社、開山神社、高雄神社、屏東神社などがあった。内地への修学旅行の場合、神社、皇居、御所、離宮、天皇陵等皇室と直接間接に関わる場所が、見学場所全体の三分の一を占めていた。これに該当するものは、例えば、厳島神社、赤間神宮、亀山上皇御銅像、湊川神社、生国魂神社、平安神宮、八坂神社、豊国神社、北野神社、桃山御陵、東御陵、明治天皇陵、昭憲皇太后陵、伏見桃山東御陵、静魂神社、乃木神社、京都御所、二条離宮、橿原神宮、畝傍御陵、伊勢神宮（内宮、徴古館、外宮）、春日神社、夫婦大国社、手向山神社、興玉神社、熱田神宮、明治神宮、乃木邸、靖国神社、児玉神社、江の島神社、東京宮城（今日の皇居）、帝室博物館、二荒山神社、多摩御陵などが挙げられる。

　1930年代の初め、台湾総督府は、「敬神崇祖精神強化」を中心とした民風作興運動を展開した。この時、「一街庄一神社」を基本方針とし、台湾各地に神社を創建するに至った[12]。1937年に皇民化運動が推し進められると、その一環として神社参拝が推奨されるようになった。このような時代背景を考慮すると、師範学校の修学旅行の日程として神宮、神社参拝が頻繁にみられるようになったことは、極めて自然な現象であったと言えよう。

　実はこの時期、戦時体制に合わせ、台湾の小学校、公学校の教科書の改訂が行われていた。例えば、1937～1942年に改訂された公学校教科書においては、天皇崇拝、皇室関係、軍事と戦争、国家の象徴等、皇国思想や国民精神の形成に関する教材は、改訂前においては11%だったのに対し、改訂後のこの時期には大幅に増加して33%[13]となっている。この時期の修学旅行において神宮、神社参拝や軍事施設の見学が増加していったことは、教育内容の変化を如実に反映していると言えよう。

　この時期、台湾各地及び内地への修学旅行において、軍事施設の見学は明らかに増加していた。例えば、台湾屏東の飛行第八聯隊、鳳山の海軍無線電信所、東京の海軍館、国防館、横須賀軍港、追浜飛行場、海軍造船所、三笠艦、海軍工場、名古屋の飛行機製造所、熊本の第六師団司令部、江田島の海軍兵学校などである。生徒に日本の国力の強大さを知らしめる狙いが有ったことが明らかである。

　この時期の交通手段について言えば、前述の台北-宜蘭間、台東-花蓮間の鉄道、蘇澳-花蓮港間の臨海道路以外は次の通りである。つまり、1939年には、台東-楓港間の南廻道路が開通し、東西のバス交通網の広がりを支えた。これを背景とし、この時期台北第二師範学校の生徒が台湾各地へ向かう場合、汽車、バス、軽便車などのほか、必要に応じてタクシーやハイヤーなど費用のかさむ交通機関まで利用していた。内地へ向かう際、海路の場合、通常であれば大和丸もしくは富士丸を利用した。前者は1915年に作られ、1928年に台湾-内地間で運行し始めた。総重量は9780トン、最大搭乗人数は951名で、当時の台湾-内地間における最大の客船であった。後者は1937年につくられ、総重量は9130トン、最大搭乗人数は977名、当時もっとも豪華な客船であった。修学旅行では通常台湾基隆から門司へ船で向かい、その後は鉄道や車を利用する旅であった。つまり、日本統治後期の台北第二師範学校における修学旅行は、交通の面から言って、1920年代以前よりも、利便性が格段に向上したのである。

表7　北部方面修学旅行（新竹から宜蘭まで）

日程	年次	ルート及び見学箇所
1936. 10. 24 （宿泊無）	演二、普二	台北駅→基隆→八尺門→社寮島→金瓜石（金瓜石基隆工場荷積出所）→大沙湾→水南洞→九分（鉱山事務所）→台北
1936. 10. 23 ～24 （1泊）	普五	台北駅→竹南→造橋→錦水（カーボンブラック工場[註：ゴム製品等に使われる化学品の製造所]見学）→造橋→苗栗（出鉱坑石油坑場、油井、苗栗製油所）→大湖（大湖農業専修学校、乾繭場）→苗栗（苗栗製油工場）→中壢（中壢受信所電信塔））

		→中壢街見学→台北
1936.10.24 （宿泊無）	普一	学校→大安公学校→芳蘭山→指南宮参拝→学校
1936.10.23 ～24 （1泊）	普三、講一	台北駅→澳底（近衛師団上陸地）→亀山島（台湾十二勝の一）→蘇澳（炭酸泉、清涼飲料水製造所、大理石工場）→羅東（農業倉庫、カーバイト工場、貯水池、製材所）→礁渓（礁渓温泉）→宜蘭(宜蘭神社、宜蘭公園)→台北駅
1937.1.18	演一	台北→板橋→三峡→台北
1937.1.18	普三	台北→板橋→三峡→台北
1937.1.18	普二	台北→観音山→台北
1937.1.18	普一	台北→新店→安坑→台北
1937.1.19 ～20 （1泊）	普四	台北→金山→富貴角→台北
1937.1.20 ～21 （1泊）	普五	台北駅→竹南→造橋→錦水（カーボンブラック工場見学）→造橋→苗栗（出鉱坑石油坑場、油井、苗栗製油所）→大湖→苗栗（苗栗製油工場）→中壢→台北
1937.1.21 ～22 （1泊）	講一	台北駅→竹南→造橋→錦水（カーボンブラック工場）→造橋→苗栗（出鉱坑石油坑場、油井、苗栗製油所）→大湖→苗栗（苗栗製油工場）→中壢→台北
1938.10.12	普一	台北→新店→安坑→台北
1938.10.12	普二	台北→観音山→台北
1938.10.12	普三.演一	台北→板橋→三峡→台北
1938.10.14 ～15 （1泊）	普四	台北→金山→台北
1938.10.14 ～15 （1泊）	普五	台北駅→竹南→造橋→錦水（カーボンブラック工場見学）→造橋→苗栗（出鉱坑石油坑場、油井、苗栗製油所）→大湖→台北
1938.10.14	演二.	台北→金瓜石→台北
1938.10.15	演二	台北→金瓜石→台北

出典：『芳蘭』第十号～第十三号（台湾総督府台北第二師範学校校友会、昭和12～15年）。

表8 中部及び南部修学旅行（台中・彰化・嘉義・関子嶺・阿里山・台南・高雄・方面）

日程	年次	ルート及び見学箇所
1936.10.19 〜24 （5泊）	講二	台北駅→台中→豊原（新社公学校、東勢農林学校）→台中（台中神社、台中公園）→彰化→嘉義（嘉義試験所、嘉義神社）→北港（北港媽祖廟、北港神社、公園、製糖会社）→嘉義（呉鳳廟）→林鳳営→番子田（烏山頭水庫）→台南（孔子廟、台南神社、開山神社、安平製塩会社、ゼーランジヤ城跡、史料館）→高雄（高雄神社、寿山、高雄港）→屏東（飛行聯隊、台湾製糖会社記念館）→潮州→恒春（鵞鑾鼻灯台、七星巌、猫鼻頭、恒春種畜場、石門戦跡、四重渓公共浴場）→高雄→台北駅
1936.10.18 〜24 （6泊）	普四	台北駅→嘉義→北港（媽祖廟、北港神社参拝）→嘉義（嘉義神社、嘉義市内見学）→社口（呉鳳廟）→中埔庄（呉鳳遭難の碑）→嘉義（農事試験場、北回帰線標）→番子田（烏山頭水庫）→台南駅→橋子頭（台湾製糖橋子頭製糖所、泥火山）→鳳山（海軍無線電信局）→屏東（飛行聯隊、屏東市街見学、屏東製糖会社、屏東公園）→潮州（西郷提督上陸記念碑、潮州公学校）→→恒春（墾丁種畜支所、鵞鑾鼻灯台、鵞鑾鼻神社、七星巌、猫鼻頭、恒春種畜場、石門戦跡、討伐記念碑、四重渓温泉）→屏東駅→高雄（浅野セメント会社、高雄神社、日本食料品会社）→台南（台南神社、安平製塩会社、ゼーランジヤ城跡、史料館、孔子廟）→彰化（彰化公学校、北白川宮御遺跡記念碑）→台中（台中神社）→楊梅→台北駅
1937.1.21 〜26 （5泊）	講二	台湾西部

出典：表7に同じ。

表9 東部及び島内一周修学旅行

日程	年次	ルート及び見学箇所
1936.10.14 〜24 （10泊）	演二	台北駅→瑞芳→双渓（北白川宮御遺跡）→礁渓（礁渓温泉）→宜蘭（宜蘭公学校、宜蘭公園、孔子廟）→羅東（農業倉庫、カーバイト工場、貯水池、営林所、製

日程	年次	ルート及び見学箇所
		材所)→蘇澳（炭酸泉、清涼飲料水製造所、大理石工場）→南方澳(南方澳漁港、高知及び愛媛移民部落見学）→蘇澳
		漁港）→峡口（太魯閣国家公園、タロコ峡、鉄線橋、二叉滝、屏風岩、白絲滝、白妙橋、山月橋、大断崖）→花蓮港（郷土館、花蓮港公学校、花蓮港小学校、吉野移民村、農業補修学校、高砂公学校）→玉里（第一公学校、第二公学校）→台東（農事試験場、台東郷土館、馬蘭公学校、馬蘭社、集会所、卑南社、岩湾、台東大橋、台東開導所、加路蘭、刑務所）→知本(知本温泉)→太麻里(太麻里派出所)→大武（太武小学校、観音鼻）→四重渓（牡丹湾派出所、牡丹社、石門戦跡、四重渓温泉、琉球藩民の墓、恒春城、林業試験場、無線電信所）→鵝鑾鼻（石炭岩地貌、灯台、恒春種畜支所、尖山火山、慶春農園）→潮州→屏東（製糖会社、農事試験場、飛行聯隊、屏東大橋）→高雄（浅野セメント会社、高雄観光館、高雄港、冷蔵庫）→台南（孔子廟、台南神社、開山神社、安平製塩会社、安平、ゼーランジヤ城跡、史料館、赤嵌楼）→番子田（烏山頭水庫、嘉南大圳）→嘉義→水裡坑(日月潭、川中島、玉島神社)→二水→彰化→台北駅
1937.3.	演二	台北駅→瑞芳→双渓→礁渓→宜蘭→蘇澳→峡口→花蓮港→玉里→台東→知本→太麻里→大武→四重渓→鵝鑾鼻→潮州→屏東→高雄→台南→番子田→二水→彰化→台北駅
1938.3.19 ～30 (11泊)	演二	台北駅→瑞芳→双渓→礁渓→宜蘭→蘇澳→峡口→花蓮港→玉里→台東→知本→太麻里→大武→四重渓→鵝鑾鼻→潮州→屏東→高雄→台南→番子田→二水→彰化→台北駅

出典：表7に同じ。

表10 日本行き修学旅行

日程	年次	ルート及び見学箇所
1936.3.25 ～4.16 (22泊)	普五	学校集合→台北駅→基隆駅→基隆港（大和丸乗船）→門司港上陸→門司港→宮崎（八幡宮、東公園）→博多（博覧会見学）→熊本市（水前寺、旧細川侯庭園、熊本城、谷村計介銅像）→阿蘇火山噴火口見学

		→別府（血の池地獄、窯地獄、海地獄、本坊子地獄、鶴見地獄、鶴見遊楽園）→宇佐→小倉→下関→宮島→厳島町（厳島神社、木比屋谷公園、明治天皇行在所、二重の塔、歴史館、紅葉谷公園、五重塔、千畳閣）→広島→大阪→京都（伏見桃山御陵、伏見桃山城、明治天皇陵、昭憲皇太后陵、乃木神社、稲荷神社、豊国神社、三十三間堂、東本願寺、西本願寺）→嵐山→京都滞在（平安神宮、知恩院、金閣寺、北野神社、御所拝観、圓山公園、八坂神社、清水寺）→橿原神宮駅（橿原神宮、畝傍御陵）→奈良駅（法隆寺、猿澤池、興福寺、東福寺、五重塔、三月堂、春日神社、東大寺）→笠置駅→山田駅（外宮御神城）→亀山駅→名古屋駅（名古屋城、熱田神宮）→東京滞在（宮城拝観、桜田門、万世橋、軍神広瀬武夫銅像、皇居、国会議事堂、中央気象台、靖国神社、遊就館、国防館、明治神宮、乃木邸、震災記念館、浅草観音）→上野駅→日光駅（東照宮、神橋、大谷川）→中禅寺湖（輪王寺）→中禅寺湖畔（華厳の滝、中禅寺湖、男体山）→上野（天満宮、上野公園、科学博物館、彰義隊記念碑、動物園）→上野駅（松坂屋百貨店、朝日新聞社）→江の島（児玉神社、江の島神社、七里ヶ浜）→鎌倉駅（長谷大仏、鶴岡八幡宮、源頼朝ノ墓、鎌倉幕府跡、大塔宮、鎌倉宮）→横須賀駅（横須賀軍港、追浜飛行場、海軍造船所、三笠艦）→東京市内自由見学（銀座、浅草）→京都駅→琵琶湖→坂本駅→比叡山中堂駅（根本中堂、釈迦堂拝観、伝教大師御廟）→延暦寺駅→高祖谷駅→四明獄駅→大阪駅（生国魂神社、仁徳天皇御陵、四天王寺、天王寺公園、大阪城、臨水公園、中々島公園、市役所、図書館、甲子園、運動競技場、日本大博覧会場）→宝塚駅（宝塚温泉）→三の宮→神戸駅（湊川神社拝観）→大阪港（蓬莱丸乗船）→下関（春帆楼、赤間宮）→下関市→基隆港→台北駅→帰校
1937.3.24 〜4.15 （22泊）	普五、講一	学校集合→台北駅出発→基隆駅→基隆港（大和丸乗船）→門司港上陸→長崎→箱崎（箱崎八幡宮）→福岡市（亀山上皇御銅像、日蓮上人巨像、東公園、）→熊本市（第六師団司令部、横手五郎の首掛石、水前寺、旧細川侯庭園、熊本城）→阿蘇火山噴火口見学→別府（博覧会見学）→門司駅→下関駅→宮島→

		厳島町（厳島神社、大元公園、紅葉谷公園）→呉（海軍江島兵学校教育参考館）→呉軍港見学→神戸港→大阪（電気科学館、四天王寺、大阪城、阪急百貨店、宝塚）→京都（伏見桃山御陵、伏見桃山城、明治天皇陵、昭憲皇太后陵、伏見桃山東御陵、静魂神社、乃木神社、豊国神社、三十三間堂、東本願寺、西本願寺）→嵐山→京都滞在（北野神社、金閣寺、二条離宮、大宮御所、平安神宮、圓山公園、八坂神社、清水寺）→橿原神宮駅（橿原神宮、畝傍御陵）→奈良駅（法隆寺、猿澤池、興福寺、五重塔、春日神社、夫婦大国社、手向山神社、東大寺、二月堂、夫婦岩、三笠山）→山田駅（内宮、徴古館、外宮）→名古屋駅（名古屋城、熱田神宮）→東京駅（二重橋、靖国神社、遊就館、明治神宮、絵画館、乃木邸、泉岳寺、日比谷公園、震災記念館、浅草観音、上野公園、博物館、動物園）→上野駅→日光駅（東照宮、神橋、大谷川、輪王寺、二荒神社、中宮祠、華厳の滝、中禅寺湖）→東京駅（理化学研究所、科学博物館、歌舞伎座）→鎌倉駅（長谷大仏、鶴岡八幡宮、源頼朝ノ墓、鎌倉宮）→横須賀駅（横須賀軍港、追浜飛行場、海軍造船所、三笠艦）→東京市内自由見学（銀座、神田）→京都駅→琵琶湖（石山寺）→大津駅→三井寺見学→比叡山中堂駅（根本中堂、釈迦堂拝観、伝教大師御廟）→延暦寺駅→高祖谷駅→神戸駅（湊川神社）→大阪港（大和丸乗船）→下関（春帆楼、赤間宮、亀山神社、乃木神社）→下関市→基隆港→台北駅→帰校
1938.3.26 ～4.16 （21泊）	講一	学校集合→台北駅出発→基隆駅→基隆港（富士丸乗船）→門司港上陸→箱崎（箱崎八幡宮）→福岡市（東公園、市街）→博多駅→熊本市（太妙寺、水前寺公園、熊本城、市街）→阿蘇火山噴火口見学→別府（血の池地獄、窯地獄、海地獄）→門司駅→下関駅→宮島→厳島町（厳島神社、大元公園、紅葉谷公園、千畳閣）→呉（海軍江島兵学校）→呉軍港見学→大阪（電気科学館、四天王寺、天王寺公園、大阪城、宝塚）→京都滞在（伏見桃山御陵、伏見桃山城、明治天皇陵、昭憲皇太后陵、伏見桃山東御陵、静魂神社、乃木神社、豊国神社、三十三間堂、東本願寺、西本願寺、北野神社、金閣寺、嵐山、二条離宮、大宮御

		所、平安神宮、圓山公園、八坂神社、清水寺、延暦寺、石山寺、三井寺）→橿原神宮駅（橿原神宮、畝傍御陵参拝）→法隆寺駅（法隆寺）→奈良駅（猿澤池、興福寺、五重塔、春日神社、東大寺、若草山）→二見浦駅（二見夫婦岩、興玉神社）→山田駅（内宮、徴古館、外宮、神屈義塾）→名古屋駅（名古屋城、熱田神宮、市街）→東京駅（宮城参拝、日比谷公園、二重橋、震災記念館、浅草公園、上野公園、朝日新聞社、靖国神社、遊就館、明治神宮、乃木邸、泉岳寺、海軍館、国防館）→上野駅→日光駅（東照宮、神橋、大谷川、輪王寺、二荒神社、中宮祠、華厳の滝、中禅寺湖）→江の島（江の島神社、七里ヶ浜）→鎌倉駅（長谷大仏、鶴岡八幡宮、源頼朝ノ墓、鎌倉宮）→横須賀駅（横須賀軍港、海軍造船所、三笠艦）→東京滞在（航空研究所、理化学研究所、科学博物館、上野公園、三越百貨店）→神戸駅（湊川神社拝観）→神戸港（富士丸乗船）→下関（春帆楼、乃木神社）→下関市→基隆港→台北駅→帰校
1939. 3. 26〜4. 17（22泊）	演一	学校集合→台北駅出発→基隆港（大和丸乗船）→門司港上陸→箱崎（箱崎八幡宮）→福岡市（東公園、市街）→博多駅（大宰府神社）→二日市→熊本市（太妙寺、水前寺公園、熊本城、市街）→阿蘇山（阿蘇火山噴火口、火山観測所）→別府→神戸駅（湊川神社拝観、公園）→大阪滞在（四天王寺、天王寺公園、大阪城、大阪毎日新聞社、電気科学館、自由見学）→吉野（蔵王堂、吉水院、如意輪寺、塔尾陵）→法隆寺（法隆寺）→畝傍（橿原神宮、畝傍御陵）→奈良駅（猿澤池、春日神社、東大寺、手向山神社、興福寺、五重塔）→山田駅（内宮、徴古館、外宮）→二見駅（二見ヶ浦）→名古屋駅（名古屋城、熱田神宮、自由見学）→熱海→上強羅（箱根國立公園）→江ノ島（児玉神社）→鎌倉駅（長谷大仏、建長寺、鶴岡八幡宮、鎌倉宮土牢）→横須賀駅（軍港、三笠艦）→東京滞在（二重橋、宮城遥拝、靖国神社、新宿御園、国会議事堂、明治神宮、乃木神社、泉岳寺、記念絵画館、震災記念館、遊就館）→上野→浅草→日光駅（東照宮、二荒山神社）→中禅寺湖（中禅寺湖、華厳の滝）→上野駅（上野公園、科学博物館、帝室博物館、動物園、美術館、後鳥羽天皇七百年祭見学）

		→京都滞在（金閣寺、北野神社、京都御所拝観、二条離宮拝観、嵐山、三十三間堂、豊国神社、方広寺、清水寺、八坂神社、圓山公園、知恩院、南禅寺、疏水運河、平安神宮、東本願寺、桃山御陵、乃木神社、比叡山、延暦寺、根本中堂、三井寺、石山寺、琵琶湖）→呉（海軍兵学校、大本営跡）→厳島町（厳島神社）→広島→下関（春帆楼）→門司（大和丸乗船）→基隆港→台北駅→帰校

出典：表7に同じ。

4　台南・台北第二師範学校生徒の修学旅行に対する感想

　生徒の反応を具体的に把握するには大まかに言って 2 つの資料がある、つまり、校友会誌と一般新聞雑誌である。前者については、さらに、旅行日誌と、感想文に分かれる。入学後すぐに校友会入会を義務付けられた在校生達の動向としての記録が残っている。修学旅行は、年中の重要行事の一つであり、学校では毎年旅行計画を立て、生徒に旅行中の仕事の振り分けをした。その中には「記録係」があり、あらかじめ定められた規格に沿って修学旅行日誌を執筆した。当時は日台共学であったために、当然のことながらこの「記録係」には、日本人も台湾人もいた。日誌の規格は、自然現象、生産、宗教、教育、風俗習慣、特殊手工芸品、古跡、雑感など[14]の項目に分かれており、その概要を記入するようになっており、この記録は校友会誌の固定記事となった。感想文については、旅行後、全ての生徒が提出を求められたが、校友会誌の「詞藻」（学校生活に関する生徒作文が数点掲載される欄）に中に載ることがあった。

　後者について言えば、当時の『台湾日日新報』、『台湾教育』などが、記者の手により事前に修学旅行のルートを掲載、無事帰校の場合もその旨を報道した。また、教員や生徒による旅行後の感想を掲載することもあった。新聞や雑誌に関係記事があったことは、修学旅行という学校行事が、当時社会の注目を浴びていたことを示している。

　台南・台北第二師範学校の修学旅行の見学箇所は、いずれも著名な景勝地、古蹟、寺社仏閣、近代公共施設、新しい産業施設等であったこと

はさきに述べた通りである。

　以下前項で分類した見学箇所別に、『校友会誌』に掲載された生徒の感想を列挙したい自然景勝地について、台南師範学校生徒は以下のような感想を記している。

　「阿里山に登山する事が出来るかと思ふと一同欣喜雀踊元気百倍だった。（中略）鉄道は延々五十哩途々断崖絶壁に遭っては肝を潰し千古斧鉞を加へない森林に入っては眼を驚かす。（中略）登るに従って暖帯林あり、温帯林垂直的にあらゆる植物が繁茂してゐる。（中略）作業場は百五十尺もある紅檜の巨木をそのまゝ柱とし、（中略）」[15]

　「神木は紅檜の巨木で周囲約六十五尺直径約二十尺全長約百五十尺推定樹齢三千年の称せられてゐる。」[16]

　「数百尺もある山と山の谷間、川に側うて出来てゐる狭い道巾は一米あるか無い位、二人並んで歩けない位、途中は流石国立公園の候補地だけあって素敵なものだ。」[17]

　「大板埒を上から見下ろし、石器時代の遺跡を偲び、船帆石の奇観に興じた。（中略）やっとのことで鵞鑾鼻に辿り着いた、此の邊一帯は所謂台湾八景の一つであって、燈台のある丘陵の上から西の方一帯は正に絶景である、海を隔てて猫鼻頭が長く横たはり、大尖石山は遥か彼方の山の波の上に凝然と突っ立ってゐる。（中略）実に台湾八景の首位だとうなづける。」[18]

「紅頭嶼だ。（中略）青畳を敷きつめたやうな美しい島だ。（中略）蕃人独特の舟が砂濱に行儀よく並んでゐる。折しも数人乗った舟が、漁から帰ってきた。（中略）島は予想外の楽土だ。大小の圓い石、白い砂の濱はきれいだ。明治三十四年に儲けられた駐在所、大

正十二年設立の教育所、出来たばかりの寄宿舎もあった。（中略）黒い豚がどんどん走り回ってゐた。常食の水芋は無肥料手かけずで、た易く収穫されるさうで、水稲の試作はあまり有望でないらしい。」[19]

「奥タロコ峡の探勝を企てるのである。（中略）登りつめの所が即ち東洋第一の称ある大断崖。（中略）頭上に千五百尺の絶壁聳え、眼下には二千三百尺の断崖が雲の底に沈んでいる。その中腹に幅僅か一米の崖道が通じてる。その雄大なる景観は凄絶を極め、全く言語に絶えしている。」[20]

台北第二師範学校生徒の感想は以下の通りである。

「臨海道路（中略）名に聞く断崖絶壁でその中間をバスはぐんぐん猛スピードで曲がりくぬって走る。（中略）海岸に突出している大小奇岩に轟陣雷の音をたてて痛快なる一撃を与えるやさつと引き、岩石はむつともとのままの姿を水かぶりになって表し出し、水は白球になって我が先にと争いすべる。この痛快なる景色と、断崖の絶景をあれよよと讃絶しながら、時には歌を唄い、（中略）太魯閣峡は流石に其の名あって、壮観と言はうか、雄大と言はうか、全く言語に尽くす絶景であった。眼前にぐーつと仰ぎ見る程聳え立った豪壮な大断崖が一流れの清流タッキリ川へ急激に落ち込み、雄大浩然の気で一杯だった。（中略）東洋第一の称ある大断崖へ。（中略）時として立ち止まれば洵に天下絶景だ。大断崖は高さ実に五千尺。（中略）雄大さ・荘厳さ・凄さ・こうした感が何時までも去らない。」[21]

「知本温泉（中略）渓流凄涼として眼下を流れ、白濁を飛ばし流音は四山に響く。峨峨として聳いる緑山には、紅葉散在も秋虫の声大自然の妙なる音と合わし秋興は高ぶる。清水落下する温泉に浸れば

旅疲既から消失す。」[22]

　「亀山島が残暑酷しき十月の太陽を其の中腹に受けて静かに浮んでいる。これこそ台湾十二勝の一でなくて何であらう。」[23]

旧跡については、台南師範学校生徒の感想は以下の通りである。

　「身を殺して仁を成した呉鳳の廟はほんのさゝやかな祠であった。然し呉方鳳の崇高な霊魂が永久にこゝに鎮まりますかと思ふと自然に頭が下る。」[24]

　「石門に着く。ここは明治四年琉球藩民一行六十九名を乗せた中の一隻がバシー海峡で暴風雨に遭ひ付近に乗りあげた所、その中の五十四人の者が付近の蕃人に殺された所だそうだ。明治七年征台の役に西郷軍は車城に上陸しその蕃人を打ちにこの石門を通った際不意に前面の山から蕃人が砲火をあびせた。（中略）琉球藩民の墓へ向ふ。（中略）この墓は明治四年に殺された琉球藩民五十四名の魂を祀ってある。明治七年台湾在留琉球人が資金を投じてその碑を再建したと云はれてゐる。畠の中に寂しく建ってゐる様は当時のむごだらしい光景を我々に偲ばせた。」[25]

　「鹿港の飛行場そ（ママ）は霧社事件の際活躍した飛行機の根拠地だったさうだ。車を下りて市街を見学した。其の昔の豪壮な建築は今も其の影を留めて、花崗岩を敷いた道路、道路を覆ってゐる堅牢な屋根ともいふべき屋上道路、処々に残された門跡、華麗な屋上玄関の跡に、よく当時の世相を物語ってゐる。」[26]

また、台北第二師範学校生徒の感想は以下の通りである。

　「ゼイランヂア城跡。史料館に蘭人、鄭氏の盛衰をしのび、又国を

離れること数千里、蘭人・支那人の間にあって、大いに大和男子の意気を示した柏原太郎左衛門・濱田弥兵衛等のことも思ひだされ、□、感慨無量。」[27]

　「（鹿港の）文廟と武廟をまつつているのだそうだ。中を見学して最後に鄭鴻猷の学問所を見た。」[28]

　近代的施設については、台南師範学校生徒の感想は以下の通りである。

　「（阿里山）鉄道は延長五十哩道々断崖絶壁にあっては肝を潰し千古斧鉞を加えない森林に入いては眼を驚かす。（中略）登るに従って暖帯林あり温帯林あって垂直的にあらゆる植物が繁茂している。（中略）作業場は百五十尺もある紅檜の巨木をそのまま柱とし、それに蜘蛛の巣の様に針金を張り、その根元にエンジンを拠付けてある。」[29]

　「八幡に向ひ製鉄所を見学した。こゝは其の規模に於いて東洋一を称する大製鉄所である。（中略）然し最近軍縮と不況のため製鉄事業も昔日のごとくならずあの摩天楼のごとき熔鉱爐のいくつもが閉ざされて居るのを見て心淋しく思った。（中略）大阪はさすがに東京をも凌がうといふ大都市である。全く眼まぐるしい程の賑さに田舎者の一行は眼を丸くして驚いた。自動車、電車、自転車が織るが如くに疾走する中を縫うて歩く時は全く親しらず子しらずの難を思わせるのである。」[30]

　「横濱では震災記念館を参観した。こゝには去る大正十二年の関東大震災を記念すべき品の数々が蒐められてあるばかりでなく、横濱開港の歴史を語る史料も多く集められてあるので、非常に意義深い記念館だと思った。」[31]

「嘉南大圳（中略）雄大な景色が眼前に展開した。向うは山又山、その山を埋むるに漫漫たる水です。僅かに水面から頭を出している木立もある。私らの立つ長さ七百間高さ百七十尺の堤防によって、今迄の山間の原野は深さ何百尺の水底に沈み、實に五十五億立方尺の水を湛えてゐるといふ。疏水口の壮観又言語に絶する、何千匹の白馬が踊り狂ふ様だと言っても形容は足らぬ。」[32]

「高雄から屏東方向への修学旅行をする日である。（中略）飛行隊の見学に行く。（中略）精鋭な飛行機十数台の並んでゐる第一中隊格納庫の中で種々説明を聞き、（中略）飛行場で聞いた話は左の事項であった。飛行機の種類と主なる任務、翼の厚さの関係、写真機、無線機の装置、機関銃の配置発射、燃料の貯蓄、航続時間、時速等。」[33]

「営林所ではパラゴムの採取法の實際を見学しました。案内者の話によると、ゴムの木にはマニホット、インド、パラなどの種類があるさうですが、パラゴムが一番質がよいとのことです。そしてゴム液の採取には、相当の熟練を要するさうで、表皮の切付け具合が仲々むづかしく、深くても浅くてもだめで（中略）又切付けを日中にするとよく液が出ないさうです。ゴム採取法の説明とその實際を見学してから（中略）」[34]

「これは石油ガスで一面の泥海は粘板岩のとけたものださうだ。そして此の下には油田があり、それは台南州の南部から高雄に近い旧城の地にわたる一大油田でそのガスと、泥とがふき出たものだとの先生の御説明に皆は今更のやうに驚の眼をみはった。又此の泥火山は一小丘にすぎないが、地質学上の研究には忘れてはならない好参考地だと先生はつけ加へられた。」[35]

「こんなに大きな無線電信所は、東京（ママ）の船橋北海道の宗谷、鳳山の三つしかないとのことだ。」[36]

「船に乗って築港を見学した。船長さんの話によると此処は、明治四十一年から築港を初め（ママ）、一萬噸級の船が自由に航行し得る。広さは三十萬坪に及んでゐる。港口は三百六十尺に過ぎぬ。港口から一番奥まで、三里もあるそうだ。」[37]

「錦水の瓦斯は一部分此処で煤を製造するのだ。日本の四分の一は此処で造るとはさすがに驚いた。何もわざわざここで造らなくても東京や大阪の煤を集めれば足りるではないかなと思ってみる。油井の中で十号井は一番多く瓦斯が出るさうだ。一日にガソリン二百石瓦斯二千五萬呎出るとのことだ。」[38]

「出礦坑から出る原油は、ガソリンとパラフィンを多く含み橙色を呈し透明で、価値は日本一だと言ってゐる。」[39]

「錦水―台車で走つて行くと向ふに楼が見え出した。溝の水面に油光りがある。油の産地は違ふなと思ふ。カーボンプラント工場見物。ホットハウスから吐き出す煙は文字通り黒煙濛々である。製油場を見学した。昨日車中新聞で見た新しく噴出した二十二号井はもう早朝瓦斯管に結びつけたので壮観を見る事が出来なかったのは残念だ。」[40]

「次は中央研究所を見学する。この研究所には工業科と衛生科があって、夫々研究して居るとの事。研究されてゐる台湾毒蛇、マラリア、蓮草紙（注：つうそうし。カミヤツデという、中国大陸南部と台湾原産の植物から作った紙。以上 2014 年 9 月 29 日にオンラインサイト「コトバンク」カミヤツデの項を参照。）、樟脳、冬季、石油石炭等に就いて説明を聞く。」[41]

「移民吉野村に赴く。村に近づくに従って、沿道の田園、往来する
男女の風俗等すべてが全く内地と変わらない。小学校長から、吉野
移民の変遷、現在の状態、将来の予想などについて詳細な説明を承
った。」[42]

「水力電気工事の一部を見学、日月潭は台湾有数の勝地としても有
名ではあるが、其の名を天下に知られたのは寧ろこの水力電気工事
にあるのであろう。其の大規模なのに驚かされる。本年中に工事も
完了し、其の結果、湖の水面が六十尺も上るということである。(中
略)自然を征服して行く人力の偉大さに今更ながら感嘆せざるを得
ない。」[43]

「日本石油製油所へ向ふ。(中略)ここの製油所で製する石油は南
三里半の出鉱坑と錦水から原油を鉄管によってここに送ってくる
のである。台湾産の原油は内地米国等のそれに比べて澄んで茶褐色
である。話に依れば、パラフィンを大量に含有されてあり、ガソリ
ンも多量に而かも製造費が安い関係から内地等よりは品質がよい
といふ。又石油から舗道に使ふピッチも取れるが台湾産のはロウが
多いのでピッチの量は少ないとのこと。一応工場見学させて貰っ
た。真っ先に見たのは石油缶の製造であった。ものすごい機械の製
造能力にみな感嘆の目を見てゐた。」[44]

「嘉義の材木所を見学した。(中略)現代科学の粋を集めた工場、
日本三大製材所と云はれる価値がある。目の下の萬六千坪(ママ)
の貯水池には阿里山から運搬された材木がぎっしりとつまってゐ
る。」[45]

また、台北第二師範学校生徒の感想は以下の通りである。

「製糖会社に着いた。日本一と聞いて少からず心が動かされた。大きな煙突、タンク等、今度は化学ものを見せてやるぞと言はんばかりの恰好、恐ろしいわけではないが途端にムウーとして、きれいな並木道を進んで車は止まった。（中略）（引用者註：製糖会社内記念館にて）殿下には御休所の竹の一筋に大変瑞々しい芽のあるのに御気付かれ『これは珍しい』とて親しく御手をふれさせ給うた。（中略）殿下の大御心の篤きこと草木に迄及ぶ。又社員の一致せる真心はよく枯木をも蘇らせた。感慨無量にして旅の疲れも忘れてしまった。」[46]

「嘉南大圳の大規模なのに、唯驚きの目を見張るばかりであった。」[47]

「烏山頭（引用者註：ダム）到着。先づ貯水池より漲り落ちる奔流に驚かされる。水とはどうしても思はれない。滔々と、まるで直径数米の白い砲弾である。耳を聾せんばかりの巨砲を後に坑内に入る。（中略）近代科学の粋を集めた嘉南大圳は八田技師の設計に係るもの。」[48]

寺社仏閣については、台南師範学校生徒の感想は以下の通りである。

「奈良はたゞお寺の都であった。西にも東にも行く所すべて仏閣ばかりである。その昔奈良時代は仏教極盛の世であったとは歴史で学んだ所今それを眼の当たり眺め得てなるほどとうなづかれた。大仏殿、三月堂、二月堂、興福寺などすべて昔を語るその面影もなつかしい。」[49]

「橿原神宮は、畝傍山の東南にあって、三千年の昔人皇第一代神武天皇が御即位の式を挙げさせられた、我が国発祥に知ともいふべき所。襟を正して帝徳の偉大なるを偲び奉った。」[50]

　上に述べたように、1930年代後期、寺社仏閣参拝は、台北第二師範学校の修学旅行において重要度を増していった。この現象の主たる理由は日中戦争前後の時期、国民意識やアイデンティティの強化が図られていた。寺社仏閣の中でも、特に神宮神社参拝は、皇室と直接間接に関係する場所だと考えられていたが、これらについて、例えば、1936年公学師範部普通科五年生の生徒が三田の内外宮を見学した後、次のような感想を残している。

　　「神前に額づいた時我々は実に『何事のおはしますかは知らぬども辱けなさに涙こぼるる』の感がした。長へに動きなき吾が国基と万世一系の国体の尊厳さを明確に目の前に見ることが出来た。帝国の南端から遙遙お参りした我々誠意のこもった参拝をなし、遺憾なく敬神の念を発揮し、そして国民の一大義務を終えた様な気がして強い喜びが胸にしずみ泌み込むのを覚えた。」[51]

　1937年公学師範部普通科五年生の生徒が著名な寺や神社へ参拝した感想として以下の文章を残している。

　　「この寺や神社があってこそ日本が現在の位置にあり人民の精神が立派にあり得るのれはないか」[52]

その後東京宮城見学の際の思いは以下のように記されている。

　　「思えば建国以来三千年、月改まり物変わりて幾多の変遷はあったけれども、揺ぎなき尊き大日本帝国に生まれて宮城に詣でた我等の今の心是こそ日本精神に満ち満ちた真の日本国民の心であると思った。又それと同時に、万世一系の国体の尊厳さと威厳さとを覚えることが出来た。かくて旅行の最高の目的は達せられ、我々は二重橋を背景に木の下で一生一代の記念となるかも知れないことを思

いながら写真を撮った。」[53]

　1938 年 4 月、公学師範部講習科一年生の生徒は、伊勢山田の内・外宮を見学した際のことは、「まことに神域である。自ら頭の下がるのを覚えた。神代の昔を偲び、我が万国に誇る国体の尊厳さを思い、自然に深く下がった頭を上げることが出来なかった。」[54]と記した。このほかにも、伊勢神宮、宮城、靖国神社見学参拝の感想は、以下のように述べられている。

　　「思えば此の度の旅行の目的は其の一は伊勢参宮と宮城参拝とである。其の参拝を今無事に済ましたのだ。（中略）（靖国神社）青銅の大鳥居をくぐって拝殿に額く。嘉永以来今度の支那事変に到る迄国事に殉せられた人々の英霊安らかに眠りませと心からお祈りした。」[55]

　以上から、神宮、神社、皇室と直接間接に関連のある場所の参拝や見学は、生徒が、国民としての義務を再認識するきっかけを作っていたようだ。明らかに、生徒の皇国思想や国民精神の形成強化にとって大きな役割を果たしていたということは、ほとんど疑いの余地がないと言っても良い。
　1930 年代前期の台南師範學校生徒が、屏東飛行第八聯隊を見学した際の感想は以下の通りである。

　　「まもなく飛行隊へ着いた。（中略）飛行隊を見学した。精鋭な十数台並んでゐる格納庫の中で、戦闘機について色々説明して貰った。戦闘機の速力は、一時間に五十四里、嘉義までは約二十五分で行けるさうだ。（中略）プロベラの速さは一分間に千五十回、機関銃は一分間に約千六百発、落下傘は五百米下で完全に開き、価は三百六十円もする。」[56]

　内地修学旅行で、横須賀軍港と追浜飛行場を見学した際の感想は以下
の通りである。

　　「横須賀軍港には折好く第一、第二艦隊が碇泊していたので、陸奥、
　　長門を始め大小数十隻の軍艦を拝観することが出来た。又追浜飛行
　　場でも飛行機が入乱れて、間断なく離着陸の練習中であった。海軍
　　縮小を強制された今日、敵に脅威を感せしめる唯一の武器たる航行
　　軍の発達と其の運用には近来著しいものがあると係官は説明せら
　　れた。」[57]

　1930 年代後期、修学旅行における軍事施設見学も顕著に増加してい
った。これに関して、例えば、1936 年 3 月、公学師範部普通科五年生の
生徒が、1904 年日露戦争時に使用された連合艦隊旗艦三笠艦と横須賀
海軍工場を見学した際、次のような感想を残している。

　　「横須賀の三笠艦見学に、往時奮戦の姿其のままあった動の弾あと
　　も、誇りやかに吾を迎えくれた。艦に上れば各種の記念品に当時を
　　しのびつつ仰げばマストに翻る国旗に蕭然と襟を正した。横須賀海
　　軍工場を見学す。轟くハンマの響きに火花をちらす熔接作業の壮観
　　さに或いは各部特殊工場に据え付けられた諸々の機関に、人智の極
　　をつくした造艦技術に、其の内孜々として勤めている大職工群の一
　　絲も見られる亂さぬ整然たる統制ぶりに非常時意識を一段と濃厚
　　にした。」[58]

　また、1937 年 3 月公學師範部講習科一年生の生徒が三笠艦を見学し
た際の感想は以下の通りである。

　　「甲板の上で一通り係りの人からお話を承り艦内に入る。あちらこ
　　ちらに赤又は青で弾痕を示してあるのが見える。日本海海戦の弾痕
　　か青で約四十箇所、その他の弾痕が赤で約三十八箇所旗艦として日

本の運命を背負って活動した軍艦にして見れば無理もない事であると思った。（中略）御国の為に命を捧げた人々に感謝の意を込めて頭を垂れて通る。」[59]

更に、1939 年公學師範部演習科一年生の生徒が横須賀軍港と三笠艦の見学をした際の感想は、大まかに言って以下の通りである。

「意外に多い弾痕の印と戦死戦傷の人々の御名前とに苦戦奮闘の有様が偲ばれてあの戦史を飾る輝く大勝利もこの犠牲を超えての不屈のがんばりにあるのだと痛感した。」[60]

以上から垣間見えるのは、見学が非常に詳細に渡っていたことであり、特に、三笠艦が戦争時に艦隊を指揮していた関係で船体には多実弾の痕が多数残っていたものの、最後には敵を打ち負かしたことに対し、生徒たちは畏敬の念を抱いていた。海軍工場では技術者たちが規則正しさを保ちつつ、軍艦製造に忙しくなっていたことを述べており、つまり、このような現場の様子から、当時すでに戦争の雰囲気が色濃くなっていたことが感じられる。

5　おわりに

総括すれば、1930 年代前期、台南師範学校の修学旅行の見学箇所については、台湾にもともとあった自然や、民間信仰と深い関係を持つ場所などもあったが、主として日本統治以後に台湾総督府が建設・開拓した場所を、かなり多く見学していたことが明らかとなった。このことにより、統治の成果や、台湾の産業の特色を具体的に印象付けることが出来たと考えられる。また、俯瞰するに台湾での修学旅行は日本行きのそれと、見学箇所の傾向においては変わらない。そのため、台湾各地と日本に行くことにより、師範学校の生徒は、比較の上、互いの関連や、差異を理解することが可能であった。

　1930 年代後期には日中戦争が勃発したが、台北師範学校ではそのような状況においても修学旅行が停止されることなく、そのまま続けられた。目的地が台湾でも内地でも、修学旅行の見学箇所は、依然として景勝地、旧跡、近代的公共施設、新しい産業施設などが中心であった。しかしながら、時局の需要に合わせ、軍事施設、神宮、神社、皇室と直接間接に関係のある場所の見学は、顕著に、そして大幅に増加した。つまり、学校当局は修学旅行を通じて生徒の皇国思想や愛国意識の強化し、彼らが国家の需要に合致した思想を形成し、いつでも国家の需要に合わせて参戦できるよう教育を施そうとしていた、ということがわかった。

　最後に、校友会誌における生徒の感想から、1930 年代の修学旅行の影響を以下の四点にまとめる。第一に、修学旅行を通じ、台湾の師範学校生徒は日本及び台湾の代表的名所への踏査を行い、それらを具体的に知り、深い印象を残した。特に、台湾の国立公園設立後まもなく、師範学校生徒は、実地に見学・様子の把握ができ、この新名所の雄大な絶景に息を飲んだ。第二に、旧跡について言えば、生徒たちは、日本の歴史文化的に価値のある場所を見学し、日本にさらなる親しみを持った。一方、台湾で、日本と関連のある名所の見学を通じ、日本と台湾との歴史的つながりを更に深く理解できた。第三に、近代的施設について言えば、日本国内の場合は、日本がアジアで最も進歩的であるとの印象を残した。台湾の場合は、概ね台湾における「東洋一」、「日本一」の大きな施設を見学しており、それは台湾総督府による重要な公共施設及び産業開発（石炭・石油・ガス・金鉱などエネルギー関連施設や製糖関連施設）の成果を示すものであった。これらの見学により、生徒は、台湾総督府による台湾統治のプラス面のみを把握し、台湾統治に対する肯定的態度を強めた。第四に、注目に値することとして、戦時体制にあわせ、国民意識の強化を図る為、神社神宮参拝・軍事施設が旅程として多く組み込まれたことを挙げたい。生徒の感想文から見れば、このような学校側の意図や手配は、生徒にも一定の効果を及ぼし、万世一系の国体への敬意や皇室の神格化、日本の強い国力への信頼、日本国民としてのアイデンティティ等の意識を強めていたと言えよう。

参考文献

内田琢磨編『校友会誌』第一号（台湾総督府台南師範学校校友会、昭和
　　6 年）。

小山朝丸編『校友会誌』第二号（台湾総督府台南師範学校校友会、昭和
　　7 年）。

小山朝丸編『校友会誌』第三号（台湾総督府台南師範学校校友会、昭和
　　8 年）。

小山朝丸編『校友会誌』第四号（台湾総督府台南師範学校校友会、昭和
　　10 年）。

梶原龍編『校友会誌』第五号（台湾総督府台南師範学校校友会、昭和 11
　　年）。

梶原龍編『校友会誌』第六号（台湾総督府台南師範学校校友会、昭和 11
　　年）。

張耀堂編『芳蘭』第十号（台湾総督府台北第二師範学校校友会、昭和 12
　　年）。

宗要吉編『芳蘭』十周年記念号（台湾総督府台北第二師範学校校友会、
　　昭和 13 年）。

宗要吉編『芳蘭』第十二号（台湾総督府臺北第二師範學校校友會、昭和
　　14 年）。

斉藤勇編『芳蘭』第十三号（台湾総督府臺北第二師範學校校友會、昭和
　　15 年）。

斉藤勇編『芳蘭』第十五号（台湾総督府臺北第二師範學校校友會、昭和
　　17 年）。

台湾総督府台北第二師範学校校友会編『台湾総督府台北第二師範学校一
　　覧』昭和 10 年(台湾総督府台北第二師範学校、昭和 10 年 9
　　月)。

『台湾日日新報』第 7004〜12934 号、大正 8 年 12 月 1 日〜昭和 11 年 3
　　月 31 日。

呉文星「日本統治下における台湾師範学校生徒の東アジア認識について
　　　－台南師範学校を中心に－」、『教育史學会第 58 回大会』（2014
　　　年 10 月 5 日）1～18 頁、（未刊行）。

呉文星「日本統治下における中学校生徒の東アジア認識について－台湾
　　　総督府国語学校の修学旅行を中心に－」、『戦前期における中
　　　等教育学校（師範学校）生徒のアジア認識に関する総合的研究』
　　　91～118 頁、平成 28 年 3 月 31 日。

金恩淑「植民地朝鮮における師範學校の修學旅行」、『近代東亞教育與
　　　社會國際學術研討會』（2015 年 11 月 13～14 日）1～12 頁（未
　　　刊行）。

許佩賢「戦争時期的国語読本解説」、『（日治時期台湾公学校与国民学
　　　校）国語読本－解説、総目録、索引』（台北：南天書局、2003
　　　年）79～92 頁。

蔡錦堂『日本帝国主義下台湾の宗教政策』（東京：同成社、1994 年）。

---

1 呉文星「日本統治下における中学校生徒の東アジア認識について－台湾総督
　府国語学校の修学旅行を中心に－」『戦前期における中等諸学校（師範学校）
　生徒のアジア認識に関する総合的研究』平成 25～27 年度科学研究費助成事業
　基盤研究（B）最終成果報告書、平成 28 年 3 月、91～118 頁を参照。

2 金恩淑「植民地朝鮮における師範學校の修學旅行」『近代東亞教育與社會國際
　學術研討會』（2015 年 11 月 13～14 日）1～12 頁（未刊行）。

3 志保田鉎吉「台南師範の現況」『台湾教育』第 213 号、大正 9 年 2 月、38 頁。

4 「新竹中学修学旅行中止」『台湾日日新報』第 9572 号、昭和 1 年 12 月 24 日
　付、1 面。

5 1934 年からは毎年 3 月下旬に行われている。1933 年度以後、台南師範学校の
　春季休業は、毎年 3 月 21～31 日となり、旅行期間が丁度春季休業期間と重な
　る。全島一周の修学旅行は、日数も考えて、この休業期間中を積極的に利用し
　て行われたと推察できる。以上梶原龍編『校友会誌』第五号（昭和 10 年）、
　第六号（昭和 11 年）「学校記事」の項を参照。

6 梶原龍編『校友会誌』第六号、台湾総督府台南師範学校校友会、昭和 11 年、
　90～91 頁。

7 「台湾八景決定」『台湾日日新報』第 9818 号、昭和 2 年 8 月 27 日付、5 面。

8 「台南師範生内地見学旅行」『台湾日日新報』第 9031 号、大正 14 年 7 月 1 日付、2 面。「師校旅行」『台湾日日新報』第 10121 号、昭和 3 年 6 月 25 日付、6 面。

9 呉文星「日本統治下における中学校生徒の東アジア認識について－台湾総督府国語学校の修学旅行を中心に－」、103〜106 頁。

10 宗要吉編『芳蘭』十周年記念號、台湾総督府台北第二師範学校校友会、昭和 13 年、131 頁。

11 「内地行の修学旅行、台湾では特別の事情があり」『台湾日日新報』第 14479 号、昭和 15 年 7 月 4 日付、2 面。

12 蔡錦堂『日本帝国主義下台湾の宗教政策』（東京：同成社、1994 年）、130〜140 頁を参照。

13 許佩賢「戦争時期的国語読本解説」、『（日治時期台湾公学校与国民学校）国語読本－解説、総目録、索引』（台北：南天書局、2003 年）87 頁。

14 「学界彙報：国語学校学生旅行」、『台湾日日新報』第 3463 号、明治 42 年 11 月 19 日付、5 頁

15 内田琢磨編『校友会誌』第一号、台湾総督府台南師範学校校友会、昭和 6 年、108 頁。

16 内田琢磨編『校友会誌』第一号、109 頁。

17 小山朝丸編『校友会誌』第三号、台湾総督府台南師範学校校友会、昭和 8 年、98 頁。

18 小山朝丸編『校友会誌』第三号、130 頁。

19 梶原龍編『校友会誌』第五号、台湾総督府台南師範学校校友会、昭和 11 年、131 頁。

20 梶原龍編『校友会誌』第六号、台湾総督府台南師範学校校友会、昭和 11 年、91 頁。

21 張耀堂編『芳蘭』第十号、台湾総督府台北第二師範学校校友会、昭和 12 年、100〜101 頁。

22 張耀堂編『芳蘭』第十号、104 頁。

23 張耀堂編『芳蘭』第十号、128 頁。

24 内田琢磨編『校友会誌』第一号、108 頁。

25 小山朝丸編『校友会誌』第三号、131 頁。

26 梶原龍編『校友会誌』第五号、144 頁。

27 張耀堂編『芳蘭』第十号、108 頁。

28 張耀堂編『芳蘭』第十号、108 頁。
29 内田琢磨編『校友会誌』第一号、108 頁。
30 内田琢磨編『校友会誌』第一号、102 頁。
31 内田琢磨編『校友会誌』第一号、103 頁。
32 内田琢磨編『校友会誌』第一号、111 頁。
33 内田琢磨編『校友会誌』第一号、112 頁。
34 小山朝丸編『校友会誌』第二号、台湾総督府台南師範学校校友会、昭和 7 年、128 頁。
35 小山朝丸編『校友会誌』第二号、131 頁。
36 小山朝丸編『校友会誌』第二号、133 頁。
37 小山朝丸編『校友会誌』第二号、133 頁。
38 小山朝丸編『校友会誌』第二号、137 頁。
39 小山朝丸編『校友会誌』第二号、137 頁。
40 小山朝丸編『校友会誌』第三号、95 頁。
41 小山朝丸編『校友会誌』第三号、96 頁。
42 梶原龍編『校友会誌』第五号、133 頁。
43 梶原龍編『校友会誌』第五号、137 頁。
44 梶原龍編『校友会誌』第五号、141 頁。
45 梶原龍編『校友会誌』第五号、144 頁。
46 張耀堂編『芳蘭』第十号、107 頁。
47 張耀堂編『芳蘭』第十号、108 頁。
48 張耀堂編『芳蘭』第十号、112 頁。
49 内田琢磨編『校友会誌』第一号、102 頁。
50 小山朝丸編『校友会誌』第二号、116 頁。
51 張耀堂編『芳蘭』第十号、139 頁。
52 宗要吉編『芳蘭』十周年記念号、143 頁。
53 宗要吉編『芳蘭』十周年記念号、147 頁。
54 宗要吉編『芳蘭』第 12 号、64 頁。
55 宗要吉編『芳蘭』第十二号、台湾総督府臺北第二師範學校校友會、昭和 14 年、64、67 頁。
56 小山朝丸編『校友会誌』第二号、133 頁。
57 内田琢磨編『校友会誌』第一号、103 頁。
58 張耀堂編『芳蘭』第十号、144～145 頁。

59 宗要吉編『芳蘭』十周年記念号、151 頁。

60 斉藤勇編『芳蘭』第十三号、台湾総督府臺北第二師範學校校友會、昭和 15 年、95 頁。

第3章　台湾の中学校の満州・朝鮮修学旅行、およびその記録に表れたアジア認識

市山雅美

1　はじめに

　本論文では、台湾の中学校（台北第一中学校、嘉義中学校）の満州[1]・植民地期朝鮮（以下、朝鮮とする）の修学旅行を取り上げ、その記録に表れた、満州、朝鮮、台湾に対する認識を分析する。

　満州・朝鮮の修学旅行については、「積極的に大陸に進出する人材の育成を目指すことが意図されるようになった」と言われている[2]。その教育的な意図が、生徒たちにどこまで貫徹されたのか、生徒のアジア認識にどのような影響を及ぼしたのかを論及するために、中学生を分析対象とした。

　特に、日本国内（植民地ではない、いわゆる「内地」）の中学生との認識の差異[3]を明らかにすることを目指した。植民地である台湾で生活する生徒のアジア（植民地や植民地的地域を含む）への認識が日本国内の生徒と異なる点があるかどうかを明らかにしたい。さらに、日本人生徒と台湾人生徒の認識の差異などを明らかにすることを目指した。

　日本では 1880 年代より修学旅行が行われていたが当初は日本国内に限られていた。日露戦争後から、中学校、実業学校、師範学校などで、満州への修学旅行が始まり、戦争が激化する 1940 年ごろまで続いた。また、満州の修学旅行では、ともに朝鮮を同時に訪れることも多く、「満鮮旅行」などと呼ばれた。本論文で取り上げる時期は、1932 年の「満州国」の成立以後の時期となる。

　史料として、各中学校の校友会雑誌の修学旅行の記録を用いる。修学旅行の記録は、修学旅行に参加した生徒自身が記述したものではあるが、校友会雑誌は学校の公的な雑誌として発行され、検閲も行われてい

るので[4]、必ずしも生徒の本心が書かれていると言えない場合もありえる。

　旅行の記録は1日〜数日ごとに担当者が交替して分担して記述し、日本人生徒が書いたり、台湾人生徒が書いたりしている。以下、執筆者の氏名が台湾人の氏名の場合（T）、日本人の氏名の場合（J）と付けた。

　以下に修学旅行の記録の執筆者の内訳を示す。

表1　嘉義中学校『旭陵』の修学旅行の記録の執筆者の内訳の人数

	『旭陵』第7号		『旭陵』第8号		『旭陵』第9号	
	台湾人	日本人	台湾人	日本人	台湾人	日本人
満州の記録	3	3	5	1	1	6
朝鮮の記録	3	2	0	3	1	3
日本の記録	3	2	2	8	9	0
その他の記録＊	3	2	3	4	5	1
合計	12	9	10	16	16	10

（＊「その他の記録」は、台湾、中国、船内の記録）

　嘉義中学校では『旭陵』では、全体的には台湾人執筆者日本人執筆者で大きな偏りはないが、年によって、満州の記録、日本の記録などを見ると、両者に大きな偏りが見られる。

　台北第一中学校『麗正』第43号の執筆者はすべて日本人生徒、『麗正』第47号の執筆者は台湾人生徒1人を除いてすべて日本人生徒である。

　このように、日本人執筆者と台湾人執筆者の人数に偏りがあるため、本論文で試みた日本人生徒と台湾人生徒の記述の比較は、限定的なものとなった。

　台湾の中学校では、日本人生徒と台湾人生徒が同じ学校に在籍している（日台共学）。ただし、学校によって、日本人生徒が多い学校と台湾人生徒が多い学校があり、台北第一中学校は日本人生徒が中心で、台北第二中学校は台湾人生徒が中心となっている。嘉義中学校は日本人生徒

と台湾人生徒の両方が偏ることなく在籍している。

2　修学旅行の概要

　本論文では、以下の5件の修学旅行を取り上げる。〔〕は以下、引用する場合の参照に用いる。本論文では、1935年〜39年に行われた修学旅行を取り上げているが、それ以前の時期で、台湾の中学校が満州・朝鮮への修学旅行を行った記録は、管見の限りでは確認できていない。

　いずれも、満州・朝鮮を訪れたあと、日本国内を旅行しているが、日本国内の修学旅行については、本論文では取り扱わない。修学旅行に参加したのは、〔36 嘉義〕と〔37 嘉義〕では4年生である（それ以外は学年は不明）。

○1935年台北第一中学校（「満鮮修学旅行記」『麗正』第43号、1936年）〔35 一中〕

　　表2参照

○1939年台北第一中学校（「満鮮内地修学旅行記」『麗正』皇紀二千六百年記念号（第47号）、1940年）〔39 一中〕

　　台北→（基隆）→大連→旅順→（大連）→ハルビン→新京→奉天→撫順→奉天→平壌→京城→（釜山）→下関→宮島→広島→大阪→京都→奈良→吉野→伊勢→名古屋→東京→日光→横須賀→鎌倉→江ノ島→箱根→熱海→（神戸）→（基隆）→台北（7月6日〜8月3日）

○1935年嘉義中学校（「東亜紀行」『旭陵』第7号、1936年）〔35 嘉義〕

　　嘉義→（基隆）→福州→上海→青島→（塘沽）→北京→大連→旅順→奉天→撫順→新京→平壌→京城→（釜山）→（下関）→宮島→伊勢→奈良→京都→大阪→神戸→門司→（下関）→（基隆）→嘉義（7月24日〜8月23日）

○1936年嘉義中学校（「満・鮮・内地旅行」『旭陵』第8号、1937年）〔36 嘉義〕

　　嘉義→（基隆）→（大連）→旅順→大連→新京→撫順→奉天→平壌→

京城→（釜山）→下関→宮島→京都→奈良→伊勢→横須賀→鎌倉→
東京→日光→東京→大阪→（神戸）→（基隆）→嘉義（7月7日〜8
月1日）
○1937年嘉義中学校（「内鮮満旅行記」『旭陵』第9巻、1938年）〔37
嘉義〕
　　表3参照
　　（　）の地名は、通過しただけで見学等を行っていないことを示し
　　ている（表2、表3も同様）。

　先述のとおり、これらは1932年「満州国」成立以後の時期の修学旅
行である。「帝国日本のツーリズムもその本格的な展開は、一九三〇年
代、南満州鉄道の事業拡大と密接な関係にある。特に一九三一年、中国
東北部への軍事拡張行動に伴う鉄道拡張事業や整備は沿線の「観光産
業」を成立させた」[5]と言われた時期である。中でも、満州への修学旅行
について「1940年までに、毎年200以上の団体、1万人以上の学生の群
が満州に押し寄せ、日本人の満州旅行の主力勢」となり、実施校は、主
に中学校、商業学校、師範学校、農学校、女子師範学校、高等女学校だ
ったと言われている[6]。
　満州修学旅行の隆盛には、「満鉄をはじめとする旅行機関が、満州を
宣伝するために、いち早く、学生と教職員向けに割引制度を定着させて
いた」ため、比較的安価で旅行ができたという背景がある[7]。
　おおむね、どの旅行でも、満州では、大連、旅順、奉天、撫順、新京
の各都市、朝鮮では、平壌と京城を訪れている。それ以外に、ハルビン
（〔37 嘉義〕、〔39 一中〕）、鞍山、遼陽、公主嶺（以上、〔35 一中〕
のみ）を訪れる場合もある。撫順以外はいずれも鉄道の幹線にある都市
で、満州の主な見学地は、新京から大連までの地域に集中している。「鮮
満ツーリズムは、基本的には、鉄道網に対する日本のコロニアルな支配
権のなかで展開したことが確認できる。この支配権のなかにおいては、
日本人旅行者は現地の言語を解さずとも、概ね不便なく旅行が可能であ
り、日本語環境を維持したまま現地と接することができた」と言われて

おり[8]、生徒たちが見学した地点は、満州・朝鮮のなかのごく限られた地点にすぎない。生徒たちが見たのは、3で述べる見学地と、自由行動で訪れた駅周辺の都市地域と、列車の車窓から眺めた光景に限られる。

　訪問した都市については、日本国内からの修学旅行もほぼ同一である。学校関係の満州旅行について「一般的なコースは釜山か大連を往路復路の玄関口とする」と論じられているが[9]、台湾からの修学旅行もほぼそれに沿っている。

表2　〔35一中〕の日程

日程	滞在地	宿泊地
7月 6日	台北・（基隆）	船
7日	船	船
8日	船	船
9日	船・大連	大連
10日	大連・旅順・大連	大連
11日	大連	列車
12日	鞍山・遼陽・奉天	奉天
13日	奉天	奉天
14日	撫順	列車
15日	新京	新京
16日	新京・公主嶺	列車
17日	平壤	平壤
18日	平壤・京城	京城
19日	京城・（釜山）	船
20日	（下関）	

下関の後は日本にとどまるものと台湾に帰るものに分かれた。

表3　〔37嘉義〕の日程

日程	滞在地	宿泊地
7月 6日	嘉義	列車
7日	（基隆）	船
8日	船	船
9日	下関	船
10日	（釜山）・京城	京城
11日	京城	列車

12 日	平壌	列車
13 日	撫順・奉天	奉天
14 日	奉天・（大連）	大連
15 日	（大連）・旅順・（大連）	大連
16 日	大連	列車
17 日	ハルビン	ハルビン
18 日	（ハルビン）・新京	新京
19 日	（新京）・（雄基）	雄基
20 日	（雄基）・（羅津）・清津	船
21 日	船	船
22 日	新潟	東京
23 日	東京	東京
24 日	日光	東京
25 日	横須賀・鎌倉・江ノ島	列車
26 日	伊勢・奈良	奈良
27 日	京都	京都
28 日	大阪	大阪
29 日	（神戸）	船
30 日	門司	船
31 日	船	船
8 月 1 日	基隆	

図1 〔35一中〕の経路　当時の地名を示す。（日本国内の経路は省略）

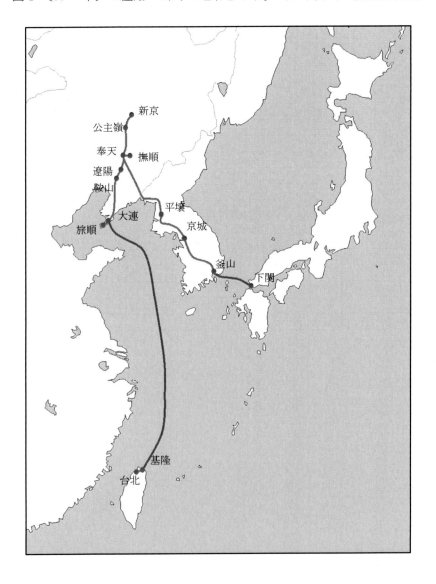

図2 〔37 嘉義〕の経路 当時の地名を示す。（日本国内の経路は省略）

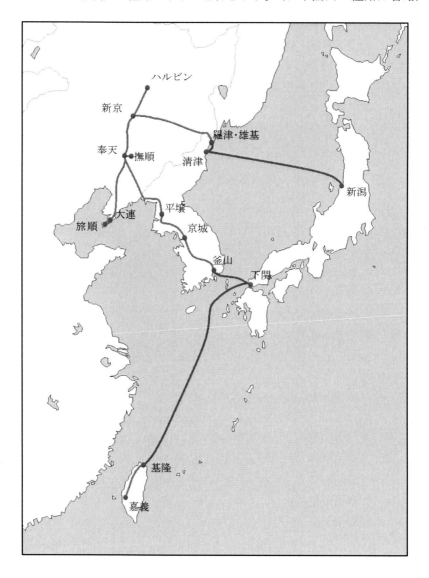

3 見学した施設など

　各地で見学した施設などは、近世以前の事物（史跡や博物館の展示物など）、近代的事物（近代の建造物や産業に関するもの）、戦跡及び忠霊塔、神社などに分類できる。これ以外に、大連の露天市場（民衆の生活・娯楽の場）なども見学している。見学した施設等についても、日本国内からの修学旅行と違いは見られない。

　以下の（　）内は、今回取り上げた5件の修学旅行のうち、見学を行なった修学旅行の件数である[10]。

(1) 近世以前の事物と近代的事物の見学

〇近世以前の事物

京城 － 徳寿宮（4）、南大門（3）、博物館（2）、景福宮（2）、昌慶
　　　苑秘苑（1）

平壌 － 乙密台（4）、七星門（4）、最勝台（3）、箕子陵（2）、永明
　　　寺（2）、博物館（2）、四城門（1）、古墳（1）、大同門（1）

奉天 － 北陵（清国初代皇帝太宗ホンタイジの陵墓）（4）、奉天城（清
　　　朝の都が北京に移されるまでの宮殿）（4）、博物館（4）

遼陽 － 白塔（金の時代につくられた仏塔）（1）

〇近代的事物

京城 － 昌慶苑の動物園（5）、朝鮮総督府（3）、科学館（1）、商工奨
　　　励館（1）

大連 － 満州資源館（5）、大連港埠頭（3）、油房（大豆油の工場）（2）、
　　　南満州鉄道本社（1）、中央電話局（1）、苦力（クーリー）[11]の
　　　収容所（1）、ガラス工場（1）、大連グラウンド（1）

奉天 － 同善堂（福祉施設）（3）

鞍山 － 製鉄所（1）

撫順 － 炭鉱（5）

新京 － 宮内府（仮宮殿）（5）、国務院（2）、国都建設局（1）、西公
　　　園（1）、関東軍司令部（1）

公主嶺 ― 戦車大隊（1）、農事試験場（1）、農業博物標本館（1）

　満州では近代的事物、朝鮮では近世以前の事物が中心となっている。近代的事物に分類したものの中には、朝鮮総督府や満州国宮内府など政治的施設、港湾・炭鉱・製鉄所などの産業的施設、戦車大隊のような軍事施設などがある。〔35 一中〕は、大連の電話局、ガラス工場、南満州鉄道本社、鞍山の製鉄所、公主嶺の農事試験場を訪れるなど、産業的施設の見学に力を入れていたように思われる。このように旅行ごとに重点の違いが見られることがある。

　大連の諸施設の水準は高く、中央電話局について、「こゝの電話は自動式電話であつて、我が国の統治下にある所で、この式の電話施設は大連である。」「この自動式は内地に於ては、各大都市では設備されてゐるのだが、悲しい哉台湾にあるのは駄目だ。」〔35 嘉義〕（J）、大連港埠頭について「前と後から起重機の様なもので荷物を吊り上げて運んでゐたが、あの様なものは基隆や高雄では到底見られないだらう。」〔39 一中〕（J）、大連グラウンドについて、「非常に美しく且つ立派なもので収容力五万を有する模範的大運動場にして大連スポーツ界へ気を吐いてゐる。台北市だつて大都市だから、こんな運動場が一つ欲しい」〔35 一中〕（J）といった記述が見られる。台湾の生徒たちは、施設面では、台湾より大連が進んでいると感じているようだ。

(2) 戦跡と忠霊塔

　修学旅行では、日清戦争、日露戦争、「満州事変」などの戦跡の見学を行っている。「陸軍当局は、学校に対し、戦跡ツーリズムを成り立たせるための積極的な「便宜供与」を行っていた」と論じられているように[12]、軍当局にとっても、生徒たちの戦跡の見学は重要な意味をもっていた。

表4　戦跡の見学の状況

文禄の役	平壌	大同門（1）
日清戦争	平壌	玄武門（4）
日露戦争	旅順	戦利品記念館（5）、東鶏冠山北堡塁（5）、水師営（5）、二〇三高地（5）
	鞍山	首山堡（1）
	ハルビン	志士の碑（1）
寛城子事件	鞍山	寛城子（2）
「満州事変」	奉天	北大営（3）
	新京	南嶺（5）

（（　）内は、今回取り上げた5件の修学旅行のうち、見学を行なった修学旅行の件数である。）

　戦跡ではないが、伊藤博文死去の地であるハルビン駅、伊藤博文を祀っている京城の博文寺など、朝鮮支配に関する事跡の見学も行われている。。

　戦跡については「遂にこの堡塁（東鶏冠山北堡塁－引用者）を落した陰に潜む多大な犠牲、更に山麓数哩に亘る皇軍の辿つた塹壕の跡を見聞する時、苟も人間ならば、日本人ならば、日本の青年ならば、之に感激しない者は誰あらう。」〔37 嘉義〕（J）と感激をあらわにする記述が多くみられる。戦跡の見学を通し「生徒たちは、戦死した「同胞」と、活躍している「在満同胞」と、自分自身の三者からなる集団内共有の歴史を確認し、民族共同体としての絆をより一層意識」するとの指摘がある[13]。そのことは、二〇三高地に対する「此が争奪の闘に、先輩の血が幾度も洗ひ流した丘」〔35 嘉義〕（J）という表現にも表れている（筑紫中学校の1939年の修学旅行にも同じ「先輩」という記述が見られた）。日露戦争の戦士は自分たちの「先輩」であり、自分たちはその「先輩」に続くべき存在だという意味になる。

　一方で、そのような民族共同体の意識に沿っていない記述も見られる。戦利品記念館から激戦地の跡の東鶏冠山北堡塁に向かう途中、「遠い山道を馬車に揺られ、暑い太陽に照り付けられ居眠りをするもの、うなだれ者、疲れた一行は元気もなくたゞ馬車にまかすだけである」〔35

嘉義〕(T)、「遠い山道を自動車に揺られ蒸し暑い太陽に照りつけられ乍ら疲れた一行は元気もなく自動車に運ばれて行く」[14]〔36 嘉義〕(T) といった、感激の薄い記述もある。いずれも台湾人の生徒の記述である。

　戦跡と同様、戦争の記憶を認識させる施設として忠霊塔がある。以下に忠霊塔の見学(参拝)の状況と、忠霊塔の写真を示す。

表5　忠霊塔の見学の状況

	35 嘉義	36 嘉義	37 嘉義	35 台北	39 台北
大連（1907）				○	
旅順＊（1907）	○	○	○	○	○
遼陽（1905）	－	－	－		－
奉天（1910）	○	○	○	○	○
新京（1934）			○	○	○
ハルビン（1936）	－	－	○	－	○

＊名称は忠霊塔でなく、表忠塔・納骨祠と呼ばれていた。（　）内は創建の年を示している[15]。○は見学の記述があることを、－はその都市を訪問していないことを示している。

　「忠霊塔は過去の戦争の記憶を喚起させる古びた装置ではない。納骨施設や遺品の展示空間を持つ忠霊塔は、元来戦場の遺骨収集の産物であり、日中戦争以後大量の「英霊」に対応する新たな死者追悼の形式であった」と言われている[16]。もともとは日露戦争の戦死者の慰霊を行う施設であったが、のちに拡大し、例えば、奉天の忠霊塔は、日露戦争の戦死者だけでなく、シベリア出兵、寛城子事件、「満州事変」の戦死者を祀っている。新京・ハルビンの忠霊塔は「満州事変」の戦死者が中心である。

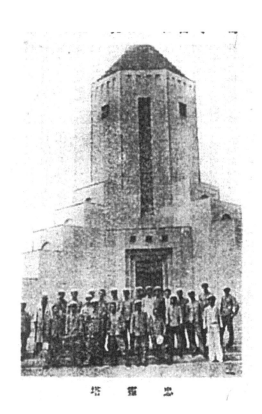

忠霊塔

生徒たちは忠霊塔に対しては敬礼を行い、例えば「多くの護国の鬼（鬼とは死者の魂のこと）と化され神となつた勇士に対して甚深なる敬畏を尽くし」〔35 一中〕(J)、「我が国を盤石の安きにをいた二万二百の英霊在ます納骨祠に額づく」〔35 嘉義〕(T)といったような記述がある。

(3) 神社への参拝

　修学旅行では、日本国内の神社だけでなく、満州・朝鮮の神社も訪れている（これは日本国内の中学校の修学旅行でも同様である）。ただし、朝鮮・満州の神社は、日本国内の神社のように歴史が古く文化的な価値があるわけではないので、参拝だけのために訪れている。〔35 一中〕のように多くの神社を参拝する例もあれば、一方で、〔37 嘉義〕のように、「車中よりハルビン神社に最敬礼」というように参拝を行わないこともある（表6では△で記した）。

表6　神社参拝の状況

神社名（創建年）	35 嘉義	36 嘉義	37 嘉義	35 一中	39 一中
朝鮮神宮 (1919 年)	○	○	○	○	○
平壌神社 （1913 年）	○	○	○	○	
奉天神社 （1915 年）		○	○	○	○
新京神社 （1915 年）				○	○
大連神社 （1907 年）				○	
ハルビン神社 （1935 年）	−	−	△	−	○

○は参拝の記述があることを、−はその都市を訪問していないことを示
　している

　多くの場合、神社はその都市を訪れて最初に行われることが多い。「何
はおいても先ず大連神社に参拝する」〔35 一中〕、「先づ平壌神社に詣
つた」〔35 嘉義〕などの記述が見られる。この点は、日本国内からの修
学旅行でも同様である。このように神社参拝は重要視されている[17]。
　〔35 一中〕には、奉天神社について、「吾々日本人としてこの異国に
来て日本の神社に参拝できる事は大変嬉しくもあり、其処に力強い何物
かを感じざるを得ない」（J）、朝鮮神社について「我々日本国民として
喜ぶに値するものは鮮人の参詣者が年々増加するといふことである」
（J）のような記述があり、「日本人」という点が強調されている。この
ような記述は日本国内の学校の修学旅行には見られない。
　台湾の学校の修学旅行の日本国内の神社等の参拝や見学について「生
徒が、国民としての義務を再認識するきっかけを作っていたようだ。明
らかに生徒の皇国思想や国民精神の形成強化にとって大きな役割を果
たしていた」と呉文星は論じているが[18]、これは、満州・朝鮮の神社に
ついても当てはまる指摘だ[19]。
　しかし、一方で、〔37 嘉義〕では、平壌神社について、「木が少ない
[20]ので荘厳な感じがしない」（J）という記述がある。また、奉天神社に
ついて、「外国にある神社にしては大きすぎる位立派な神社が日本人町

の中にあつて日本人の崇敬の的となつてゐる」（J）という記述があり、言外に国外の神社はもっと小さくてもかまわないという意味が込められている。これらは、ある意味で、距離を置いた冷めた見方をしていると言える。このような記述は日本国内からの修学旅行の記録には見られないが、これが台湾の中学校の生徒の認識の特徴であるかについては、結論を出すことはできない。

このように、神社は崇敬すべきとされている存在ではあっても、神社に対する記述には差異があることが分かる。

4　修学旅行に見られる生徒たちのアジア認識の事例

満州・朝鮮の修学旅行については、1ですでに述べたように「積極的に大陸に進出する人材の育成を目指すことが意図されるようになった」と言われている。そのような状況を踏まえつつ、体系的ではないが、生徒たちが実際に修学旅行で見聞きしたものから、台湾の中学生のアジア認識について分析するための手掛かりとなる事例を取り上げていきたい。

ただし、1で述べたように、生徒たちが見たものは極めて限定された場所のものであり、断片的な印象にとどまっていると思われる。

（1）植民地の民衆や光景に対するイメージ

以下のように、総じて、中学生たちの、朝鮮の人々に対する共通するイメージとして、「のんびり」、「のどか」、「呑気」というものがある。

・「松林、青田にゐる牛がいかにものんびりして草を食みその傍には老
　人が長煙管で煙草を吸つていかにものんびりとしてゐる様子は、一
　寸他では見られぬ光景であらう。」〔36 嘉義〕（J）（新義州付近の、
　満州から朝鮮に入った第一印象）

・「屋形船の中で鮮人の宴会を開いて騒いでゐるのを見た。如何にも楽しさうだ。舟に乗つて煙管をくはえ乍ら太公望をきめこんでゐる姿ものどかである。半島の人の性質として金が溜ると、それを全部使ふ迄は遊ぶ、そして金がなくなると又働らき出すと云ふ事だ。成程呑気なことが分る。」〔36 嘉義〕（J）（平壌の大同江下り）

・「老若入りまぢつてどれもこれも皆二尺以上の煙管でぷかぷかとふかしてゐる。実にのんびりしてゐる。我らの目からみればどうもうらやましい性質だ。」〔35 一中〕（J）（大同江）

　この「のんびり」というのは、時として、怠惰というマイナスのイメージにもつながる。「机上にはだらしないなりをした鮮人が寝そべつて居る。」（平壌の案内所の様子）〔39 一中〕（J）、「水田では真白な着物を着た朝鮮の婦人が草取りをしてゐるが、……朝鮮の男は働かないと聞いたが、成程となづかれる。」〔35 一中〕（J）などの記述がある。
　このような偏見は、修学旅行によって新たに形成されたわけではない。上記波線部のように、「〜と聞いた」、「ということだ」という伝聞や本に書かれたことの受け売りなどによって形成されたと考えることができる。
　具体的にどんな言説に生徒たちが接したのは不明だが、権錫永は「朝鮮人は、…（中略）…のんき・遊惰・怠惰と言われた。これらは朝鮮の〈実情〉・風俗について書かれたほとんどの文献で見出されるターム」だと述べている[21]。生徒たちはそのような言説に触れてきたことが推測できる。そして、修学旅行はそのような言説を再確認する機能を持っているともいえる。そして、校友会雑誌の記述は、そのような既存のイメージに沿ったものとなってしまっている。
　日本国内の中学校の修学旅行の記述も同様の見方で書かれているものもある。「屢々大洪水に見舞はれることを聞いて居るが、……今迄長い歳月の間それを不可抗力の様に拱手傍観して来た鮮人の呑気さにもあきれた[22]」、「黒衣、辮髪の満州国人が騾や黒豚を使用して営々と働

いてゐる。それも朝鮮の白衣の<u>グータラな働き方</u>と聊か違ふ」、景福宮について「王が之に座して万機の政を統べて居れば安泰だつたらうに、なまじつか<u>遊惰安逸を貪つた</u>ために遂に廃宮の姿と化したのだらう」[23]との記述がある。

　また、満州に対しても、のんびりというイメージを感じている。奉天では、「満州一の大都会奉天は旧都だけあつて駅から古風な煉瓦造りの建築物で、建物も大分古いのが多く馬車がリンを鳴らしながら通るといつたのんびりした町だった。」〔37 嘉義〕（J）、大連について、「列車の警笛は日本のやうに耳を引書くやうな鋭いものではない教会の屋根にあるやうな鐘でしごくのんびりと大陸的にカラーン／＼と鳴りひゞく。」〔35 一中〕（J）、「埠頭には支那人の苦力がごろ／＼と寝転んで安眠を貪つてゐる」〔39 一中〕（J）との記述がある。

　これらの「のんびり」という見方は、植民地的地域に共通に見られると考えられる。そしてこの見方は、日本人生徒によるもので、台湾人生徒からはそのような見方は出されていない。あくまで一例ではあるが、台湾人ものんびりしているものとして、日本人生徒にとらえられていると思われる。

　台湾の中学校の日本人生徒が校友会雑誌に載せた文章では、台湾人について、「其の人々の心、態度、服装、それに周囲の景色等、都会人に又景色に比べれば非常にのんびりしたものだ。」と述べている[24]。あるいは、日本人の植民地全般に対するイメージとして、のんびりと言うものがあるように思われる。それは、また進んだ日本と、停滞した植民地（満州も含む）民衆という対比が根底にあると思われる。

　しかし、こののんびりした様子は、台湾人生徒には、決して肯定的に捉えられるばかりではない。台湾人生徒の中には、「全く台湾は天賦の楽園である。かゝる好条件のもとに育てられて来たから、必らず情趣豊かなる民風であるだらうと思ふのが当然だが、実際はまるきつりあべこべだと言ひたい。それは何か原因がなくてはならない。……天の限りなき恵沢の下に、刺激されることもなく、物質的享楽的な生活を続けたことに依るものではなからうか。」[25]と批判的に捉えるものもある。この

ような見方が台湾人生徒に共有されているすれば、植民地に対する「の
んびり」というイメージは、台湾人生徒には受け入れられないものだと
考えられるだろう。

(2) 民族的蔑視感情と色彩感覚

　色彩感覚にもまた、満州・朝鮮に対する蔑視感情と日本の優越感情が
表れている。当時カラー写真はあまり普及していなかったため、色彩に
ついては、現地に行かなければわからないことも多く、修学旅行で実物
を見た印象は大きかったと思われる[26]。

　奉天の様子について、「駅から一歩町に歩み出れば満州人らしいが、
青い支那服を着て其の真上に赤の或は真黄の「はつぴ」の如き物を着て
旅客を誘つて居る。旅館の客引らしい。着物が原色を主として居るので
目を強く刺激し異彩を放つて居る。」、「支那人は青・赤・黄の原色を
好むので彼等の町も看板を始め装飾がけば／＼していやみがさして来
て眼も疲れ易い。」〔39 一中〕 (T) というように、満州の原色の色使
いに否定的にとらえている生徒がいる。

　その一方で、同じ生徒は、白色・褐色には望ましいイメージを持ち、
それが日本的と感じているようだ。新京について、「建物は主に日本人
の設計に依るものが大部分である。其の褐色・白色の色合いが広い道路
を距てゝ整然と並び、並木ともよく調和して大連、ハルビン等の比では
ない。」〔39 一中〕 (T) と論じている。

　この色彩感覚は、この生徒一人の感覚ではない。日本国内の中学生の
修学旅行の記述にはもっと直接的に論じているものがある。京城の昌慶
苑（現在は昌慶宮）の秘苑について、「赤・緑で塗り上げた楼亭の見え
るのは、清楚醇朴を尚ぶ日本国民性には、猶悸る心地がする。」、「今
まで支那臭いあぐどい色に赤くなつ目を、蒼穹にくつきり浮んだこの白
堊殿堂（朝鮮総督府－引用者）によって洗浄して玄関に着いた。」との
記述がある[27]。

　このように、赤や緑などの原色の満州・朝鮮と、白色の日本という対
比があり、それは、日本の民族的優越感と、満州・朝鮮への民族的蔑視

感情と結び付けられているのではないだろうか。ただし、朝鮮の白衣については好意的な見方もあり[28]、日本＝白色という単純な見方はできない。

(3) 台湾に対する認識

　生徒たちは、遠く離れた地で、自分たちが「見る」存在であるとともに、「見られる存在」であることを自覚することとなる。大連港に上陸する直前、「異国人が珍らしさうに黒い顔の旅行生を見てゐる。吾等にとつては頗る気持が悪い。」といった記述もある〔36 嘉義〕（J）。季節は夏であったため、台湾から来た生徒たちは日焼けしていたと思われる。以下の記述にも、下線部のように、黒い顔に関する表現が見られ、「黒い顔」というのが台湾の生徒が自分たちを表す表象として使われている。

　また、異郷の地の人々との交流の中で、改めて自分たちが台湾出身であることを自覚することもある。新京から奉天の列車内で満鉄社員が話しかけて来たときのことについて、「「何処から」と云ふ。黒い顔をしてゐる我等は、「ヒィリピンのハイスクウルから」と言つて置かうかと思ったけれども、終に云ひきれず「台湾から」と云つて了つた。すると彼氏はバナヽのことを聞くやら、バナヽの美味しさを礼賛するやら、なかなか雄弁にお世辞をいふ。……又彼氏の話を総合すれば、台湾は文化の余り進んでない、野蛮な所位に思って居るやうである。一般に満州に居る日本人は台湾に対して認識が不足であると思ふ。」〔36 嘉義〕（T）との記述もある。また、下関から広島の宮嶋に行く列車で、「「もし／＼何処から？」と聞かれた。真黒な面をし、而も霜降[29]の制服を着てゐるので今更他の処を云つたって始まらないと思ってあつさり「台湾から」と真実を吐いた。彼氏は大きな口を広げて、「台湾バナヽが多いさうだが一斤どれ位か？」と台湾の美味しい特産物ばつかり聞かれれる。内地の人々に台湾の事は夢の国だらう。大童になつて台湾事情紹介の為めに此つとめる」〔35 嘉義〕（T）との記述も見られた。

このように台湾外の人々との会話の中で、波線部のように、台湾が満州や日本国内の人からどのように見られているのかを感じてもいる。おそらく、台湾といえばバナナというような型にはまった捉え方に接し、台湾のことは十分に認識されていないと感じているように思われる。

5　結論

　学校の公的な雑誌であり、多くの人の目に触れる可能性のある校友会雑誌[30]の文章は、ともすれば形式的な表現になってしまうことがある。4(1)で述べたように既存のイメージに沿った記述や、旅順についての「幾多の英霊は永遠に此の地の地下に護国の鬼と化し、東洋の平和否全世界の平和を祈つて居るであらう」〔35 嘉義〕（T）といった文章のように、「東洋平和」というような当時多用された言葉を用い、皇国主義に沿ったある意味紋切り型の表現も多くみられる。これは、日本人生徒も台湾人生徒も同じである。

　ただ、上記の「東洋平和」の文章を書いたのは、日露戦跡の見学について「疲れた一行は元気もなく」（3(2)参照）と書いた台湾人生徒である。このように、当時の支配的言説に従いつつも、それに染まらない生徒たちの「本音」が垣間見えることがあり、そこから生徒たちのアジア認識を探ることができるのではないかと思われる。

謝辞

　本論文で史料としても用いた校友会雑誌は、台湾国立図書館（『旭陵』第7号、第8号、第9号）および、玉川大学教育博物館（『麗正』第43号）、日本近代文学館（『麗正』第47号）、福岡県立修猷館高等学校（『修猷』第75号）所蔵のものを利用した。ここに感謝申し上げる。

　図1、図2の地図は、「Craft MAP」（http://www.craftmap.box-i.net/）を利用して作成した。

参考文献（本論文では直接引用しなかったものも含む）

・井澤直也「大陸への修学旅行と帝国日本」『学校文化の史的探究』、
　東京大学出版会、2015年。

・市山雅美「生徒の表現の場としての『校友会雑誌』　－制約と可能性
　－」『学校文化の史的探究』、東京大学出版会、2015年。

・梅野正信「中等教育学校生徒のアジア認識の生成と相克」『学校文化
　の史的探究』、東京大学出版会、2015年。

・長志珠絵「『満州』ツーリズムと学校・帝国空間・戦場　－女子高等
　師範学校の「大陸旅行」記録を中心に－」駒込武・橋本信也『帝国と
　学校』2007年、昭和堂。

・長志珠絵「「過去」を消費する　－日中戦争下の「満支」学校ツーリ
　ズム」『思想』第1042号、2011年。

・権錫永「「白衣」という表象」『日本近代文学』第65号、2001年。

・楠井清文「植民地期朝鮮における日本人移住者の文学－文学コミュニ
　ティの形成と「朝鮮色」「地方色」－」『アート・リサーチ』第10号、
　2010年。

・高媛「戦前における「満洲」への修学旅行」『「新しい日本学の構築」：
　お茶の水女子大学大学院人間文化研究科国際日本学専攻シンポジウ
　ム報告書』、2004年。

・米家泰作「近代日本における植民地旅行記の基礎的研究－鮮満旅行記
　にみるツーリズムム空間」『京都大学文学部研究紀要』第53号、2014
　年。

・鈴木文「近代日本の朝鮮観」趙景達『近代日朝関係史』有志舎、2012
　年。

・鈴木普慈夫「満韓修学旅行の教育思想的考察－教育目標の時代的変化
　の一例として－」『社会文化史学』第48号、2006年。

・横山篤夫「日本軍が中国に建設した十三基の忠霊塔」国際日本文化研
　究センター『日本研究』第49号、2014年。

1 本論文で言う満州は、当時「満州国」とされていた地域と、大連・旅順からなる租借地の関東州の両方を含む。

2 鈴木、2006。

3 対照として参照した日本国内からの満州・朝鮮の修学旅行の史料は以下の通り。ただし、本論文では必要のない限り言及はしていない。
福岡県立中学修猷館「第五学年鮮満修学旅行記」『修猷』第 75 号（1935 年）
大分県立佐伯中学校「満鮮旅行記」『鶴城』第 15 号（1932 年）
長崎県立長崎中学校「満鮮旅行記」『学友会雑誌』第 69 号（1938 年）、第 70号（1939 年）
福岡県立筑紫中学校「鮮満紀行」『筑中学報』創刊号（1938 年）、第 2 号（1939年）

4 1940 年 3 月に台北第一中学校の教師（雑誌部長）から送られたはがき（史料として用いた『麗正』にはさまれていた）には、『麗正』第 47 号について、「時局柄と植民地だけに可成削除せられる所があつた」との記述がある。日本国内でも、校友会雑誌の検閲は行われていたが（市山、2015）、植民地である台湾はより厳しい検閲が行われていたことがうかがえる。また、台南第一中学校『校友会誌』の第 21 号（1940 年）には、墨で塗りつぶされたと思われる記事があるが、それは検閲の結果であるとも推測される。

5 長、2007。

6 高、2004。

7 同上。

8 米家、2014。

9 長、2011。

10 この他に、ハルビンの見学地には、孔子廟（2）、外人墓地（2）、ニコライエフスキー大寺院（1）、極楽寺（1）があった。

11 中国人の出稼ぎ労働者（大連の場合は山東省出身者が多かった）。

12 長、2011。

13 高、2004。なお、高は、満州修学旅行の見学地について、「ひとつは・・・（中略）・・・日露戦争、満州事変の戦跡であり、もうひとつは、撫順炭坑や鞍山製鉄所のような日本人による満州開発の重要スポットである」と論じている。

14 これは〔35 嘉義〕の記述を真似したものかと思われる。

15 創建年は、横山、2014 による。

16 長、2007。

17 〔39 一中〕では修学旅行の出発の前に旅行の無事を祈るため、帰着の後に無事に旅行を終えたことへの感謝のため、台湾神社を参拝し、〔35 嘉義〕では、出発の前に嘉義神社に参拝している。このような記述は、日本国内の中学校には見られない。

18 本書Ⅲ第2章。

19 日本国内の中学校の修学旅行の記録では、神社について日本ということを強調した記述はほとんど見られない。

20 平壌神社は 1936 年に改築されてから間もないため、まだ樹木が十分に育ってなかったと思われる。筑紫中学校の 1938 年の修学旅行では、平壌神社について「まだ創建されてまもないからすべてが新しく感じた」と記述されている。

21 権、2001 年。

22 同じ洪水の記述でも、「この江が氾濫して、沢山の人畜をさらつて行き、これ等仮小屋にいる人々は毎日々々の糧に困つているとの事である。でも童心は可愛い。彼等罹災民の児童達が汽車の来るのを見て、手を挙げて、「ヨイ／＼」と叫んでゐる。」と、被災者に対し温かい目を向けている記述もある〔35 嘉義〕（T）。

23 「第五学年鮮満修学旅行記」福岡県立中学修猷館『修猷』第 75 号、1935 年。

24 「田舎の特色」台南第一中学校『校友会誌』紀元二千六百年記念号、1941 年。

25 「本島人観」嘉義中学校『旭陵』第 7 号、1936 年。なお、「本島人」とは台湾在住の日本人に対し、台湾人を指す言葉である。

26 同様に、音声についても、現地に行かないと体験できず、前節で挙げた、奉天の馬車の「リン」の音、大連の列車の警笛の音なども、生徒の印象に残ったものと思われる。

27 前掲『修猷』。

28 例えば、「緑田に働く白衣の人、頭に物を運びながら台湾では見られぬ云ひ知れぬ色合の道路を歩いてゐる様は全く秀麗そのものである。」〔39 一中〕（J）、「水田では真白な着物を着た朝鮮の婦人が草取りをしてゐるが、真青な中に点在してゐる。仲々情緒たつぷりである」〔35 一中〕（J）という記述が見られる。
これらの記述は、日本人生徒によるものだが、型にはまった朝鮮認識を表しているといえるだろう。「白衣」は「朝鮮人／日本人という自他の違いを、目

に見える形で示す記号となった」という指摘がある（楠井、2010）。日本国内からの修学旅行でもたびたびこの白衣への言及が見られる。

29 白い斑点のある模様の小倉織の服地。日本国内でも夏の学生服などに用いられた。

30 一般に校友会雑誌は、生徒、教員だけでなく、卒業生や他の学校（他の中学校、実業学校、高等学校、小学校など）に寄贈されることも多い（市山、2015）。

第4章　京城師範学校の修学旅行

金恩淑

1　植民地朝鮮の京城師範学校

　本論考は植民地朝鮮における師範学校の修学旅行について、京城師範学校を中心に検討したのである。植民地朝鮮の修学旅行については最近韓国で研究がだされているが[1]、師範学校の修学旅行を検討した論文はない。

　1920年代に植民地朝鮮でも汽車旅行は一般化されたが、日本人や富裕な朝鮮人を除いては遠距離旅行はできなかった。普通の朝鮮人は日帰り旅行に満足しなければならなかった[2]。このことを考えると、修学旅行で何日も出かけるということは、生徒の特権であった。では植民地朝鮮で実施された修学旅行はどういうも性格のものであったろうか。京城師範学校の修学旅行に焦点をしぼって、検討してみる[3]。

　まず、京城師範学校の開校までの過程を述べる。1910年大韓帝国を併合した日帝は、1911年に第1次教育令を発表した。大韓帝国が設立した漢城師範学校など、既存の師範教育機関を廃止して、京城高等普通学校附設臨時教員養成所と官立高等普通学校の師範科と教員速成科、官立女子高等普通学校の師範科で朝鮮人の普通学校で教える初等教員を養成させた。

　師範科は高等普通学校と女子高等普通学校の卒業者、教員速成科は高等普通学校2年修了者が入學して、1年課程をへて普通学校の訓導に任用された。京城高等普通学校附設臨時教員養成所では、はじめは第1部では朝鮮人教員、第2部では「内地人」教員を養成したが、1914年以後は「内地人」教員のみを養成した。朝鮮総督府は京城中学校附設臨時小学校教員養成所を設置して「内地人」のための小学校で教える「内地人」教員を養成させた。

　1919年3・1運動ののち、朝鮮総督府の教育政策についての朝鮮人の不

242

満を収斂して、朝鮮総督府は、師範教育についても改善の方法を摸索した。1920年には高等普通学校に補習科を設置し、普通学校の教員を養成するようにした。1922年2月には朝鮮総督府が朝鮮教育令を公布し、植民地朝鮮で専門的な師範教育を実施すべき師範学校と女子師範学校を設置することにした。師範学校の生徒は学費が全額免除であり、食費、手当、被服費を毎月支給された。朝鮮教育令では師範学校は官立または公立にすると規定したので私立の師範学校の設立は不可能になった。

第2次朝鮮教育令による最初の師範学校として、1922年に京城に官立京城師範学校が開校した。朝鮮総督府は1923年から臨時教員養成講習所を廃止して、2〜3年課程の道立(特科)師範学校を運営した。1929年から地方にも正規の師範学校を設立し、既存の道立師範学校は1932年まですべて廃止した。1929年にまず大邱師範学校と平壤師範学校を設立した。これらの師範学校には尋常科と演習科、講習科を置いた。尋常科は5年の教育課程で、卒業者には2種訓導の資格を与えた。尋常科の生徒は朝鮮人90名、日本人10名であった。

演習科と講習科は中等学校卒業者を選抜して2年または1年の教育課程で教育して2種訓導の資格を與えたが、生徒は日本人が多かった。朝鮮総督府は1935年には京城女子師範学校を設立し、4年の尋常科と2年の演習科を置いた。1936年に全州師範学校と新義州師範学校、1938年に公州女子師範学校、1939年に春川師範学校、1941年に晋州師範学校と清州師範学校、1943年に大田師範学校と海州師範学校、清津師範学校が設立された。

しかし京城師範学校は、師範学校のなかでも特別であった。ほかの師範学校の卒業者に2種訓導の資格を與えたのと異なり、朝鮮総督府は京城師範学校の卒業者には第1種訓導の資格証を与えたからである。1944年になって京城師範学校と京城女子師範学校、平壤師範学校、大邱師範学校は予科4年、本科3年の専門学校に昇格した。この時にはじめて京城師範学校とほかの三つの師範学校が同等な教育機関になったのである。

京城師範学校には普通科と演習科課程を置いた。普通科には普通学校や小学校の卒業者から選抜された人が入学し、5年間の教育課程を終え

て、演習科に進むようにした。演習科は男子演習科甲、乙、女子演習科
(1935年京城女子師範学校開校によって廃止)に分かれていた。男子演習
科甲は普通科5年を履修した生徒、乙は中学校または高等普通学校の卒
業者のなかから選抜された生徒で構成された。演習科ははじめは1年課
程であったが、1933年から2年になった。演習科の課程を終えた卒業者
は1種訓導資格を与えられた。のちに設置された

　朝鮮総督府學務局の1929年の資料によると、朝鮮の公立普通学校の教
員8360名のなかで、1種訓導は2069人（日本人1886人、朝鮮人183人）であ
るが、そのなかで日本内地の小学校教員免許所持者（日本人1162人、朝
鮮人2人）であり、そのほかの人は、大多数は京城師範学校の卒業者（日
本人483人、朝鮮人161人）であった[4]。

　京城師範学校は「内鮮共學」で「内地人」教員と朝鮮人教員を養成す
ることを目的としたが、生徒の大多数は「内地人」であった。1929年に
は、普通科は約75%が「内地人」であり、1943年までの入學者について
みると、普通科は約76%、演習科は約79%が「内地人」であった[5]。

　京城師範学校は植民地朝鮮における最初であり、また最高の師範教育
機関として、教員養成において指導的役割を担当した。またこの学校に
は初等教育および教育問題全般についての研究所としての役割も与え
られていた。植民地朝鮮の師範学校体制の頂点に立って、師範教育界を
主導した京城師範学校から輩出された教員は学校の教育現場で大きな
影響を及すことができた。京城師範学校の卒業した教員は強いプライド
と自負心とエリート意識を持っており、周りからもその知的権威を認め
られていた。

2　京城師範学校の修学旅行関連規定

　京城師範学校では修學旅行をどのように実施したのか。京城師範学校
では『京城師範學校總攬』(1929)の第3編「訓育ノ手段施設」の中の一つ
として「修學演習」に関して規定している。

第14修學演習

　　生徒兒童ヲシテ既知ノ郷土、未知ノ地方ニ旅行セシメ、自然ノ山川
　　風土、社會人情ノ實際實相ニ觸レシメテ、之ヲ體驗實究セシメ平素
　　學校生活ノ能率ヲ高メテ之ガ學習ノ實際化ニ努メ、身心ノ鍊磨ニ資
　　シ、卒業後ノ生活ニ益セシメンガタメニ修學演習ヲ行フ。
　　修學演習ハ分ツテ團體修學演習ト個人修學演習ノ二種トス。
　一、團體修學演習ハ修業時未知ノ地方ニ於テ之ヲ行フヲ通例トシ、
　　　演習科ハ鮮内（女子ハ内地ヘモ）初等教育ノ視察研究ヲナサシム
　　　ルヲ主トシ併セテ普通科ニ於ケル演習ヲ更ニ精深ナル程度ニ於
　　　テナサシメ、普通科ハ朝鮮滿洲内地ニワタリテ其學年常識ニ相應
　　　シテ遍ク自然界人文界ノ觀察實究ヲナシ兼ネテ身心ヲ鍛鍊セシ
　　　ムルヲ主トス。
　一、個人修學演習ハ休業時ニ之ヲ行フヲ通例トシ、郷土ノ實際ニ就
　　　キテ之ガ研究考察體驗ヲナサシムルヲ主トス[6]。

　　ここでは、修學演習という用語を使い、自然と社会の実情を体験し心
身を鍛えることで、学校生活の能率を高め、学生の卒業後の生活にも役
立つことを目指す学習活動と規定している。また、修学演習を団体と個
人に分け、団体修学演習は修業時に未知の場所を対象に実施することを
通例とし、個人修学演習は休業時に郷土を研究、考察、体験すると規定
している。修業の一部として施行する団体修学演習については、普通科
と演習科に分けて説明している。つまり普通科は学年別に朝鮮、滿洲、
内地を旅行して自然と人文を觀察、探究し、心身を鍛えるするようにし
た。演習科は朝鮮の初等教育を視察、研究する一方、普通科で行った修
学演習を深化するが、女子演習科は内地に行けると規定している。
　　また「團體修學演習例規」によると、普通科1年は1日近郊、普通科2年
は1日間開城、普通科3年は3日間平壤、普通科4年は10日間滿洲、普通科
5年と女子演習科は14日間内地、男子演習科は10日間朝鮮内を修学旅行
するように、普通科と男子演習科、女子演習科の修学旅行地と期間を規
定している。男子演習科が10日間朝鮮内修学旅行であるのに、女子演習

科は最も長い14日間の内地修学旅行を実施するようにしたことは注目
すべきである。男子演習科の生徒は中学校や高等普通学校を卒業したの
で、すでに内地修学旅行の経験があった可能性が大きい。しかし女子演
習科の生徒は女子高等普通学校(4年)の場合、内地修学旅行を実施しな
かった学校が多いことを考慮したと思われる。日本でも熊本女子師範学
校の校長が女生徒の社會的常識の乏しさを補うために遠足や修学旅行
による社会勉強の必要性を説かれていたことが参考になる[7]。

　では、京城師範学校の修学旅行はどのように実施されたのであろうか。
現在資料によって、その実態が確認できるのは資料が残っている1928年、
1937年、1938年の修学旅行である。

　『醇和會報』第12号（1929）によると、1928年には10月27日に普通科1
年の京畿道議政府（10月27日）、2年の黄海道開城修学旅行（10月27日）、
3年の平安道平壤修学旅行（10月24日〜27日）が実施された。普通科4年
の滿洲修学旅行（10月19日〜27日、9日間）、普通科5年の内地修学旅行
（11月26日〜12月9日、14日間）、女子演習科の内地修学旅行（11月27日〜
12月11日、15日間）、演習科（男子演習科）は4組（西鮮、南鮮、北鮮、湖
南）に分けられて10月18日〜10月27日の10日間朝鮮修学旅行をした。普
通科と演習科の修学旅行地が上記の「團體修學演習例規」の通りであっ
たことがわかる。

　しかし『醇和會報』12号には修学旅行の紀行文は載っていない。ただ、
「普通科五年並に女子演習科が曠古の御大禮の年に値うて、十二月一日
代々木の原で行はせられた御大禮觀兵式場へ行幸の鹵簿の拜見と、十二
月上旬に於て京都の御大禮御式場の拜見の光榮に浴し得たこととは特
に記してをかねばならぬことである」と書いている[8]。

　1928年の京城師範学校の普通科5年と女子演習科の生徒たちの内地修
学旅行の目的のひとつが昭和天皇の即位式を祝賀することであったの
で、日程を昭和天皇の即位式の日に合わせたと考えられる。当時京城師
範学校教諭鈴木文夫を団長とした朝鮮女性教員内地視察団も11月26日
京都御苑で「鹵簿奉拜」をした[9]。この視察団は京城師範学校校長赤木萬
二郎が李王家慶事記念会会長の柳原吉兵衛の依頼を受けて組織したも

のである。赤木萬二郎も昭和天皇の即位式に参列している[10]。

　そのほかに、京城師範学校の校友會誌である『朝光』第10号(1938)と第11号(1939)が現存している。これらによると、京城師範学校の1937年の修学旅行は、普通科1年は開城、2年は平壤、3年は金剛山、4年は九州、5年と演習科乙1年は内地、演習科甲と演習科乙2年は朝鮮内を旅行した。1938年には普通科1年が開城から仁川に、普通科5年と演習科乙1が内地から滿洲に旅行地を變更したが、そのほかは1937年の旅行地と同様である。

　『京城師範學校總攬』(1929)の修学旅行地と比べると、近郊が除外され、金剛山と九州が追加されたことが分かる。金剛山が追加されのは1932年9月に金剛山電気鉄道の安邊〜外金剛區間が開通され、交通が便利になったことと関係があるだろう。

　九州が修学旅行地に追加されたのは、1931年9月18日に勃発した滿洲事変を契機にしたと考えられる。1931年10月の京城師範学校普通科4年生の修学旅行地が一時的に台湾に変更されたことは福山勝治の回顧から確認できる。彼は滿洲事変の影響で修学旅行地が滿洲から台湾に変更されたといった[11]。

　滿洲事変を契機に一時的に滿洲修学旅行が中止されたことは、京城中学校の事例からも推測される。京城中学校は、1931年5月までは4年生の滿洲修学旅行を実施したが[12]、1933年までに一時中止となったらしい。京城中学校の『校友會誌』第25号(1934.5)には5年生の生徒個人が父と滿洲を旅行した紀行文だけが載せられている[13]。その後京城中学校では1934年から滿洲視察修学旅行が再開され、5月13日から10日間5年生の滿洲視察修学旅行を実施した[14]。その他に朝鮮の京城第一公立普通学校は1933年5月7日〜14日に滿洲修学旅行を実施した[15]。

　1935年に京城師範学校女子演習科(2年)を卒業した正木道子は、滿洲旅行を思い出している[16]。演習科2年生の時には朝鮮内修学旅行を実施することになっているので、1年生の時の1933年に滿洲修学旅行を実施したはずである。

　京城師範学校の普通科4年生も滿洲地域がある程度安定する1933年頃

には満洲修学旅行を再開したと考えられる。満洲修学旅行が中止された
1931年10月に普通科4年の台湾修学旅行を実施した京城師範学校は1932
年には、九州修学旅行を実施したと推測される。現在校友會誌『朝光』
を通じて確認できることは1937年5月には普通科5年の生徒は満洲では
なく九州を修学旅行地にした。

　平壤師範学校の場合を参考にすれば、平壤師範学校は1936年には5月9
日～5月16日に8日間に尋常科4年生(在籍生は朝鮮人66名、内地人9名)と
5年生(在籍生は朝鮮人66名、内地人8名)が満洲修学旅行を行なった[17]。
1937年5月には尋常科4年生は満洲(5月1日～8日)、尋常科5年生は内地(5
月に1日～15日)に、修学旅行を実施した[18]。これは1935年には尋常科4年
生の満洲修学旅行が中止されたので1936年に4年生と一緒に満洲修学旅
行を実施したと推測される。

　ところが大邱師範学校は1935年5月21日～29日に尋常科4年の満洲修
学旅行、5月24日～6月3日に尋常科5年の内地修学旅行を実施しているの
で、平壤師範学校が1935年5月に満洲修学旅行を中止すべき事態が満洲
地域で起こったとも考えられない。以上の平壤師範学校と大邱師範学校
の例から見れば、京城師範学校で1937年5月に満洲旅行を実施しなかっ
た理由は、時局のためではないことがわかる。

　京城師範学校の校友會誌『朝光』によると、1937年に内地を旅行した
普通科5年生は1938年には演習科甲の生徒として、満洲旅行(5.6～5.16)
國内旅行を実施した。彼らは1936年4年生の時には九州に行ったと推測
される。1937年の京城師範学校の内地旅行地を見ると、そこには九州地
域が含まれていないのが特色である。これは九州修学旅行を内地修学旅
行とは別途のプログラムで運営したことを示す。

　1938年に普通科5年生が満洲を旅行するが、これは急に計画が変更さ
れたものであるという。そういうことは、もともとは1937年と同じく内
地修学旅行が計画されていたと考えられる。すなわちある時から普通科
4年生は九州、普通科5年生は「内地」が修学旅行地として固定したらしい。

　現存する校友會誌『朝光』に記述された1937年と1938年の修学旅行地
をみると、1937年5月に内地修学旅行を実施した普通科5年生は1938年に

演習科甲1年生になって、滿洲修学旅行を実施するので、1936年には九州修学旅行を実施したと思われる。また1937年の演習科甲生徒は朝鮮内を旅行しているが、かれらは1936年までは内地と滿洲を見学したと考えられる。したがって1936年には普通科4年が九州か滿洲、普通科5年生が滿洲か内地を修学旅行したと推測される。

　また演習科乙の生徒の場合は1年生の時に滿洲か内地を修学旅行するようにしたと考えられる。1936年に京城師範学校演習科に入学した川原崎(眞宮)茂と1938年に演習科に入学して1940年に卒業した春野豊は滿洲へ修学旅行したことを述べているので[19]、1936年と1938年に京城師範学校の演習科乙1年生の滿洲修学旅行が実施されたことが分かる。

　1937年11月には演習科乙1年生が内地修学旅行を行った。これについては、学校側では「國民精神の作興、時局認識を目的として、神社參拜、宮城御所參拜を主とした時局修学旅行を行つた。宮城參拜、御所拜觀、神社參拜は申すまでもなく、至る處の驛より歡呼の聲に送られて出發する勇士あり、護國の神となられた皇軍將兵の出迎あり、一同の心に深き印象を與へた」と述べ、この修学旅行が時局修学旅行であったとする[20]。

　1937年7月に中日戦争が勃発してから京城師範学校では学校の行事に「時局」という言葉をつけている。しかし、演習科乙1年生は1936年と1938年には、滿洲旅行を実施したから、この内地旅行は特別に計画されたことが推測される。おそらく7月に勃発した中日戦争のため滿洲の代りに内地を修学旅行地にした可能性がある。

　演習科乙1年生が1938年には滿洲へ修学旅行したのは、滿洲の治安が確保できると判断したからであろう。1938年に演習科に入学して1940年に卒業した春野豊は1938年10月に実施されたと推測される滿洲修学旅行で「旅順、奉天、新京、ハルビンの異國情緒たっぷりの風俗文化に接し見聞を広めた」と回想している[21]。

　京城師範学校の修学旅行がいつまで行われていたかは分からない。1937年7月中日戦争が勃発してから個人で朝鮮内を旅行する人にも監視が厳しくなった。

　1937年の夏休みに個人で扶餘を旅行した平壤師範学校尋常科5年生の

李光秀は、「今度の旅は行く先々に於て役人にとがめられた。名前を言
へ！住所を…行く先を…目的を…と一々問はれた。氣味が惡かつた。然
し、叮嚀に答へた。時局が時局だけにそれも道理だろうと思ひ、一段と
緊張を覺えるのであつた」[22]と述べている。

　朝鮮総督府は団体修学旅行を制限した。1938年9月朝鮮総督府学務課
は遠距離旅行を中止し、隣近に遠足をするように指示した[23]。1940年5月
には學科實習旅行をのぞいて生徒の団体旅行を制限し、中国旅行も禁止
した。

　京城師範学校2代校長(1930〜1940)の渡邊信治は、『朝光』第12号
(1939)の巻頭言「長期建設と體育」で、「時局は愈々長期建設の段階に入
る。東洋の平和を樹立し、新秩序の建設をするには、勿論武力戰に依ら
なければならぬが、更に思想戰、文化戰、産業戰に於ても、永久に奮闘
努力優勝者でなければならぬ。即ち將來の大陸經營に於ては、我が日本
國民は、東洋の盟主として、其の指導の重任に當らなければならぬ。そ
れには、長期抗争と建設とに堪ゆる強大なる實力を養はなければならぬ。
實力の根本は體力である。故に今後の教育に於ては體育を振興せしめね
ばならぬ」と主張した。

　また体育の生活化を推進する方法として、体操、教練、武道、遊戯及
競技を奨励し、そのほかに遠足、登山、旅行、水泳、相撲、乗馬、農場
作業、各種勤労作業、国防演習も教育的に奨励すべきであるといった。
かれは修学旅行を続けるべきだと考えていただろう。

　京城師範学校の生徒は修学旅行の後に観察したことを書いた報告書
を提出し、報告会を開いた。報告会の様子は1937年に卒業した川原崎(眞
宮)茂の懐古記を通じて窺える。

　　「さらに、この旅行の報告を梅澤慶三郎先生が私にと言われ、かん
　たんに引きうけてしまいました。それから約二十日位毎日毎日この
　ことのみについて必死でした。先ず原稿、それの暗記、毎夜寮の消
　燈後、部屋を出て、広い運動場のかたすみで、けいこに専念しまし
　た。三日前には、友の心のこもった訂正と、講堂の一番後ろに立っ

ての予行演習で再度きびしい批正を受けました。いよいよ本番の日、心をおちつけるつもりで、懐かしい三好野の大福餅を六個を買い、丸呑み同然の勢いで食べ、講堂の演壇に立ちました。……次々と十四名全員が終わり、講評の後私が一位になりました。」[24]

　川原崎(眞宮)茂は、滿洲修学旅行の後に報告会の発表者に選抜され、講堂で発表したのである。しかしこの報告会がいつ行われたかは分からない。川原崎(眞宮)茂が普通科生徒であったか、あるいは演習科生徒であったかもわからない。滿洲修学旅行は普通科5年生と演習科1年生を對象に行ったので、彼が普通科生徒であったならば1934年、演習科生徒であったならば、1935年に上記の報告会が行われたと推測される。校友會誌に修学旅行記が載せられた生徒は、上記の川原崎(眞宮)茂のように教師の指名で発表会に参加した人であったと考えられる。

3　京城師範学校普通科の朝鮮内修学旅行

　現在京城師範学校の校友會誌として存在が確認できるのは、『朝光』第11号と第12号(韓國教員大學校教育博物館所藏)である。これらに載せられた修学旅行記はまず見學地について簡単に説明をしてから、印象記を按配した。

①　京城師範学校の普通科1年は1937年には開城旅行を実施した。5月10日午前8時40分に京城駅を出発して午後6時40分に京城駅に帰着する日帰りの旅程であった。これには生徒100名が参加しており、旅費は1円70銭で、見学地は歴史的名所であった。見学は開城の南大門へいき、開城神社を参拝した。觀德亭から市街を展望して博物館で高麗朝の遺物を観覧した。高麗朝末期の忠臣鄭夢周先生の住居跡に建てられた松陽書院、鄭夢周が殺された善竹橋と頌德碑を見て、高麗朝の宮殿跡がある滿月臺へいった。そして開城特産の人参を展示した人参館を見学して帰校した。
　この修学旅行の紀行文を書いた繁浪淸と國府田孝之は、「入學前か

ら憧憬していた修學旅行、高麗の舊都開城を訪れ、古への歴史をしの
び、よき參考を得た」と所感を簡単に述べている。

② 普通科1年は1938年には仁川修学旅行を実施した。5月21日午前7時43
分に京城駅を出発して、同日午後9時45分に京城駅に帰着する旅程で
あった。参加生徒は99名であり、旅費は60銭であった。見学地は近代
産業施設であった。朱安の塩田と精製工場、上仁川の気候観測所、月
尾島を見学した。

　旅行記を書いた宇野正光は、「觀測所では種々の天文の機械につい
て説明があつた。これは大いに役に立つであらうと思ふ」、「仁
川々々と見ぬ中からあこがれていたが、今度の見學ではじめてその姿
がわかつた。唯ドツクを見なかつたのが殘念であつた」と述べている。

③ 京城師範学校普通科2年生は1937年と1938年に平壌修学旅行を行っ
た。　1937年には5月11日～13日の3日間行われた。5月11日の午後11
時に京城駅を出発して、5月13日午後9時30分に京城駅に帰着する旅程
であった。見学地は日本帝国の軍事関連地と歴史的名所であった。ま
ず生徒たちは寺洞の海軍燃料敞平壌鑛業部（寺洞炭坑）へいった。ここ
で生産する無煙炭は内地の海軍に供給した。その後飛行第六連隊を訪
ねた。ここでは航空大尉が戦闘機と偵察機について説明した。この連
隊は1920年に国境防衛のために朝鮮唯一の飛行隊として設置された
のである。それから、生徒たちは箕子陵や博物館へいって平壌の遺物
と樂浪古墳の遺物を見学し、平壌の名勝地である乙密臺と牡丹峰へい
った。その後自由見学の時間を持った。

　1937年の修学旅行の紀行文を書いた朝鮮人生徒の趙炳瑱は、「平壌
にある寺洞炭坑、飛行聯隊、兵器製造所などの軍事關係場所を充分に
見學できたのは非常時の今日の時局認識の上に實に有意義であった」
と述べている。また「平壌の名勝は興味ある傳節、朝鮮古代の歴史を
語っている。兼二浦の製鐵工場は最も印象的であった。」と書いてい
る。

④　1938年の平壌修学旅行は5月19日午後11時20分に京城駅を出発して、5月21日午前9時50分に京城駅に帰着する旅程であった。見学地の博物館、箕子陵、乙密臺、牡丹臺、浮碧樓、飛行聯隊は1937年と同じであった。しかし寺洞と兼二浦は「時局柄軍事上」見学できなくなったので、その代りに大同江を船でわたった。また今度の平壌修学旅行では平壌師範学校を見学して、平壌一中を訪れ、ここの生徒と柔道と剣道の試合を行って、○○部隊へいって、将校から高射砲などの機械について説明を聞いた。

　　1938年の修学旅行の紀行文を書いた朝鮮人生徒の金敎善は、「平壌に着いてからは、見聞、総てが驚異であった」と述べている。これらの見学地のはなかには『名所舊蹟案内』（平安南道）[25]に紹介されているように一般人がよく訪れる観光地もあった。箕子陵は殷の紂王の叔父として、韓半島へいき箕子朝鮮を建国したとされた箕子の陵であった。高麗肅宗7年(1102)に建立されて、高麗と朝鮮で祀られ、日帝強占期には平壌の観光地になった。名勝地の乙密臺は清日戦争の戦場でもあり、牡丹峰は1592年文祿の役（壬辰倭乱）の時の戦場でもあった。

⑤　1937年の普通科3年生の金剛山修学旅行は5月15日〜19日の5日間おこなわれた。5月15日午後11時に京城駅を出発して、5月19日の午後9時30分に京城駅に帰着する旅程であった。旅費は10円60銭であった。生徒たちは5月15日午後11時に京城駅を出発して、16日午前1時24分に鐵原駅で金剛山広軌電車に乗りかえて内金剛駅で降りた。長安寺、明鏡臺、鳴淵潭、三佛岩、表訓寺、正陽寺、萬瀑八潭、摩訶衍、毘盧峰を見て山荘で宿泊した。17日には毘盧峰の頂上に登り、朝陽瀑を経て、外金剛の上登峰に登ったが、萬相亭で病人がでてコースを変更して、舊萬物相を見て温情里の嶺陽館で宿泊した。18日には極樂峠、神溪寺、金剛門、玉流洞、飛鳳瀑、上八潭、九龍淵を見た。19日には外金剛駅を出発して庫底に到着して叢石亭を見て、普通学校の教員になっている先輩からお茶の接待を受けた。そして午後2時30分発の汽車に乗っ

て午後9時30分に京城駅に着いた。

　金剛山は朝鮮最高の観光地として近代以前から有名であった。しか
し金剛山観光が活発になったのは、1914年京元線が開通し、鐵原まで
汽車で行けるようになり、1912年から断髪嶺まで道路が整備され、
1916年には自動車で行けるようになってからである。朝鮮総督府が京
元線を敷設した目的はほかの鉄道と同様、軍事的、政治的、経済的で
あったが、朝鮮総督府鉄道局は漸次鉄道がもつ文化的機能に注目する
ようになった。朝鮮総督府鉄道局は観光事業を重視し、金剛山を日本
有数の名山として宣伝した。金剛山にホテルを直営し、金剛山旅行団
を募集した。また1919年には金剛山を弘報する動映像を撮影して映画
館で上映した。1932年には金剛山観光を総括するため、金剛山協会が
設立された。金剛山では日本人が茶屋や食堂を経営して、日本人と朝
鮮人観光客を迎えた。朝鮮総督府鉄道局と観光協会は観光資料を製作
した。朝鮮の観光名所写真は金剛山の絶景を撮影したのが最も多かっ
た。

　金剛山觀光が一層盛んになったのは鉄道路線の拡大のお陰である。
1924年に私鉄の金剛山電気鉄道が鐵原駅から分岐する路線の工事に
着手し、1931年に鐵原駅〜内金剛駅の全線116.6kmが開通した。また
朝鮮総督府は1929年から安邊から南進する東海北部線を敷設して、
1931年7月に安邊－庫底区間が、1932年9月には、安邊〜外金剛区間が
開通して、京城から汽車で金剛山まで行けるようになった。そのため、
京城師範学校も普通科3年生の修学旅行地を金剛山に変えたと推測さ
れる。

　1937年の金剛山修学旅行の旅行記を書いた「内地人」の江頭槙造は
「山水の美を兼備、傳節故事が豐富な一大景勝地である。大自然の偉
大さ、幽嚴さを知り、浩然之氣と不屈不撓の忍耐力をそだてることが
できた」と述べた。

⑥　1938年のの普通科3年生の金剛山修学旅行は、5月14日午後11時に京
　城駅を出発して、5月18日の午後9時25分に京城駅に帰着する旅程であ

った。参加人員は97名であり、旅費は11円銭であった。日程と見学地は1937年とほぼ同じであった。

　1938年の金剛山修学旅行の旅行記を書いた朝鮮人の趙炳華は、「五日間の旅行は今までに體驗し得なかった幾多の尊い諸知識を獲得し、天下に名を知られたる大金剛を征服して不屈不撓の忍耐力と浩然之氣を養ひ、新緑の金剛山中に名を輝している幾多の飛瀑・深潭・溪谷そして奇巖怪石、傳節や奇談の豊富な大小の寺庵を跋渉して心氣を養し、自然學の研究に知らざる實益があるもののように思ふ」と述べている。

　以上、1937年と1938年に実施した京城師範学校普通科1年～3年の朝鮮内修学旅行について調べた。修学旅行地であった開城、仁川、平壤、金剛山は当時朝鮮の代表的な観光地であった。また、未来に朝鮮で初等教育を担当すべき京城師範学校の生徒たちには、かならず見学すべき場所でもあった。普通学校と小学校の教科書では、これらの地域について記述しているからである。『普通學校朝鮮語讀本』卷六（朝鮮總督府、1924）では、「第八課開城」で、説明文の形式で高麗朝の首都であった開城の善竹橋、松陽書院、滿月臺、鐵道公園、朴淵瀑布、開城人蔘などを紹介している。また「第十七課平壤から」では書簡文の形式で平壤を紹介している。

　平壤については、『初等地理』卷一（朝鮮總督府、1937）の「第二朝鮮地方」で、「平壤は北部朝鮮第一の都會で、人口十八萬、大同江に臨み、鐵道の便もよく、また旅客機の發着場もある。平安南道廳、平壤覆審法院をはじめ諸官衙・學校等があり、政治・經濟・軍事・交通上の重要地である。ここは高麗（こま）の舊都で明治二十七八年戰役の有名な戰跡地である」と記されている。

　金剛山については『普通學校朝鮮語讀本』卷五（朝鮮總督府、1924）の「第十六課富士山と金剛山」で、富士山を「我國古來の名山」、金剛山を「朝鮮の名山」といって、「富士山はその山容の雄壯秀麗さで、金剛山はその山の姿の優美幽邃さで世界の屈指の名山である」と述べている。金剛山は拡大された日本帝国の領土である朝鮮にある名山として登場し

ている。

　また『普通學校朝鮮語讀本』卷四(朝鮮總督府、1933)の「第二十一朝鮮一のもの」では金剛山、鴨緑江、新義州〜安東間の開閉橋、論山の彌勒佛、朝鮮總督府を朝鮮一のものとしてあげている。『初等地理』卷一(朝鮮總督府、1932)の「第二課朝鮮地理」では「太白山脈中には太白山と金剛山がある。金剛山には萬物相・九龍淵等の勝景や溫井里の溫泉があるので遊覽地として有名である」と記している。

　京城師範学校の生徒たちの朝鮮内修学旅行は、かれらが卒業して教師になり、小学校か普通学校で教えることになる教科書の内容について、深化学習をする機会でもあったのである。

4　京城師範学校の九州と「内地」修学旅行

　1937年5月と1938年、京城師範学校の普通科4年生は、九州修学旅行を実施した。

① 1937年5月の修学旅行は、1937年5月7日の午後11時10分京城駅を出発して、5月15日の午後8時に京城駅に帰着する9日の旅程であった。参加生徒は85名であった。旅費は1人当37円を徴収したが、支出したのは35円であった。

　　旅程は京城から釜山まで京釜線でいき、釜山から下関まで関釜連絡船でいった。関釜連絡船は1905年9月11日から下関〜釜山間を運行した国際連絡船であったが、1910年日帝の韓国併合によって、国内連絡船になった。京城師範学校の生徒たちは下関、門司を素通りにして、福岡の東公園、筥崎八幡宮、西公園、大宰府の天満宮、観世音寺を見学した。長崎の造船所、雲仙國立公園、島原、三角、阿蘇、熊本の水前寺公園と本妙寺、鹿児島の西郷南洲の遺跡と島津別邸を見学した。その後、別府で地獄めぐりをして、門司を経て下関から金剛丸に乗って釜山まで行き、釜山から汽車で京城に帰った。金剛丸は1936年11月に就航した客貨船であった[26]。

　　1937年5月の九州修学旅行記は「内地人」の山田保幸と朝鮮人の申

昌浩が共同で書いた。彼らは旅行の終りに、「やっぱり京城はなつかしい、8日間の疲も忽にいえることであろう」と京城についての愛情を述べ、「この八日間の旅に於て得たところのものがあつたと信じて止まない。そして非常時局に際して益々向上の一路に向かって邁進したい」と述べている。

② 1938年にも京城師範学校の普通科4年生は九州修学旅行を実施した。この修学旅行には88名の生徒が参加した。旅費は42円であった。ところが九州修学旅行記には旅行日字が記されていないし、また教育日誌にも1938年の修学旅行については記していないので、この旅行日字は分からない。見学地は1937年と変わらない。

　1938年の九州修学旅行の旅行記を書いた「内地人」寺田（眞澄）[27]は、鹿児島の西郷南洲関連の遺跡へいって、「『西郷先生の爲に』と若い一命を捧げた十四歳の小勇士の霊も此の地下に眠って居るのだ。如何に西郷南洲の人物が偉大であったか。如何に靑少年の教育と言ふものが重大であるかを眼前に如實に見た。そうして深く感銘した」と述べ、最後には「非常時下の九州、質實剛健、勤勞の氣概溢れる九州を見学して我々の精神的に得たものは極めて大きかった」と意義を述べている。

京城師範学校は、1937年5月に普通科5年生（1933年入学）、1937年11月に演習科乙1年生（1937年入学）、1938年11月に演習科乙1年（1938年入学）の内地修学旅行を実施した。

③ 1937年、普通科5年生は、5月1日午前10時45分に京城駅を出発して、5月15日午後4時29分に京城駅に帰着する15日の旅程の内地修学旅行を実施した。旅費は46円であった。引率教官は三田、依田先生、参加生徒は77名であった。『官立京城師範學校一覧』（1933）を参考すると、1933年当時普通科1年在籍生は2學級で97名（内地人77名、朝鮮人20名）であったが、1937年に普通科5年生になった生徒が何人いたかはわか

らない[28]。

　かれらは京城駅で先生の歓送をうけて汽車に乗って釜山まで行き、連絡船の金剛丸に乗った。数日後、京城師範学校普通科4年生(1934年入学)はこの金剛丸に乗って九州修学旅行にでかけた。

　5年生の内地旅行は宮島の彌山登りからはじまった。その後、神戸で忠臣楠子墓を見て、大阪では造幣局、大阪城、大阪朝日新聞社、道頓堀を見学した。吉野で吉野神宮、村上義光墓、吉水神社、如意輪寺など、後醍醐天皇関連の遺蹟を見学した。奈良では橿原神宮、神武天皇御陵、鹿、猿澤池、五重塔、東大寺大佛を見て、山田へ行って皇大神宮を参拝した。その後、鎌倉と日光を見学して、東京の千代田城の二重橋を見た。名古屋の名古屋城を見て、京都で嵐山、桃山御陵、比叡山、二條離宮、東本願寺、天橋立を見学して、下關に行って關釜連絡船に乗って釜山へいき、そこから汽車で京城に帰った。汽車の事情で予定より3日も早く着いたという。

　修学旅行記を書いた「内地人」生徒の久末知は、京都について、「意外と工場が多い。百方の大都ながら實に京城にそっくりだ」と指摘した。また東京では、「五百萬の大都、我國の首都、世界の驚異の都市」と感嘆し、千代田城の皇居の二重橋では、「二重の橋の前で、謹んで最敬禮をした時の氣持ち、行幸道路と楠公の銅像、我われはこれを知るのみでよいのだ」と述べている。

　最後に、「所感」として、「非常時の聲は内外に高く我々旅行團に於てもこの氣分に接したが、なるべくこの非常時を思はないで旅することに努めた。宮城、皇大神宮等の感激を一非常時局下のモノとせず、我々一生の間を貫ぬく不變の感激としたかつたからである。我々は、ただ此の日本人としての信念を得ることのみを目標として旅行するのである。内地旅行の眞義はただ此の一點にかかるのだ」と結んでいる。彼は「1.奈良へいく車は一列車遲らせた方がいい。2.新議事堂見學のために總督府の許可を得ておく必要がある。3.日光は東京から日歸り可能である。4.豫算の許す限り、乗物を多く利用したほうがいい」と、修学旅行の改善すべき点を付け加えた[29]。

④ 1937年11月には演習科乙1年生(生徒300名、引率教官6人)が①内地修
学旅行を実施した。この旅行を学校側では「時局修学旅行」と云った。
[30]演習科乙1年の生徒300名は3隊に分けられて、各各11月24日午前10時
45分〜12月5日午後7時30分、11月25日午前10時45分〜12月6日午後7時
30分、11月26日午前10時45分〜12月7日午後7時30分の12日間の日程で、
内地修学旅行を実施した。旅費は1人当49円であった。

　見学地は普通科5年生が1937年5月に実施した内地修学旅行と若干
異なった。共通の見学地は神戸、大阪、京都、奈良、伊勢、東京、鎌
倉、日光であった。普通科5年の見学地であった宮島、吉野、名古屋の
代りに演習科乙1年は萩、出雲、博多を見学した。萩は明治維新の英傑
を多く輩出した町であり、島根県松江市の出雲大社は国譲りの古事が
伝わる所である。博多の筥崎神宮は元寇のときに亀山上皇が「敵國降
伏」を祈願した所である。

　この内地修学旅行の旅行記は「内地人」生徒の沖恒明が書いた。彼
は、奈良の橿原神宮で「建國の大業を偲び」、伊勢の内宮と外宮では
「心から國體と聖壽の無窮を祈つた」と述べている。また東京では「東
京、それは憧れの都であり、夢の都であった。今こそ果たす、その憧
れの夢を。」と感激し、「宮城前にて、日本國民に生まれた有難さを今
更の様に感じ、明治神宮にて聖徳を偲び、靖國神社で護國の勇士の冥
福を祈り、被服廠跡にて震災の悲惨事に目を掩ひ、慌しく帝都の見學
を終へた」ことを記している。彼は、帰途では「しばしの別れとは云
へ、やはり懐かしい半島の土をふむ」と述べているので、朝鮮で生ま
れ、はじめて東京へ行った日本人生徒であると推測される。沖恒明の
修学旅行記を通じて、朝鮮で生まれ、朝鮮で生活している日本人が日
本を通じて内地に居住する日本人に共感し、日本國民としての自覺を
ふかめていったことが窺える。

　沖恒明は「修學旅行記」の最後に「所感」を書いている。「小さい驛
の庭では寒さの悪魔が、ほくそみながら踊り狂つていた。そこには出
征兵士を見送る朝鮮の子供の一團があった。…世を擧げての非常時の

力強い情景を内地で限りなく見た吾等は、かうした半島の涙ぐましい光景をみて今更の様にうれしく思つた。國家的重意義を持つ、このこの半島に於て更に更に強く正しく進まねばならぬ事を痛感するのである。」と書いた[31]。

　京城師範学校の生徒たちが内地旅行を終えて釜山から乗った京城ゆきの汽車に、出征する兵士たちも乗ったらしい。沖恒明は出征する兵士を歓送する子供たちを見て、戦争という非常時局のもとで、内地と同じく朝鮮で自分たちも挙国一致で努力すべきであると述べている。実は京城師範学校の生徒たちは1937年の夏季休暇の時期から輪番で京城駅で出征兵士の歓送に参加していた[32]。1937年11月のこの内地修学旅行の目的である生徒に国民意識を鼓吹し、時局認識を深めることに相応しい「所感」を述べているのである。

　修学旅行記は沖恒明が書いたが、朝鮮人生徒たちはこの時の「内地」修学旅行における感想を随筆の形式で書いている。1937年演習科乙1年生の朝鮮人生徒である宣炳七は「内地の農村を觀て感ず」という随筆のなかで、朝鮮と日本の農村を對比している。まず彼は京城から釜山へ行く京釜線の窓から「南鮮特有の禿山、藁葺部落、しょんぼり突き立つた土饅頭」を見て「嗚呼なんと哀れな半島農村なるかよ」と嘆いた。また「今や始政以來既に四分世紀、その間當局の農村に盡せし力寡しとするか」と述べている[33]。

　朝鮮南部の特色として、禿山、藁葺き屋、土饅頭を挙げて、それが朝鮮総督府の統治がはじまって25年たっても変わっていないことを述べている。そして日本の下關から乗った萩ゆきの山陰線の窓から見た日本の風景をつぎのように賛美している。

　　「車窓より遥かに見ゆる小高き山々には老松、杉、檜、鬱蒼と茂り灌木、蔓草、山膚を覆ひ、眼前に流るる小川、兩岸洪水の跡なく、眞青、静かになみなみと流るる有様。更に兩側に展開する平野には點々と散在する部落、赤く熟せし柿、整然たる耕地、未だ青々としている野、稲架は長く續いて取入後の綺麗な水田、黒いハンテンに

白く頬冠りの老農牛を追ふ姿に鋤き起さる眞黒き土塊、幼兒を背負
うた若妻と夫とが睦じく、光る鍬を強く打ちこむ姿等、これ等見飽
かぬ風景に生來半島に育ちし者の眼には恰も武陵桃源の境を思は
しむるものがある。余の唯怨むは玄海灘、汝の胸の中には斯くも美
しき風光を隱してゐたのか。」[34]

　宣炳七は自力更生運動があるにもかかわらず、依然と朝鮮の農村が日
本の農村に甚だしく遅れていると嘆いている。「ふりかへつて、つらつ
ら考ふるに、實に我が半島の農村ほど哀れなものはなからう。近年農山
漁村の自力更生運動の警鐘鳴り響き、昔日の面影やうやく去らんとする
とはいへ、未だ内地に比すれば雲泥の差ではないか。」またその理由に
ついて、「勿論農は自然の然らしむる所大である事は言を俟たない。彼
の地は氣候慍暖、雨多く自然の惠澤少しとしない。然し專らそれのみで
あらうか。否々、彼等の農民魂が違ふ。彼等は強き信念と熱と愛とを以
つて、斷えず工夫、研究し、創作し、老幼男女共に互に信愛協力して勤
勉努力精進以つて今日の成果を得られたではないかと思ふ。」[35]と、自然
よりは勤勉、努力、精進という農民の精神的姿勢のちがいに求めている。
　最後に宣炳七は、「今後農村開發の第一線に立つ吾が師範学校生徒は
明確なる自覺を要する。小成に安んずる勿れ。又過度に悲觀するに足ら
ず。眞に半島愛、農村愛の情神を持して、新しい農民魂を授けよ。我が
半島は未だ枯死しているのではない。汝等の暖き手で呼び起こし彼等を
見捨てず聖代の慈みに浴せしめよ。」と述べ、朝鮮の農村を発展させる
ために、愛情をもって努力するように京城師範学校生徒の奮発を促して
いる[36]。
　宣炳七の目に映る朝鮮の哀れな姿はそれを改善の対象として眺める
開発者の視線であり、それは植民地当局の視線でもある。このような紀
行文を通じて朝鮮の国土と自然は朝鮮民族を象徴するようになる。
　同じく「朝鮮人」生徒として1937年11月に内地修学旅行をした演習科
乙1年生の朴薫根は「内地旅行の感想」という隨筆で、「朝鮮に生れ朝鮮
で育つた私は、自然人種古蹟都會に到るまですべての點を朝鮮のそれら

と比較的立場で眺めた。先ず目につくは山陰沿岸線の山野、樹の茂つた山、水清き川、慍き農村、それは朝鮮で見ることの出来ない顯さがあつた。潑刺さがあつた。生き生きとしている所があつた。田畑は皆婦人の手によつて作られてゐる。農民の勤儉さが車内に坐つて見られた。或ひは外觀だけ見ている爲誤つている點がないとも限らないけれども、又第一印象からくる感じに於てはかへつてよき比較が出來るではあるまいか。」[37]と述べて、日本の自然から明るさと潑刺さを感じている。

また彼は、「車内で會ふ人々は皆やさしかつた。何を問うても叮嚀にくわしく話してくれ土地特色のお話なども聞かしてくれる。席をとるにも一通りあいさつがすんでからである。」とのべている。朴薰根は汽車のなかで会つた日本人が親切で礼儀正しかつたという。

朴薰根は「見た村、通つた町、到る所に大きく高く鳥居が建てられ數百年を經た杉の木、松の木が列をなしてゐる。崇高な感にうたれて自ら神を頭に描くのであつた。日本は何處にも神社ある國だ。日本は成程神の國である。」と日本の神社について感想を書いている。

朴薰根は、汽車の窓から眺めている自分の日本の農村に対する感想が皮相的なものである可能性を十分認識している。また「田畑は皆婦人の手によつて作られてゐる」という指摘は男子の働き手が兵士として徴集されていた日本の実情を隠喩しているとも考えられる。1939年6月慶福公立中学校4年生の朝鮮人生徒沈忠植は「田畑には成程校長先生の御言葉の通り、老人や婦女子のみが働いて居るのにはもう一度驚かされた」と述べる[38]。

京城師範学校の生徒の文章には見えないが、「内地人」生徒のなかには、内地修学旅行の後に、むしろ朝鮮での自分の生活を肯定的に思うようになった生徒もいた。すなわち、京城中学校5年生として1937年に内地修学旅行をした岡山出身の森田祐次は、京城へ向かう汽車のなかで、つぎのように述べていた。

　　「私は二週間ぶりで朝鮮の山野に接して其の峨峨たる山形とひろ
　　びろした感じを與へる畠を澄みきつた大氣を今更の様に愛で味は

つた。内地の狭くるしいこせこせした生活から脱して初めて手足を伸し息づまるやうな氣持を晴らす事が出來た。内地は慥に想像の世界では私を惹きつけた。各所々々を訪うて私の想像の中に描かれた歴史は私に無上の樂しみを與へてくれたがしかし畢竟するにそれは内地の人の現實ではなかつた。私は何故内地の人はいつまでもあんな狭い所でごちゃごちゃやと生活をしてゐるのだろうと氣の毒に思ひ又不思議でもあつた。私は朝鮮の山野を見たときそんな事を考へたのです。」[39]

1938年の10月に京城師範学校の演習科乙1年生（110名）は二隊に分かれ、内地と滿洲を修学旅行した。内地修学旅行チームには生徒55名、引率教官3人が参加した。10月1日午前10時45分～10月13日午前8時の13日間の日程であり、旅費は1人当約50円であった。見学地は萩、出雲、京都、奈良、伊勢、日光、鎌倉、大阪、神戸都、奈良、伊勢、東京、鎌倉、日光であって、1937年1月に演習科乙1年生が実施した内地修学旅行の見学地と若干異なり、博多が除外された。

修学旅行記は下山が書いた。萩では吉田松陰の墓地で、「『我等も立派な教育者とならう』と膽に銘じ先生の墓地に参り一枝の花をたむけて言ひ得ない感激の心を秘めて」、山田では、「内宮、外宮に額づき、國體の悠久尊嚴さを目のあたりに體驗し皇室の彌榮を祈りつつ境内をでた」と述べる。

東京では、「頭の中に畫いてゐた宮城二重橋前にて皇室の無窮をお祈り申しあげ」、「護國の鬼と化した幾多の英靈に、感謝の誠を捧げ、冥福を祈り、明治神宮に詣でては、國威を中外に發揚せられた御聖德を偲びつつ、遂に遂げた主君の仇四十七士の墓地泉岳寺へ詣で、あの大震災にて、無惨にも大災害を受けた被服廠跡にて、當時の認識を新にし、目頭が熱くなり、胸に迫るものの如何ともし難かつた」と述べている。かれは、神戸の湊川神社では、「七生報國を誓つてと散つた正茂、正季、一族浪黨以て國族を討つた楠氏その尊い姿が眼前にいれつく、七生報國の精神卽ち楠公の精神は我が國民の精神だ」と述べている。

　内地修学旅行の必要性については、東京師範学校教授、大韓帝国学部学政参与官、文部省視学官、東京帝国大学教授、広島師範学校校長、文部省図書局長を歴任した幣原坦は、広島師範学校の校長であった1919年に『朝鮮教育論』[40]で、朝鮮生まれの「内地人」生徒の内地修学旅行の必要性について、つぎのように述べている。

　　「朝鮮生まれの子供がますます多くなり、従って内地を知らない者の増加することは免るべからざる勢である。内地に於ても、遠く隔たつてゐる地方の者は、互に知らずして過ごしてゐるのであるから、在朝鮮の内地人が次第に内地に遠かるのも、如何ともすることが出来ない。而して成るべく修學旅行等の機會をつくつて、内地を知らしめ、祖先發祥の地を踏ましめるを可とする、内地に於ては、國民の氣象はおのづから統一せられて、此の國に住み馴るれば、所謂もろこし人も高麗人も大和心になるのである。それですらも、旅行は識見を廣めるものであるから、今日の如き交通の便の開けた時に於ては、成るべく各地を見比べて、己れの地方の足らざる所を補ふ必要がある。彼の舊幕府時代に於て、交通が不便なるにも係らず、各地に伊勢詣での行はれたのは、國民思想を統一する上に、大なる意味があつたのである。此の意味に於て、朝鮮各地の先覺者は、時々青年を内地に送るのが良い。」

　朝鮮生まれの子供は、内地の国民の気象と大和心を学び、自分の地方の足りない所を補う必要があるので、彼らに祖先発祥の地である内地修学旅行の機会を与えることが必要であると述べているのである。

　朝鮮総督府が編纂した『日本地理教科書』(1923)の「第十九本邦地理總括」では「我が國は萬世一系の天皇之を統治し給ふこと、天地と共に窮りなく、國威は日に揚り、國力は月に加はり、今や世界一等國の班に列せり。是れ皆歴代天皇の御聖德に依るものなれば、國民たるもの深く皇德の厚きに感激し、奮勵努力以て益々邦家の隆昌を期せざるべからず」

と述べている。

　朝鮮総督府が編纂した『日本地理教科書』(1923)の「第十九本邦地理總括」には「我が國には古來皇室の御先祖を始め奉り、氏族の先祖、其の他、國家に功勞ありし人々を神として祀り、永く其の德に報い、之を崇敬するの美風あり。伊勢の皇大神宮は皇室の大廟にして、天祖天照大神を奉祀す。其の他の神社には官幣社、國幣社等種々の社格ありて、其の數全國に十三萬餘あり。」と記されていた。内地を修学旅行した生徒は教科書でならったことをもっと身近に感じたのであろう。

5　京城師範学校の滿洲修学旅行

　1938年、京城師範学校は、5月に普通科5年生と演習科甲1年生が、11月には演習科乙1年生の一部が滿洲修学旅行を行った。

① 普通科5年は、1938年5月7日午後7時45分に京城駅を出発して、5月17日午後1時14分に京城駅に帰着する旅程であった。引率教官は、今井、佐藤、只野先生であり、参加生徒は89名、旅費は53円71銭であった。

② 演習科甲1年生は1938年5月6日午後7時45分に京城駅を出発して、5月16日午前10時後30分に京城駅に帰着する旅程であり、普通科5年の日程より1日早かった。参加生徒は78名、引率教官は、三田、根本、秋田先生であり、旅費は50円であった。

③ 演習科乙1年生は2班にわけて修学旅行を実施した。1班は、1938年10月1日午前8時48分に京城駅を出発して、10月11日午前8時15分に京城駅に帰着する旅程であった。2班は10月2日出発して10月12日に帰る旅程であった。参加生徒は1班と2班で總56名、旅費は55円であった。引率教官は、1班は信廣、松本、萬良先生であり、2班は趙、岡本、秋吉先生であった[41]。

　滿洲修学旅行の旅行地は①の普通科5年生と②の演習科甲1年生は、安

東、奉天、哈爾濱、新京、大連、旅順であったが、見学順序だけが異なった。③の演習科乙1年生の旅行地は普通科5年生と演習科甲1年生の旅行地に吉林が追加された。

①の普通科5年生の修学旅行の紀行文は、「内地人」の山田保幸が書いた。山田保幸は1937年には朝鮮人生徒と共同で九州修学旅行記を書いたことがある。かれが「急激な變更のため滿洲へ旅行した我等であるが」と書いたように、この修学旅行は急に旅行地が變更されたらしいが、その理由は分からない。恐らく元々は前年度のように内地旅行の計劃があって、滿洲旅行は演習科甲1年生の時に実施する豫程であったと推測される。

普通科5年の生徒は、「新興滿洲國へ一人々々が、親善使節のつもりで行かねばならないと言はれた龜谷先生の御言葉を頭にきざみつけ」て京城駅を出発した[42]。滿洲への第一歩を踏んだ安東では對岸にある朝鮮の新義州を懐かしくながめ、馬車の響に早くも滿洲を感じた。馬車は滿洲特有のものとして、ほかの修学旅行記でもよく出てくる[43]。京城師範学校普通科5年生は安東では滿洲八景の第一位といわれた鎭江山公園を歩いた。奉天では忠靈塔を参拝して、市内を見学し、慈善施設の同善堂を見学して、清朝の遺蹟である北陵へいった。その後哈爾濱へいって、「ロシヤ人の青い瞳、看板の横文字、圓屋根の教會堂に東洋の巴里として特殊の異國情緒」を感じた。哈爾濱駅では「不慮の最後を遂げられた伊藤公」を偲び、日露戦争の時に大活躍して戦死した沖、横川等六烈士を記する石碑を見て、露人墓地を訪れた。

山田保幸は「日露戦爭當時烈々たる大和魂の華と散つた沖、横川等六烈士、今遙か哈爾濱原頭に嚴然として立つ大石碑を仰ぐ時、我等は感無量であつた」と述べた[44]。哈爾濱から滿洲國の国都新京へ行き、新しく建設されている姿を見て「若人新京は鉢巻姿で勇ましく立上らんとしてゐる」と述べている。かれらの戦没日本軍人慰霊の旅行はここでも続いた。滿洲事變の時の長春戦闘の戦跡地で「皇軍將士戦死の碑、我等は倉本少佐の墓前に心から頭をさげた」のである。

戦没日本軍人慰霊の旅行は旅順で絶頂に達した。山田保幸は「透明な

喪章をかかげて旅順の戰跡は沈默してゐた。鐵血が山を蔽ひ山形革まるの激戦は砲臺に塹壕に黙々として物語られてゐる。數萬の精鋭が肉彈又肉彈をもってあげた悲壯窮りなき歡聲が地の底をゆすつて身近く聞こえるやうだ。我等は日本人としてこの地を踏む時、凄壯なるこの印象にただ日本は強い、よくもやつたものだの感意外何ものもなかつた。半島の腥氣徐ろに去つて茲に三十歳。我等が骨肉近親の血と死屍に蔽はれた旅順の山と海、野と河は永遠の靈場である」と述べている[45]。

大連では、中央公園の忠靈塔に参拝し、油房を見学し、露天市場では「多彩異臭、鼻に抜ける琉支那語に追ひ立てられて早々に退却する」と述べる。

撫順では露天掘の石炭採掘を見学した。山田保幸は、奉天で、「偉大なる人類愛のもとに孜々として慈善事業に邁進してゐる同善堂を訪ふ。乞食の收容所もあるが、常に閑散であるといふ。乞食さへも人を信頼しない支那人の根強さといふものを強く感じた」と書き、かれの中國人に対する認識を見せている。

山田保幸は、旅行の「所感」として、「今や滿洲は黄金狂の夢の對象としてではなく、我が殉國同胞の功積花と咲いて東洋平和の第一線に立ち上る友邦として、強く認識されねばならぬ。」と述べ、滿洲を経済的側面でみることを批判している[46]。

②の演習科甲1年生の滿洲修学旅行の紀行文は、「内地人」の溝口博義と小川梅明が共同で書いた。かれらは「おはりに」で、つぎのようにのべている。

「1. 建國以來舊軍閥の誤まれる教育の積弊を打破、日滿一體確乎たる國民精神の作興と文化向上に努力しつつある。2. 一枚のアッペラの上に彼等は逞しい體を横たへる。苦力は集團となつて街へ流れゆく。黙々と二本のレールの果に安住の地と、彼等の生活を探求しつつ。(中略)彼等は大地に生れ大地に死す。誤れる爲政者の鞭今はなし。伸び行く彼等に榮光あれ。3. 滿洲で仰ぐ夕陽は血のやうに眞赤だ、屹立する忠靈塔。一瀉千里の古戰場、無言の英靈の叫びが

大陸風にあふられ胸に滲みこむ。東洋平和の道は祖國日本と新興滿洲國と提携し、明朗支那の生誕を待つ。日滿漢蒙の握手こそ我等の期待する健全なる建設だ。無限の平野我等を招く。祖國の若人よ行け聖地滿洲へ。」

　③の演習科乙1年生の滿洲修学旅行の紀行文は、「内地人」の菊池源治、氏原舜、道久惠、金一郎と朝鮮人の李昌馥が書いた。この紀行文でも滿洲における日本軍の戰跡地と靈場を見学した生徒の感想文は大体上記の生徒たちと類似した表現になっている。菊池源治は、奉天で「日露戰爭を始め、東洋平和確保に尊き犠牲となつた皇軍三萬午千六百五十六柱の靈灰今安らかに眠る壯麗なる六稜ピラミツト型の忠靈塔を仰ぐ時誰か當時を追想し、強い感激にうたれない者があらうか」とのべた。氏原舜は新京の南嶺で「戰跡紀念碑の前に至り默禱を捧げ壯烈無比の最後をなされた倉本少佐外勇士の墓前にて冥福を祈る」といい、また忠靈塔では、「『ここに』幾萬の英靈の靜り居るを忘れる事は出來ないのである。」と述べた。道久惠は、旅順の白玉山忠靈塔で、「姿勢を正し、しばし戰線勇士の武運長久と銃後國民の熱誠を默禱した。半島の腥氣去つて三十年、旅順の山下は今麗かな平和の陽光に包まれてゐる」と書き、爾靈山では、「奪取しては奪ひ取られ、幾度か決死の強者をあの世に送つて占領した二〇三高地。山頂に立てば、展望宏大、山又山。日本軍の進撃が並大抵な人間業では無かつた事が強く感ぜられる」と書いた。

　ほかの日本人が通常2年以上の現役で兵役をつとめる当時に、初等教育にたずさわる師範学校卒業者は、1939年までは五ケ月の現役ですんだ[47]。滿洲の戰跡地と靈場を巡りながら、京城師範学校の日本人生徒は心のなかでどういうことを考えたのか。

　滿洲については、朝鮮総督府が編纂した教科書につぎのように記述されていた。

　「初等地理　卷二(朝鮮總督府、1937年3月)「第十五滿洲國」では「滿洲國は我が國と境を接してゐて、國防上、經濟上、移民上極めて重

要な關係にあるから、我が國は、この國と防禦同盟を結び、また、この國の開發のために、多額の投資をなす等、我が國の最も親しい友朋國として日滿一心の大精神を以て、その發展に努力してゐる。ことに朝鮮地方は、位置の上から、滿洲國に接續してゐるので、我が國と滿洲國との關係が密接になるにつれて、益々その重要性を增して來た。思ふに我が國が明治二十七八年及び同三十七八年の兩戰役で莫大な犧牲を拂ったのも、昭和六七年の滿洲事變以來、我が將士が生死をいとはず、兵匪の掃蕩に盡してゐるのも、實に東洋永遠の平和の爲である。」

京城師範学校の生徒たちの滿洲修学旅行は、このような教科書の内容を確認し、内面化する学習の場でもあった。

6 京城師範学校演習科の朝鮮内旅行

京城師範学校の演習科甲課程と演習科乙課程の生徒は、演習科2年生の時に教育演習を実施した。教育演習の一部として、朝鮮各地の初等教育の現場を見学する修学旅行を実施した。1937年には、9月7日〜12月8日に教生実習を実施し、12月9日〜12月14日(6日間)に修学旅行を実施した。

演習科甲は2組に分かれ、各各咸鏡北道と慶尙南道修学旅行を実施した。

① 演習科甲1年甲組は、12月9日午後3時50分に京城駅を出発して、12月14日午後9時25分に京城駅に帰着する旅程であった。引率教官は、吉澤先生であり、参加生徒は45名、旅費は約25円であった。旅行地は、羅南、清津、會寧、朱乙、興南、元山であった。

② 演習科甲1年乙組は12月9日午後11時10分に京城駅を出発して、12月14日午後7時後30分に京城駅に帰着する旅程であった。参加生徒は39名、引率教官は菊池、菅先生であり、旅費は約22円であった。旅行地

は、慶州、釜山、鎮海、馬山、晉州であった。

演習科乙課程の生徒は、4組に分けられて朝鮮内旅行を実施した。

③ 朝鮮西北部（生徒46名、教師1名、海州、平壤、鎮南浦、滿洲安東）
④ 北鮮（生徒50名、教師1名、長箭、金剛山、庫底、元山、咸興、興南）
⑤ 南鮮（生徒44名、教師1名、釜山、佛國寺、浦項、慶州、大邱、儒城、大田）
⑥ 湖南（生徒47名、教師2名、扶餘、群山、麗水、光州、木浦）

1938年の演習科2年の朝鮮内旅行については、なぜか演習科乙課程の生徒の旅行記だけ掲載されているが、演習科甲課程も朝鮮内修学旅行を実施したはずである。教育演習の終りに朝鮮内修学旅行を実施した1937年とは異なって、1938年の演習科2年の朝鮮内旅行は、教育演習の中途、10月17日〜10月22日（6日間）に、6組に分かれて実施された。

⑦ 南鮮（生徒43名、教師2名、釜山、佛國寺、慶州、大邱、論山、扶餘、大田）
⑧ 北鮮（生徒43名、教師1名、金剛山、庫底、元山、咸興、興南）
⑨ 朝鮮西北部（生徒42名、教師3名、新義州、滿洲安東、平壤、江界、球場）
⑩ 慶尚道（生徒40名、教師2名、慶州、釜山、鎮海、馬山、統營、麗水）
⑪ 湖南（生徒36名、教師2名、扶餘、濟州島、木浦、光州、群山、全州、裡里）
⑫ 咸鏡北道（生徒42名、教師2名、慶興、洪儀、羅津、滿洲延吉、清津、興南）

これらの修学旅行では、旅行地の近所の小学校あるいは普通学校で教師として勤めていた京城師範学校卒業生が案内して、学校の見学と近所の觀光名所の案内を受け持った。また学校の見学では、授業を参観し、

また教育方針や、学校運営実態について校長や先輩教師の話を聞いた。

　生徒の旅行記は、旅行地について簡略に紹介したものもあり、様々であったが、それらのなかで当時の初等教育に言及したものを紹介する。

　①の修学旅行記を書いた演習科甲の「内地人」の内田生は、「五日ではあつたが實に有意義な旅行だつた。先輩諸先生の御待遇に浴すると共に、京城師範の強き絆を見た。硝子箱の扉はこの旅行によつて開けた。そして未來の世界を覗いた。ぴちぴちとし(た)ものが皆心にとも住みこんだではないか。今年は咸北志望が増すだらう等と思ひつつこの旅行記を終る」と書いた。

　⑤の修学旅行記を書いた「内地人」の上園藤則は、「一方如何なる山間僻地と言へ、國民全體がこの時局に對して自覺してゐたこと、慶州及び大邱にて見得た南京陥落の祝賀の旗行列、提燈行列等、町民全部が老若參列してゐたこと、及び村民を擧げての入營兵歡送の光景等力強き日本を物語つてゐて、大いに感激、或力強きものを感じた。同時に忙しい旅ではあつたが、私達は大きな愛撫の中を歩いて來た。それは師の溫情と、先輩の優しく強い情であつた。」

　⑥の修学旅行記を書いた朝鮮人の玉文鉉は、「所感」で、「(1)扶餘公普にて茶菓を頬張り、子供達の奉安殿に對する禮の丁寧なことに一同感激す、感恩奉仕の實は必ずあがらん。(2)港はすべて撮影禁止になり、一木一草も無斷にとれぬこと著しく目につく非常時のありさまなるや、港にちかづくにしたがポリスマンの多いことが目立つ。(3)全師附屬の朝會を見て時局を利用しすぎることに強く感ず。即ち兒童の帽子は黒の軍帽タイプであり、校歌代りに軍歌ふ、教師達の制服制帽は驛員そつくりなり。主事の御話によれば教科書中の時局教材は一まとめにしてすでに大體教へたる由なり。(4)南京陥落の祝ひなりとて沿線の村落老人も若人も皆一緒に旗行列をして居りたり。村民こぞつての祝賀にいたく感激す。白髪の老人も手にせる日章旗、内鮮一體の實況を見たるなり。以上時局に立脚しての感想を簡單にのぶ。」と記している。

　⑦の修学旅行記を書いた「内地人」の北原勇は、扶餘の小学校で、「つぎつぎと登校する兒童の、大麻奉祀殿に正式參拝する敬虔なすがた。眞

の皇國臣民教育はここに根ざすものと感銘」し、「廊下の各所に國防獻金箱あり、田舍は都會より時局教育の波がおしよせてゐることを感じさせられた」と記している。彼は、榮町小学校の岡崎校長が、「朝鮮人教育は日本人を作教育であると前提され、1．日韓併合の幸福を感ぜしめる。2．君民一體(神民一體の精神。3．陛下の赤子をおあづかりしてゐるといふこと。4．兒童を教へると同時に、自らも教へられるのである。などについて話され、又朝鮮人の缺陷を矯めるには（イ）物の有がたさを知らしめる。（ロ）情操を養はせる。（ハ）勤勞を尚はせることが捷徑であるといはれた」と書いている。

　⑧の修学旅行記を書いた「内地人」の福崎重雄は、元山の銘石小学校の秋本校長の訓話を紹介している。「秋本校長先生の十幾年間の體驗を通じての御訓辭は、我々青年教育者の胸に心にひしひしと迫る。曰く『一、同僚は和信協同すべし。二、教師は宜しく自己批判をなすべし。三、父兄を尊重すべし。四、兒童に眞の愛を與ふべし』と。」、「まこと忠孝の二字を全兒童の心底深く印刷し、是を絶對的信條たらしめて、皇國臣民育成のために全職員が高き理想と確乎たる信念とを持して教育聖業に邁進されつつある狀を見て、我々は皇國臣民育成の究極の問題が解決されてをるの感に打たれた」と記している。

　福崎重雄は、「東亞新秩序建設、國際大地區主義の叫ばれつつある今日、其の根本的解決は、實に總ゆる國家機構の上に儼乎として首位する教育にあると信ずる」と述べた。

　⑪の修学旅行記を書いた「内地人」の大和哲夫は、「結び」で、「全鮮津々浦々否全日本　擧げて狂瀾怒濤の中に巻き込まれてゐる非常時に武漢三鎭の陷落を目睫に控へて一層緊張し我等一行をして一つの事故無く愉快に送はらしめた。僅か數日の無理な日程だつたが、我等は卒業生が教育熱と教育愛に燃えて教育道に邁進されてゐるのを眼前に見た。卒業生先輩の有難さは一歩外に出て始めて分かるのだ。又各地で御送迎下さつた先輩各位に強く深く感謝致します」と述べている。

　⑫の修学旅行では、滿洲の延吉の師道学校と初等学校を訪問したのが注目される。師道学校は滿洲國で新しく設立された初等教師養成学校で

あった。1937年5月に公布された「師道教育令」(勅令第75号)により、滿洲國の初等学校である国民優級学校、国民学校および国民学舎の教師を養成する学校として15校の師道学校が設立され、既存の師範学校は廃止された。師道学校には国民高等学校第3学年を修了した者または同等以上の學力ある者が入学でき、修業年限は2年であった[48]。

⑫の修学旅行記を書いた「内地人」の山村律次は、1938年延吉の師道学校について、つぎのように紹介している。

「師道學校の校長は滿洲人である。我が京師の先輩である前川先生より色々と講話を聞く。生徒二三九人。内地人四%、滿洲人四〇%朝鮮人五〇%である。職員數滿人五、日系八計十三名、敎授用語は日本語で、重要な所は滿洲國語に通譯される。校舎は木造一階建て恐ろしく古色蒼然としてゐる。敎育方針は、この國の建國精神又過日の滿洲國皇帝の訪日宣詔を基とし、民族協和、滿日一德一心、發揚東方道德を三大綱領となし、實學を基調とし、德性を涵養し、健康を增進し以て忠良なる國民を養成せんとするにある。」

また、延吉の大和国民優級学校を参観して、「内容外觀共、朝鮮の二部の小学校と少しの相異もない。ここでも矢張り皇國臣民の誓詞を唱へてゐる。但し、少し内容は變つてゐる。即ち一、私共は滿洲國民でありますと共に滿洲國民であります。二、私共は心を合はせて天皇陛下、皇后陛下に忠義を盡します。三、は同文」とも書いている。

1936年に日本の閣議では、1937年から20年間にわたって100万戸500万人の日本農民を滿洲へ移住させる「二十個年百萬戸送出計畫」が決定され、それによる滿洲移民の急激な増加があった。滿洲の日本人子弟の教育のための教員確保が必要であったが、師範学校だけでは足りなかった。したがって滿洲の延吉を修学旅行地に入れたのは、京城師範学校の生徒の未來の職場として滿洲の学校も考慮したことであった。

以上、修学旅行記を通じて、京城師範学校演習科2年生の朝鮮内旅行を検討した。教育演習の一部として、朝鮮各地の初等教育の現場を見学

するこの修学旅行は、京城師範学校の生徒に未來の教師として自信感と
使命感をもたせるのに必需不可缺の課程であったと思われる。

---

1 조성운「1920年代 修學旅行의 實態와 認識」『韓國獨立運動史研究』42、2012
  年。「1930年代의 植民地朝鮮의 修學旅行」『韓日民族問題研究』23、2012年。
  권희주「帝國日本과 植民地朝鮮의 修學旅行」『韓日軍事文化研究』15、2013
  年。
2 민윤숙「金剛山遊覽의通時的考察을 위한 試論」『民俗學研究』27、2010年。
3 京城師範學校に関する韓國の研究はつぎのようである。
  김성학「京城師範學校 學生訓育의 性格」『教育發展研究』15、1999年。
  안홍선「京城師範學校의 教科課程과 教授方法論研究」『教育史學研究』15、
  2005年。안홍선「植民地時期師範教育의 經驗과記憶-京城師範學校卒業生들의
  回顧를 中心으로」『韓國教育史學』29-1、2007年。김광규「1920年代京城師
  範學校卒業生의 教職生活」『韓國教育史學』40-4、2018年。
4 朝鮮總督府學務局『朝鮮教育令改正參考資料』1929年。안홍선「日帝強占期 師
  範學校制度의 植民地的 性格」『教育史學研究』27-1、2017年、114頁。
5 山下達也『植民地朝鮮の學校教員』九州大學出版會、2011年、155頁。
6 『京城師範學校總攬』京城師範學校、1929年。
7 熊本大學60年史編纂委員會『熊本大學60年史』2014年、27頁。
8 「消息」「修學旅行」『醇和會報』第12号、京城師範學校醇和會、1929年、92
  ～93頁。
9 1928年11月19日～12月7日に「内地」を視察旅行した朝鮮の女性教員は、
  1928年11月26日に京都御苑で「鹵部奉拜」したと書いた。(朝鮮總督府編輯
  課『朝鮮教員内地視察記』1929年、15～17頁)。
10 山下達也『植民地朝鮮の學校教員』前掲書、108～109頁。
11 昭和9年 福山勝治(埼玉)「台湾旅行」(醇和會『京城師範學校史 大愛至醇』、
  1987年。
12 京城中學校5年生が1922年、1923年、1924年、1927年、1929年、1930年、
  1931年の5月に10日間滿洲修學旅行をしたことは『校友會誌』から確認でき
  る。
13 「紀行」南滿の旅、琿春紀行(京城公立中學校校友會『校友會誌』第25号、1934
  年3月)。.

14 京城公立中學校校友會『校友會誌』第 26 号。

15 「校報」、「紀行」. 京城第一公立高等普通學校學友會『學友會誌』創刊号、1934 年 4 月。

16 昭和 10 年 正木道子福(広島) 「ああ青春時代」 (『京城師範學校史 大愛至醇』前掲書。

17 平壤師範學校校友會『校友會誌』第 6 號(1937 年 2 月)の「校報」學校日誌抄に 「五月九日 尋常科第四、五學年生徒滿洲修學旅行本日ヨリ八日間 其他ノ生 徒遠足」とある。

18 平壤師範學校校友會『校友會誌』第 7 号、1938 年 3 月。

19 昭和 15 年香野豊(大分)「思い出」『京城師範學校史 大愛至醇』、前掲書。

20 「時局生活」『朝光』第 11 号、時局特輯號、1938 年 3 月、68〜69 頁。

21 昭和 15 年香野豊(大分)「思い出」『京城師範學校史 大愛至醇』、前掲書。

22 文苑、「思ひ出の夏休」『校友會誌』第 7 号、平壤師範學校校友會、1938 年 3 月、113 頁。

23 『東亞日報』1938 年 9 月 8 日 「禁足된 修學旅行」。

24 昭和 12 年 川原崎(眞宮)茂(大阪)「五十年前の京城師範での思い出のあれこ れ」『京城師範學校史 大愛至醇』前掲書。

25 『名所舊蹟案内』 (平安南道)は、京城朝鮮印刷株式會社で 1929 年頃出版さ れたが、著者は未詳である。

26 古川達郎『鐵道連絡船 100 年の航跡』成山堂書店、2001 年。

27 旅行記を書いた生徒の名前も氏名だけであるので、『京城師範學校史 大愛 至醇』768 頁の昭和 17 年卒業生名簿から補完した。

28 20%以上の生徒が参加しない場合は修學旅行は中止するという規定があるの で、77 名は在籍生徒數の 80%以上であったのであろう。

29 「修學旅行記」『朝光』第 11 号、時局特輯号、京城師範學校學友醇和會、1938 年 3 月。

30 この修學旅行について、學校側は、「時局生活」の項目のなかに「時局修學旅行」 を位置づけた。「國民精神の作興時局認識を目的として神社参拜、宮城御所参 拜を主とした時局修學旅行を行つた。宮城参拜、御所参拜、神社参拜は申すま でもなく、到る處の驛々より歓呼の聲に送られて出發する兵士あり、一同の 心に深き印象を與へた」と書いた。(「時局生活」『朝光』第 11 号、前掲書、68 〜69 頁。

31 「修學旅行記」内地旅行(演習科乙一年) 『朝光』第 11 号、前掲書、162 頁。

32 「時局生活」『朝光』第 11 号、前掲書、65 頁。

33 「内地の農村を観て感ず」『朝光』第 11 号、前掲書、119 頁。

34 同上、119 頁。

35 同上、120 頁。

36 同上、120 頁。

37 「内地旅行の感想」『朝光』第 11 号、前掲書、120 頁。

38 慶福公立中學校『校友會誌』第 8 号、1940 年 4 月。

39 紀行「内地修學旅行記」『校友會誌』第 29 号、京城公立中學校、1938 年 3 月、240 頁。

40 幣原坦『朝鮮教育論』六盟社、1919 年。

41 「滿洲旅行」(演習科乙一年) 『朝光』第 12 号、長期建設號、京城師範學校學友醇和會、1939 年 3 月、172〜173 頁。

42 「滿洲旅行」(普通科五年) 『朝光』第 12 号、前掲書、166 頁。

43 「修學旅行記 」(四)喜頭時典「滿洲修學旅行」、京城中學校校友會『校友會誌』第 23 号、1932 年 4 月、172〜173 頁。

44 「滿洲旅行」(普通科五年) 『朝光』第 12 号、前掲書、166 頁。

45 同上、167 頁。

46 『朝光』第 12 号、時局特輯号、京城師範學校學友醇和會、1939 年 3 月、167 頁。

47 昭和 12 年 矢内(吉田)智憲(兵庫)「"短現"追想」『京城師範學校史 大愛至醇』前掲書。

48 小谷野邦子「'滿洲'における教員養成」『茨城キリスト教大學紀要』45、2011 年。

第5章　満洲事変前後の満洲修学旅行にみる朝鮮・満洲認識－岐阜中学校『華陽』91号（1932年2月）の「満蒙行」を中心に－

高吉嬉

1　はじめに

　斎藤利彦らによる『学校文化の史的探究－中等教育学校の『校友誌雑誌』を手がかりとして－』（2015年）は、戦前の中等教育における『校友会雑誌』を検討することで、当時の生徒たちの多彩な生を描き出した先駆的な研究である。その後、斎藤は梅野正信とともにこの成果を踏まえつつ、戦前の中等教育学校の生徒たちの「アジア認識」に焦点を当てて、校友誌の内容を時局認識・歴史認識・国家認識・民衆認識・文化認識といった側面から分析し、それらが帝国イデオロギーとして統合され収斂される諸相を把握しようとしてきた。斎藤がこのように校友誌雑誌に特別な思いを寄せ、その内容を分析してきたのは、以下のような理由からである。

　　戦後70年を経た今日、あらためて、満洲事変（1931年）に始まり15年の長きにわたってアジア・太平洋諸国を巻き込み、国内だけでも340万人、国外では2000万人ともいわれる死者を出し、そして国土の多くが灰燼に帰した戦争が、何故に起こり、いかなる経緯をたどり、そしてどのように終結したのかに関し、政治、外交、歴史、文化、民衆等の動向の分析は言うにおよばず、あらゆる角度からの検討を行うことは重要な課題である。（中略）当時10代の若者・青年たちがアジアをどう認識していたのかに関する研究はほとんど見当たらない。大人たちの言説は新聞や書籍等に掲載されていたのに対し、生徒たちのそれはほとんど残されることのないままに消え去っ

　てきたと言えるだろう。しかし、当時の彼らがアジアを、そしてそこ
での戦争をどうとらえていたのか、何故戦争を行うのか、それはア
ジアに何をもたらすのかをどう認識していたのか、そのことは実証
的に明らかにされなければならない課題として存在している[1]。

　本稿では、このような斎藤の問題意識を共有しつつ、1931 年の満洲事
変前後に行われた満洲修学旅行に焦点を当てて、当時の生徒たちの朝
鮮・満洲認識について検討していくことにする。

　これまで満洲修学旅行に関しては、鈴木普慈夫「満韓修学旅行の教育
思想的考察」[2]や高媛「戦勝が生み出した観光−日露戦争翌年における満
洲修学旅行−」[3]などが、朝鮮と満洲への修学旅行の歴史と青少年の国防
意識・帝国意識の育成に対する考察を行っている。また井澤直也「大陸
への修学旅行と帝国日本」は、商業学校における「満鮮（韓）支」旅行
が大陸への侵略的な資本主義的生産活動・営業活動への動機づけを与
え、卒業生のネットワークを前提に在学生の卒業後の海外進出を大いに
促進し、在校生の進路選択に大きな影響を及ぼしたことを明らかにして
いる[4]。その他、韓国でも満洲修学旅行に関するいくつかの研究が行われ
ている[5]。しかし管見の限り、これまでの研究では 1931 年の満洲事変後
の満洲修学旅行に焦点を当てて、その前後における生徒たちのアジア認
識の変化を考察したものは見当たらない。

　そこで本稿では、満洲事変から 3 か月後に岐阜中学校が行った満洲修
学旅行に注目し、生徒たちの紀行文を集めた特集「満蒙行」（『華陽』
91 号）に焦点を当てて、満洲事変前後に生徒たちの朝鮮・満洲認識に変
化があったかどうか、また満洲事変後の修学旅行が満洲への移民や進出
と関連があったかどうかを考察することにする。そのとき、本稿では現
在使われている「満州」という漢字ではなく、戦前の満洲や満洲国の歴
史を反映する意味での「満洲」という漢字を用いることにする[6]。

2　満洲事変後の満洲修学旅行にみる朝鮮・満洲認識

(1)　なぜ、「満洲」なのか？

　現在、日本の若者は日本が1931年9月18日に満洲事変を起こし、その後、中国と15年間戦争をしたことに対する歴史認識が非常に乏しく、特に1932年から1945年まで13年間「満洲国」が存在した事実をほとんど意識せずに生きている。しかし、川村湊が『満洲鉄道まぼろし旅行』[7]のなかで、「まぼろし旅行という名でも／全部がほんとうにあった町、／全部がほんとうに暮らしていた人たち」[8]であったと明言したように、大連・旅順・奉天・新京・吉林・ハルピンといった広い満洲地域に日本人が街をつくり、暮らしていたのは歴史的事実である。その意味で、『環－【特集】満洲とは何だったのか－』（2002年）に記された次の文章は、現在の日本人が傾聴すべき重要な問題提起をしている。

　　「満洲」という言葉は、今もある年齢以上の日本人にとって忘れ難い響きをもって使われている。一九世紀末から二十世紀中葉にかけての約半世紀、中国東北部を日本人は「満洲」と呼んでいた。しかも、その地域は日本の植民地であった。大東亜戦争後、満洲は日本から中国に返還されたことはいうまでもない。しかし、今、我々日本人にとっての"満洲"問題は解決しているのだろうか。（中略）日本にとって「満洲」は何を意味したのか、又、日本は「満洲」において何をなしたのか。二十一世紀の幕開けを迎えた今こそ、当時の国際情勢から戦後の東アジアまでを視野に入れ、世界史の中で「満洲」という場のもった意味を問い直さなければならない[9]。

　周知の通り、日露戦争の勝利以降、日本の大陸侵略への歴史は「満洲」を抜きには語れないものである。にもかかわらず、現代の大学生が満洲を「中国の東北地域」という地理的な概念としてしか認識しないのは、西沢泰彦の指摘通り、現在日本の新聞が「旧満州（中国東北地方）」という漠然とした表記によって、「満洲」と満洲国との混同を招き、さら

にはこの地方に対する日本の侵略・支配の歴史を曖昧なものにしている
問題がある[10]。しかし日本とアジア諸国との関係を考える上で、満洲や
満洲国に対する歴史認識は非常に重要な意味を持っている。

　満洲を奪われた中国人にとって満洲や満洲国は、残酷な関東軍の軍政
統治と日本帝国主義による人的・物的資源の搾取に代表される「悪夢」
そのものであった。満洲国に関する中国の公式的歴史記述とされる『偽
満洲國史』が武力的な抑圧・ファシスト統治・統治経済・戦争動員・剥
奪・投獄・植民統治・組織的強奪といった題目に満ちているのもその所
以である。一方、日本帝国主義の植民地下にあった韓国人にとっても満
洲は複雑な舞台であった。抗日闘志にとっては避難所、生活の基盤を失
った移住民にとっては見慣れぬ険しい土地であったのに対し、一部の人
たちにとっては成功する機会の土地でもあったからである[11]。

　このように、満洲をめぐる日中韓の認識には隔たりがあるが、それ故
に、それぞれにとって満洲は何であったのか、その歴史と意味を問い直
すことが求められている。特に戦前、日本では多くの旧制中等学校の生
徒たちが修学旅行を通して満洲を旅行し、校友誌に紀行文を残した。こ
のことからも、戦前の青少年にとって満洲が重要な意味を持っていたこ
とが窺える。彼らの戦前と戦後の満洲認識にはどのような「連続」と「断
絶」があったのか。それを明らかにするためにも、まず戦前の中等教育
学校の生徒たちが満洲を旅行し、どのように満州を認識していたのかを
知る必要がある。

(2) 戦前の満洲修学旅行の歴史

　ここではまず、後述する岐阜中学校の満州修学旅行を歴史的な文脈の
なかで捉えるために、高媛の諸研究[12]を中心に満州修学旅行の歴史を概
観してみよう。

　修学旅行の始まりは1886年、東京師範学校が実施した11泊12日の
「長途遠足」である。しかし、満洲修学旅行が大々的に行われるように
なるのは日露戦争直後の1906年7月であり、このとき文部省と陸軍省
の奨励によって、全国規模の合同満洲修学旅行が実施された。この旅行

は国家の奨励により、全国の中等学校以上の学校において、国民的教育行事として行われた初の海外旅行であった。当時、陸軍省・文部省共済の満洲修学旅行の狙いは、多くの戦跡を見学し、戦死者の慰霊祭を行うことで、「戦勝国民」としての実感を分かち合い、帝国膨張の誇らしい歴史を共有する「精神上の感化」と「愛国心を刺激する活きたる感化」にあった。

　その後、1927年から1940年までの統計をみると、修学旅行団の参加人数は他の団体客全体のおよそ7割から8割ぐらいを占めている。しかし、1937年の日中戦争勃発後の1939年夏から、文部省主催による満洲、「北支」方面への「興亜青年勤労報国隊」（集団勤労奉仕隊）およそ1万人が派遣されることになり、交通機関の混雑緩和のため、単なる見学を目的とする一般の満洲旅行は制限された。次いで翌年、野外講演や勤労奉仕など戦時体制下の「戦力」保有のため、国内外を問わず長期間の修学旅行は全面的に禁止され、満洲への修学旅行もついに35年間の歴史に終止符を打たれた。1943年ごろになると、「戦力増強」に直接関係のない一般旅行客の満洲渡航が制限されることになり、戦前における日本人の満洲旅行史も終止符を打った。従って、満洲修学旅行はその誕生から終焉まで、一貫して日本人の満洲旅行のなかで最も重要な部分であり、満洲旅行史全体の縮図ともいえる存在であった。

　1906年から1940年にかけて、日本政府は3通りの渡満学生団を組織した。それは、日露戦争の翌年である1906年の「合同満洲修学旅行」、満洲国誕生の翌年である1933年の「満洲産業建設学徒研究団」、日中戦争勃発の翌々年である1939年の「興亜青年勤労報国隊」である。これらは日本の満洲及び中国本土への勢力の浸透に伴って実施されたイベントであるが、「見学」から「勤労」へという旅行目的の力点の移行は見られるものの、満洲への一貫した関心の高さを、政府の「公的」メッセージとして読み取ることができる。

　また満洲修学旅行は学校奨励によって実施されたが、1906年以降から各学校が自主的に企画した修学旅行や、旅行部や校友会による有志団体の自由見学が目立ち始めることになる。満州修学旅行は1929年と

1930 年に最初のピークに達したが、1931 年 9 月 18 日に勃発した満洲事変の影響で一時的に激減した。以降、日本勢力の浸透に伴い徐々に回復し、1940 年代までに毎年 200 以上の団体、1 万人以上の学生の群が満洲に押寄せ、日本人の満洲旅行の主勢力となった。実施校は主に各都道府県の中学校や商業学校、師範学校、農学校、女子師範学校、高等女学校であり、入学当時から旅費を積立てる高学年の卒業旅行が多かった。

　そして 1932 年の「満洲国」建国は満州修学旅行を取り巻く環境に大きな変化をもたらした。昭和初期の不況で国内に就職機会を閉ざされた卒業生たちにとって、新興満洲国は「海外雄飛」に恰好な「新天地」となったのである。実際にこの時代に実施された修学旅行は、満洲国の発展の現状と先輩たちの活躍振りを確かめ、ひいては満洲で就職するための下見旅行の性格を強く帯びるようになった。

　簡単ではあるが、高媛の研究を中心に満州修学旅行の歴史を概観してみた。以上を背景に、1931 年 9 月 18 日の満洲事変から 3 か月後、岐阜中学校が行った満洲修学旅行はどのような性格を帯びたもので、生徒たちはその旅行で何を見、何を感じ、何を紀行文に残したのか考察していくことにする。

3　岐阜中学校満洲修学旅行にみる朝鮮認識

（1）満洲事変後の岐阜中学校満洲修学旅行の背景

　1932 年 2 月発行の岐阜県岐阜中学校『華陽』91 号には、満洲修学旅行について書いた「満蒙行」という特集が掲載されている。「満蒙行」は、満洲事変直後の 1931 年 12 月 23 日に岐阜駅を出発するところから始まり、1932 年 1 月 5 日の旅順までの話が綴られている。校友誌には旅行の日程表が掲載されていないが、生徒の紀行文を土台に旅行の日程を整理してみると、次の通りである。

表1 岐阜中学校満洲修学旅行日程表

年月	内　　容
1931.12.23	東海道の列車で岐阜から神戸へ移動。山陽線で 24 日に下関に着く。
12.24	下関から「昌慶丸」に乗って釜山に上陸し、京城へ向かう。
12.25	午前 7 時に京城に着く。朝鮮神社に拝し、龍山の衛戍病院を訪問。 午後は徳壽宮を尋ねる。京城で一泊。
12.26	列車で平壌に向かう。牡丹台などを訪れる。平壌で一泊。
12.27	様々な名所旧跡や大同門を訪れる。その後、列車に乗る。
12.28	朝、撫順に着く。警察や守備隊の慰問に行く。大山抗の訪問。 午後、オイルシエールの工場見学。奉天の「瀋陽館」で一泊。
12.29	朝、宇佐美に会う。奉天で兵工廠と飛行場を見学。北陵を訪れる。 帰りに朝鮮避難民の慰問に行く。夜、列車でハルビンに向かう。
12.30	夜、ハルビンに着く。「東洋ホテル」で一泊。
12.31	朝、大場総領事と特務機関の宮崎さんが訪れる。 志士の碑、松花江を訪れる。「東洋ホテル」で一泊。
1932.1.1	ハルビン小学校の拝賀式に参列。帰りに総領事館と特務機関を訪れて、大場総領事と特務機関の宮崎さんに新年の挨拶。 午後 7 時、ハルビン駅を出発。 大場総領事と特務機関の宮崎さんが駅まで見送りに来る。
1.2	長春に到着。満鉄に乗り換えて奉天へ向かう。 午後 9 時、奉天駅に着く。屋根裏部屋の様な所で寝る。
1.3	朝、大連へ向かう。途中、牧畜見学。 午後 1 時、鞍山に向かう。1 時間半余りで鞍山に着く。 早速、独立守備隊の慰問。鉱山・製鉄所・硫酸アンモニヤ工場・タール蒸溜工場・ベンゾール回収工場・ナフタリン工場などを見学。 午後 7 時、宿に戻る。廣部先生に会いに来た大尉の話を聞く。
1.4	大連に着く。
1.5	旅順に着く。東鶏冠山砲台を見学。203 高地に行く。 帰路に着く。

　このような日程の岐阜中学校の満洲修学旅行は、満洲事変直後である時期にいかなる経緯で行われることになったのだろうか。

　高媛によれば、戦前の修学旅行は各学校が自主的に企画した修学旅行をはじめ校友会による有志団体の自由見学などがあり、学校当局の承認や引率教師の参加が必要であった[13]。岐阜中学校の1931年12月の修学旅行の場合、廣部生の「満鮮を旅して」によれば、満洲で領事館・軍・満鉄に務めている先輩3人の発議により端を発し、校長がそれを受け入れたことで挙行された（11頁）[14]。

　いよいよ12月23日、満洲修学旅行団は岐阜駅を出発することになるが、3年級・平田皓二は「旅の序曲」のなかで当日の駅の様子を次のように記している。

　　一九三一年も押詰まつた十二月廿三日午後五時半、僕等一行の出發を見送りに集まつて呉れた岐中生で、岐阜驛プラットホームは埋まつて居る。その中に出發する一人として立つて居る僕の頭は、驛前で皆の歌つてくれた遠征歌に感激した（12頁）。

　このように、1931年12月23日の岐阜駅前は修学旅行団を見送る岐阜中学生で埋まり、在学生はあたかも出征兵の見送りのごとく遠征歌を披露するなどして旅行団を盛大に見送っている。この様子からも、当時の満洲修学旅行が学校教育の中で極めて重要な行事として位置づけられていたことが読み取れる。また列車が出発したとき、引率する教師が地図により得意の満蒙談を始め、「この鐵道がかうつけば長春は東洋のシカゴだ」と言ったことからも、当時の教師たちにとっても満州は特別な意味を持っていたことが窺える（13頁）。

(2) 岐阜中学校満洲修学旅行にみる朝鮮認識

　こうして出発した岐阜中学校の満洲修学旅行団は、その後、神戸－下関－釜山という旅程で朝鮮へ行くことになる。生徒たちの紀行文を検討する前に、鈴木普慈夫が「満韓修学旅行の教育思想的考察」のなかで語った次の言葉に注目してみる必要がある。

日露戦争直後に文部省と陸軍省によって、生徒達に国防国家意識の助長の意図をもって、学校行事としての端緒を開かれ、韓国併合が断行されるや、植民地朝鮮半島に対する知識を、生徒達に啓発する学校行事として発展を続け、さらに満蒙政策の展開を見るや、大陸に関する知識を広め、満蒙政策への理解を得て、積極的に大陸に進出する人材の育成を目指すことが意図されるようになった[15]。

　ここには、日露戦争直後から実施された「満韓修学旅行」の目的が生徒たちの国防国家意識の助長とともに、朝鮮植民地化や満蒙政策に対する知識・理解を深め、大陸に進出する人材を育成するためであったことが指摘されている。ところで、1931 年 12 月 23 日からの岐阜中学校の修学旅行は、実際には朝鮮半島を経由して満洲へ行く旅であったにも関わらず、「満韓」ではなく「満蒙行」となっている。日露戦争後から実施された大陸への修学旅行は 1940 年代までも「満韓修学旅行」または「満鮮修学旅行」と名称されていた。そのことから考えると、『華陽』91 号（1932 年 2 月）の特集が「満蒙行」となっているのは、満洲で活躍している 3 人の先輩の発議によるものであったことからも、満蒙政策に対する生徒の意識を高め、積極的に大陸に進出する人材の育成を目指した意図があったことが考えられる。

　満洲事変前の 1925 年 12 月の『華陽』79 号をみると、満洲修学旅行の旅行記に「満鮮」という言葉が使われている。当時の修学旅行の日程は、1932 年 2 月の『華陽』91 号の旅行日程とほぼ同じである。つまり、釜山－京城－平壌を観て、鴨緑江を越えて満洲に行って、奉天・撫順・長春を一巡し、満鉄よりさらに東支鉄道によって北ハルピンに至り、更に南下して大連・旅順を訪れて日本に帰ってくるものであった。『華陽』79 号には河合佐治が書いた「満鮮に就いて」という文章があるが、そのなかで次のような記述がみられる。

　私は帝國の將來の總べての方面から考へて今後我が國民の眞に發展すべき天地は滿鮮であり又滿鮮の外に求むる地に無い事を信じます

（37 頁）。

　ここで注目すべきは、先述したように 1932 年 2 月の満洲修学旅行の特集が「満蒙行」となっているのに対し、1925 年 12 月の旅行では朝鮮と満州を併せた「満鮮」という名称が使われていることである。これには、戦前の東洋史学が日本帝国主義の領土拡大の歴史に歩調を合わせて、その研究対象を「満鮮史」から「満蒙史」に移行させていったことが関連していると考えられる。戦後朝鮮史研究の先駆者・開拓者であった旗田巍によれば、戦前の東洋史学者たちは日本の大陸政策の進展に歩調を合わせて研究を変えていった。日本帝国主義がその第一歩を朝鮮に向けると、それに応じて研究の第一歩を朝鮮史に向け、1907 年に満鉄調査部が設立されると、中国（支那）や満洲に関心を拡げ、満鮮史や満蒙史に力を注いでいったのである[16]。

　こうした東洋史学の変化は、それと深い関係にあった学校教育にも影響を与え、当然満洲修学旅行にも影響を与えた。依然として「満韓修学旅行」または「満鮮修学旅行」という名称が使われたが、旅行の目的は大陸での植民地膨張や領土拡大とともに、朝鮮から満洲へとその重点が移っていった。満洲修学旅行と言っても、時代とともに旅行の重点は朝鮮、支那（中国）、満蒙へと移り変わり、朝鮮への関心は相対的に後景へと退いていった。では、そうした変化のなか、生徒たちの朝鮮や朝鮮人に対する認識はどのように変化したのだろうか。例えば、先述した 1925 年の河合佐治「満鮮に就いて」には、次のような内容が見られる。

　渡鮮渡満すると否とを問わず是非とも一考を煩わしたい事は我が内地人の鮮人に対する態度である。我々は彼らを御するに最も深甚なる注意を拂ひ、常に一層の慈仁の誠意と憐憫の愛情とを以てせなければならぬ。米國より人種的差別の侮辱を受け、劣等民族たるの正礼を貼られ、人道の公敵として憤る者は、先づ國内に於て虐げらえつゝある我が同胞たる朝鮮人に對し一視平等四民衡平を謀らねばならぬ（37 頁）。

このなかで、河合は日本人の朝鮮人（鮮人）に対する態度を批判的に捉え、「常に一層の慈仁の誠意と憐憫の愛情」を持って接し、「一視平等四民衡平」を謀るべきだと謳っている。

　では、1932 年 2 月の『華陽』91 号にはどのように朝鮮や朝鮮人が登場しているのだろうか。『華陽』91 号の「満蒙行」をみると、朝鮮や朝鮮人に関連した内容として、3 年級・平田皓二の「旅の序曲」と 4 年級・澤田富之助の「朝鮮と満洲を足の下に眺めて」という文章がある。

　その内容をみると、平田と澤田は朝鮮に行き、釜山－京城－平壌の様々なところを見学しているものの、紀行文には特別な感想を書いていない。それはなぜだろうか。第一に、戦前、多くの日本人が朝鮮の山河を見物して遊び歩く「物見遊山」はしたものの、植民地下の朝鮮人の生活や苦しみは見えなかったように、二人の生徒も朝鮮に行ったものの、植民地下の朝鮮人の思いを知ることは出来なかったことが考えられる。第二に、旅行の特集が「満蒙行」になっていることもあって、朝鮮のことは詳細に書く必要性を感じなかったのかもしれない。ただ澤田の場合、朝鮮ではなく満洲に行ったとき、「避難せる朝鮮人を慰問」という小見出しのなかで、次のようなことを記している。

　　朝鮮避難難民を慰問した。其の避難所は馬小屋みたいに藁ばかりが一杯で光一つ無く、異様な臭気に満ちた所だつた。くだけかゝつた様なストーブから洩れる光が彼等の唯一の燈である。こんな位なら家にある電燈をせめて一つなりとも二つなりとも、此の部屋につけさし度いと思つた。言葉が通じたならば慰めの言葉もかけられるものを、言葉通せぬ淋しさ悲しさ、同情の心みちあふれたれど言ふに言葉なく、暗闇なるが故に表す表情なく、實に気の毒で気の毒でならなかつた。
　　けれど幸な事には一人の日本語を解する人が居た事だつた。此の哀れな家から出て我々は五十銭づゝ寄附をした。（中略）戸外には無心にたわむれる子供達の笑ひ聲が聞こえた。我が輩ははらゝゝと涙が

　　こぼれるのを禁ずる事が出來なかった。若し之を眞珠に變へる事が
　　出來たなら、早速それをお金にかへて寄附するんだがなあと思つた
　　（22 頁）。

　ここには、澤田が朝鮮から避難してきた朝鮮人の惨めな生活を見て、
深く同情する気持ちを抱いたことが綴られている。おそらくこのような
澤田の気持ちに偽りはないようにみえる。しかし問題は、当時朝鮮人が
なぜ満洲に避難をし、それまでに苦しい生活におかれたのかという疑問
を抱き、それを追及するまでの心境には至らなかったことである。周知
の通り、澤田が慰問に訪れて会った「朝鮮避難難民」の多くは、日本帝
国主義の植民地下で生活の基盤を失い移住民になった人たちであった。
彼らにとって満州は見慣れぬ険しい土地であったにもかかわらず、澤田
はその惨めな朝鮮人に同情するだけで、朝鮮で日本帝国主義による支配
が厳しく行われていることに対する自覚はなかった。当時の多くの日本
の生徒たちがそうであったように、澤田も朝鮮人の惨めな生活を見て逆
に満洲をそこまで近代化した「帝国の後裔」だという自己満足と矜持を
抱き、帝国意識を強めたかも知れない[17]。

4　岐阜中学校満洲修学旅行にみる満洲認識

(1)　「聖地巡礼」と帝国日本への誇り

　前述した満洲修学旅行の日程から満洲日程のみを取り上げてみると、
生徒たちは 1932 年 1 月 1 日から 5 日まで、「哈爾濱－奉天－鞍山－大
連－旅順」の順に旅行をしている。では、生徒たちは満州のどこを観て、
何を感じ、どのような紀行文を残したのだろうか。まず、廣部生は「満
鮮を旅して」のなかで、次のように書いている。

　　我が民族が進軍を開始した異境の新天地に、日の丸の旗が翩翻とし
　　て高く翻へれるを眺めたときの心地は誠に爽快なものであった（11
　　頁）。

三先輩が「北滿を認識せよ。我が青年は北滿へ志せ」と呼び掛けられた其の聲は、大和民族の覺醒的のスローガンでなくてはなりますまい。驚くべき皇軍の強さ、眞劍なる在留邦人の活動の種々は、若き生徒の胸に如何に響いた事であろうか、其の胸の高鳴を私は静かに聞いてやりたいと思ふ。そして又私は若き岐中八百生徒に呼び掛けたい。「希望に滿てよ。諸子の前途は實に輝かしい世界である。今諸子が胸に畫いて居る大きな望を實現すべくんば、其の日其の日の努力を忘るゝな」と（12頁）。

このように、廣部は「我が民族が進軍を開始した異境の新天地」滿洲に着き、日の丸が靡くのを見て「爽快」に思い、「驚くべき皇軍の強さ、眞劍なる在留邦人の活動」に感動し、滿洲に希望を持つことを岐阜中学生に呼び掛けたいと決意している。また4年級・富田信夫も、奉天より哈爾賓まで軍人の姿に出会った後に次のように書いている。

我在滿邦人が安らかに暮らして行けるのも、皆軍人の涙ぐましい努力のお陰である。だから自分は此の滿洲の土地を踏んでからは、つくゞゝと兵隊の有難みと云うものを感じた（23頁）。

以上のように、廣部と富田は滿州で支配者として君臨し活躍している「皇軍」と「邦人」の姿に感動し、特に軍人に対する有難さを綴っている。もう一人5年級・北川四郎も、1月3日に鞍山の工場を見学したことについて次のように書いている。

マーチョーを歌って製鐵所に向ふ。硫酸アンモニヤ工場、タール蒸溜工場、ベンゾール工場、ナフタリン工場を見學。撫順のオイルシエール工場に驚きの眼を瞠つた吾等は、更に此の大工場に驚異した。撫順の大炭田を見、廣漠たる滿洲の沃地に驚き、更に此の大藝術品を讚美した（28頁）。

　北川のこの文章からは、様々な工場を見学した生徒たちが大工場に驚異し、「廣漠たる滿洲の沃地」に驚き、その「大藝術品」を讃美する様子が窺える。ところで、北川は 1 月 4 日に大連に着いてから次のような文章を書いている。

　　大連の町は大きく且美しかつたと云う記憶の外は何も頭に残つてゐない。大連は内地の大都會と少しも變りはない。街を歩いて居る人間も幾分内地より支那人が多いと思ふ、それだけ。異國的情緒のない大連の街、それ自身の特徴をも持たぬ大連の市街に自分は少しも興味を感じなかつた。否むしろ一種の嫌惡をさへ感じた。其処に住む同胞の餘りにも安閑たる様子、北滿の同胞にくらべて餘りにも無自覺なる態度が、一層自分をそうしたのかも知れない（29 頁）。

　ここで北川が近代化された大連に興味を持たなかったのはなぜだろうか。大連は日本が日露戦争勝利後、近代的都市計画による都市建設を実施した都市である。西沢泰彦『図説「満洲」都市物語－ハルビン・大連・瀋陽・長春－』を見ても、街は洋風建築で埋められ、繁華街には商店や飲食店が軒を連ね、人々は買物や娯楽に興じていたことが窺える[18]。北川が近代化された大連に興味を持たなかったのは、北川の中に既に国防意識や帝国意識が内面化されていたからであり、大連にその欠如を感じたからではないだろうか。それは、北川が 1 月 5 日に旅順へ行き、日露戦争の激戦地であった「東雞冠山（筆者：東鶏冠山）砲台」と「二〇三高地」を見学してから書いた紀行文からも推察できることである。北川は二つの場所について比較的詳細に書いた後、最後に次のように綴っている。

　　此の石、此の土、全て我が忠勇なる兵士の血を吸ひ脂にまみれたことであろう。瞑目せよ、十万の精靈よ、吾等若き大和民族は御体等の志を受けつぎ、此の滿蒙の地にアジア民族自由の樂園を建設するで

あろう。

瞑目せよ十万の兵士は、明治維新の青年に意氣と大決心とがあつた
如く、吾等昭和維新の若人にも意氣と感激とが充ち溢れて居る（30
頁）。

イムソンモは「1930 年代日本人の満洲修学旅行－ネットワワークと
帝国意識－」のなかで、満洲修学旅行は日本国民としての一種の「聖地
巡礼」であり、満洲は「帝国の慰霊空間」であると同時に近代化の「展
示空間」であったと指摘しているが[19]、北川の満洲認識は「帝国の慰霊
空間」としての側面がより強く出ている。北川のような満州認識は学校
教育のなかで形成されたものだといえる。また既述した通り、満州修学
旅行は文部省と陸軍省の協力と奨励のもとで、地理と歴史の授業の一環
として日常的な学校教育に巧みに組み込まれ、「帝国圏」における国民
的な巡礼の形で展開されたことも忘れてはならない[20]。

以上、満州事変後の岐阜中学校の生徒たちが書いた「満蒙行」を中心
に見てきたが、生徒たちの中国（当時、支那）に対する認識は満洲事変
前後に変化はあったのだろうか。例えば、1924 年 12 月発行の『華陽』
（77 号）に掲載された 4 年級・福手正彦の「日支親善」には、次のよう
な記述がある。

識者間には日支親善の重大なる事はしきりに議論されてゐます。然
し一部市民の行動を見まするに市中を通る支那人を視て嘲笑の眼、
侮辱の態度を以てし、之を呼ぶに『チャンコロ』等と悪口して、すま
した顔してゐる。實に憂ふべき現象ではないか。我が帝國は古今未
曾有の内外多事危急存亡の秋に富つてゐる。されば、何を措いても
日支親善をはかりて局面を展開せなければならぬ（72〜73 頁）。

この文章は 1923 年 9 月の関東大震災後のものであるが、福手は日本
人のなかに「支那人」を嘲笑し、侮辱する態度があることを憂い、何を
借いても「日支親善」を図るべきだと主張している。1932 年 2 月の『華

陽』91 号にはこのような内容は見られない。その意味で、福手の文章は
注目に値する。それは、斎藤利彦が指摘しているように、日本が中国と
対立する関係に突き進むにつれて、生徒たちの認識は中国民衆への侮辱
と優越感、中国の国家的劣弱さ、満洲への拡大の必然性、日本が盟主と
なる東亜新秩序といった帝国イデオロギーに感化されたものへと変わ
っていったからである[21]。

　また福手の文章に注目すべきもう一つの理由は、イムソンモが主張し
ているように、修学旅行が「上からの注入と下からの日常的な欲望の噴
出が互いにすれ違い、また衝突する場」であった以上、満州修学旅行を
「上からの国家イデオロギー、帝国意識の注入」だと即断することはま
だ早い。修学旅行を「国家主義、帝国主義の従属変数だけでみるのでは
なく、制限された独立変数として捉えてみる必要がある」からである[22]。

(2) 満洲修学旅行と満蒙開拓移民への誘い

　ところで、1931 年 12 月の岐阜中学校の満洲修学旅行を発議したのは、
満洲を舞台に活躍していた先輩 3 人であった。彼らはなぜこの時期に満
洲修学旅行を発議したのだろうか。ここで井澤直也が「大陸への修学旅
行と帝国日本」のなかで語った言葉に注目してみよう。

　　大きな意味において朝鮮、満洲への移民や進出を誘うような装置に
　　なったことは否定できないし、戦前期の修学旅行一般が皇国民の養
　　成というイデオロギー装置としての役割があった[23]。

　ここで井澤は満州修学旅行が、第一に「朝鮮、満洲への移民や進出を
誘うような装置」、第二に「皇国民の養成というイデオロギー装置」で
あったと指摘している。第二に関しては、ここまでの生徒たちの紀行文
を通して指摘してきたことである。ここでは、第一の「朝鮮、満洲への
移民や進出を誘う」という点について考えてみよう。
　岐阜県岐阜中学校『華陽』91 号の特集「満蒙行」には、生徒たちの紀
行文のほか、福手先生の委嘱によって投稿された二つの文章が掲載され

ている。その一つは、好史生「歴史上より觀たる滿蒙」であり、もう一つは好地生「滿蒙問題の地理學的考察」である。二つの文章は歴史が好きで、地理が好きだという意味を込めたペンネームで書かれているが、そのなかには以下のような記述がある。

好史生「歴史上より觀たる滿蒙」
滿蒙の地はもとより支那の領土には相違ないが、我が國は支那よりも、より以上の密接な關係がある。故に之を支那の軍閥者龍に委せて平和を攪亂せしむる事は、我が帝國としては忍び得ない事である。此際如何なる犠牲を拂つても秩序を恢復し、東洋の平和郷たらしむる事は、世界の平和と人類の福祉とを念とする大和民族の使命であらねばならぬ（34 頁）。

好地生「滿蒙問題の地理學的考察」
支那は永久の強國となることが困難であり、彼等米・英・露は地の利が悪い。滿蒙の資源は此の意味に於て我等日本人の手によつて開發さるべきものである。滿蒙の生命線を守る爲に我等は邁進せなければならぬ。それは自然の大法則に從つての行爲であり、人類の爲の正義であり、我等の國日本の生きる道である（38 頁）。

　この二つの文章には、満蒙は歴史的に支那（中国）より日本と深い関係にあり、支那は強国にはなれないダメな国だから大和民族（日本）が東洋の平和を守るべきであること、そして日本の生命線としての満蒙は日本人が開発すべきであり、それは人類の正義であり、日本の生きる道であることが主張されている。満州修学旅行の特集「満蒙行」にこのような依頼文が掲載されたのは、生徒たちに満洲支配の正当性を訴え、さらに満洲への移民や進出を促す意図があったことが考えられる。
　ここで満州移民の歴史を少し確認しておくと、1931 年の満州事変、そして 1932 年の満州国建国を契機に満州国への移民が本格化し、五族協和・王道楽土などをスローガンにキャンペーンが大々的に行われた。そ

れは日本の天皇制のもとに、日本民族・漢民族・朝鮮民族・満州民族・
蒙古（モンゴル）民族の5つの民族がともに暮らそうとするもので、そ
の中核は「満蒙開拓移民団」であった。1936年になると、日満両政府は
「20ヵ年100万戸」の大量開拓民計画を立て、実施に着手し、1936年
には2万人の家族移住者を、1938年から1942年の間には20万人の農
業青年をそれぞれ送り込んだ。1940年頃からは戦局の悪化や拡大によ
る兵力動員で成人男性の入植が困難となり、14歳から18歳ほどの少年
で組織された「満蒙開拓青少年義勇軍」が主軸となっていった。

　ここで注目すべきは、岐阜県からの満州への送出が1936年以後、38
回・延べ9600人ほどもあり、全国で7番目の送出県であったことであ
る。そのうち、戦後の引き揚げ人員は5683人で、死亡人員3589人と未
帰還人員357人を合わせると、41％の人が日本に帰ることができなかっ
た[24]。このような事実からも、満洲事変後の修学旅行と帰国後の校友誌
に特集「満蒙行」を組んだのは、井澤直也が「大陸への修学旅行と帝国
日本」のなかで語っていたように修学旅行が「満洲への移民や進出を誘
うような装置」となるべく意図されていたことを意味するだろう。ただ
旧制中学校の生徒たちに対しては「満蒙開拓団」や「満蒙開拓青少年義
勇軍」への誘いの意味よりは、満洲にある官庁・満鉄・大学・企業・軍
などへの誘いの意味がより強かったと思われる。それは、1933年7月発
行『華陽』94号の「通信」に、「満洲醫科大學を紹介す」と「海軍兵學
校だより」などが掲載されていることからも言えることである[25]。

　以上の考察から、1931年の満洲事変直後までは、満州を日本が支配す
る根拠を歴史的に説明するのに力を入れたのに対し、1931年の満州事
変と1932年の満洲国建国以降は露骨に満洲支配を合理化し、満洲への
移民や進出を誘う内容が増えてきたことが指摘できる。それは他の地域
でも同様であった。例えば、1933年3月の愛知県第一中学校の『學林』
（第108号）には次のような主張が見られる。

　　日満兩國は正に切つても切れない關系にある。滿洲國は日本の支援
　を待つに非ればその發達は到底望み得ない。又日本は滿洲國を離れ

ては永久に生活を確保し得ない。かるが故に武力行使と、民衆に十分なる理解を與へ、民族協和による精神的團結の結成に向つて邁進しなければならない。斯くして初めて反滿洲國運動は終熄し治安は完全に維持される事になるのである。而して延いては之により經濟的發展の基礎が確立され、滿洲國の發展も促進され、我が大日本帝國の生命線も永遠に確保される次第である[26]。

1940 年代になると、満洲への移民や進出を誘うより強い主張が見られる。例えば、日本全国で長野県に続いて 2 番目に多く満蒙開拓民を満州に送り込んだ山形県では、1943 年 2 月の山形縣立山形中學校『報國團團報』（第 2 号）に「満州国農産公社重役結城清太郎閣下講演十月二十八日（15 回卒業生）」が掲載されている。この講演は満蒙青少年義勇軍、五族協和、大和民族といった満洲に関する内容が主となっているが、結城は生徒たちに満洲や朝鮮が入っている地図を見せながら、次のように満州支配の正当性を語っている。

大和民族は天孫民族＋満洲民族であります。字で書いて明瞭でありますが大和した民族です。それで日本人はもとゝゝ八紘一宇の大精神を貫徹慣行し得る大和民族です。でありますからして満洲という国もまんざら緑のない国ではありません。（中略）大切な者は百姓です。そして日本精神を永久に繼承して、國体を培ふ運動をやつて居ます。百姓人間を殖やす。（中略）満州開拓民或いは青少年義勇軍は美しい大きな望みを持つて日夜働いて居ります。どうか諸君、剛健雄大になつて、そして満洲なんかは最上川のそつち向ひだといふ考へで、我々の後を繼いで大いにやつて来て下さい[27]。

5　おわりに

満洲事変後に行われた岐阜中学校の満洲修学旅行の紀行文「満蒙行」

（『華陽』91 号、1932 年 2 月）を中心に、満洲事変前後の修学旅行に
現れる生徒たちの朝鮮・満洲認識の一端を考察してきた。その結果、以
下のようなことがわかった。

　第一は、紀行文の文章には 1920 年代の校友誌に使用された「満鮮」
「日支親善」といった言葉は消え、「満蒙」へと変わったことである。
第二は、生徒たちは満洲の戦跡や工場などを訪れて感激し、また満洲で
活躍している「皇軍」や「在留邦人」を見て愛国心を強めていたことで
ある。第三は、特集「満蒙行」には委嘱された文章が掲載され、歴史的
な根拠を挙げながら日本の満州支配を正当化し、生徒たちを満洲への移
民や進出に誘う内容になっていたことなどである。

　姜克實は「満州幻想の成立過程－日露戦前の日本人の満洲認識」のな
かで、日露戦争の勝利までは、満洲に対する日本人の「特殊の感情」、
あるいは「特殊権益」の意識の発生は認められなかったと指摘している
[28]。これと関連して、日露戦争後に満洲への修学旅行が、文部省と陸軍
省の協力と奨励によって、地理と歴史の授業の一環として日常的な学校
教育に巧みに組み込まれたことに注目すべきである。

[1] 斎藤利彦『学校文化の史的探究－中等諸学校の『校友誌雑誌』を手がかりとし
　　て－』（東京大学出版会、2015 年）、同「『校友誌雑誌』の中の帝国日本－
　　満州事変前後における生徒たちのアジア認識－」（『近代東亜教育與社会 国
　　際学術研討會（Symposium on Modern East Asian Education and Society）
　　論文集』国立台湾師範大学、2015 年 11 月 13～14 日、斎藤論文 1～10 頁）、
　　梅野正信「日本統治下中等学校の校友会雑誌にみるアジア認識－研究方法を
　　中心に－」（『上越教育大学研究紀要』第 34 巻、2015 年 3 月）、参照。
[2] 鈴木普慈夫「満韓修学旅行の教育思想的考察」社会文化史学会『社会文化史学』
　　第 48 号、2006 年、参照。
[3] 高媛「戦勝が生み出した観光－日露戦争翌年における満洲修学旅行－」駒澤大
　　学 Global Media Studies 学部『Journal of Global Media Studies』第 7 号、
　　2010 年、参照。
[4] 井澤直也「大陸への修学旅行と帝国日本」斎藤利彦編『学校文化の史的探究』

東京大学出版会、2015 年、参照。

5 例えば、イムソンモ「1930 年代日本人の満洲修学旅行－ネットワークと帝国
意識－」（『東北亜歴史論叢』第 31 号、ハングル、2011 年）、鄭在貞「植民
都市と帝國日本の視線－奈良女子高等師範學校生徒の朝鮮・滿洲修學旅行
（1939 년）－」（韓国外国語大学校日本研究所『日本研究』第 45 号、ハングル、
2010 年）などが挙げられる。

6 また、あまりに煩瑣になるので、本文では「　」を省略して記述する。

7 『満洲鉄道まぼろし旅行』（文春文庫、2002 年）は、二人の小学生が 1937 年
の時刻表通りに特急「あじあ」号に乗り、満洲の全都市と三大温泉を巡る旅行
記である。

8 同上、川村湊『満洲鉄道まぼろし旅行』、4〜5 頁。

9 『環－【特集】満州とは何だったのか－』Vol. 10、藤原書店、2002 Summer、
34 頁。

10 西沢泰彦『図説　「満州」都市物語－ハルビン・大連・瀋陽・長春－』河出書
房新社、1996 年、16 頁。

11 韓錫民『満洲国建国の再解釈－傀儡国の国家効果、1932－1936』東亜大学校
出版部、ハングル、1999 年、10〜13 頁、参照。

12 高媛「戦前における『満洲』への修学旅行」（第五回国際日本学シンポジウ
ム『国際日本学の可能性』御茶の水女子大学、東京、2003 年 7 月）、同、前
掲「「戦勝が生み出した観光－日露戦争翌年における満洲修学旅行－」、参
照。

13 前掲、高媛「戦前における『満洲』への修学旅行」、1〜9 頁。

14 岐阜県岐阜中学校『華陽』91 号、1932 年 2 月。以下、『華陽』の引用頁は本
文に挿入。

15 前掲、鈴木普慈夫「満韓修学旅行の教育思想的考察」、134 頁。

16 旗田巍『朝鮮史』岩波全書、1951 年、参照。

17 前掲、イムソンモ「1930 年代日本人の満洲修学旅行－ネットワークと帝国意
識－」、参照。

18 前掲、西沢泰彦『図説「満洲」都市物語－ハルビン・大連・瀋陽・長春－』、
8〜11 頁、45〜72 頁、参照。

19 前掲、イムソンモ「1930 年代日本人の満洲修学旅行－ネットワークと帝国意
識－」、177〜179 頁。

20 前掲、高媛「戦前における『満洲』への修学旅行」、1〜11 頁。

[21] 斎藤利彦「『校友会誌』の中の帝国日本－「満洲事変」前後の「アジア認識」をめぐって－」梅野科研費の研究会（学習院大学）レジメ、2014 年 1 月 25 日、2 頁。

[22] 前掲、イムソンモ「1930 年代日本人の満洲修学旅行－ネットワークと帝国意識－」、184 頁。

[23] 前掲、井澤直也「大陸への修学旅行と帝国日本」、325 頁。

[24] 「満蒙開拓青少年義勇軍」「お話・岐阜の歴史」サークル『ふるさと岐阜の歴史をさぐる』No. 29、
http://book.geocities.jp/gifurekisi/rekisi/no29.htm、参照。

[25] 岐阜県岐阜中学校『華陽』94 号、1933 年 7 月発行、参照。

[26] 愛知県第一中学校『學林』第 108 号、1933 年 3 月発行、127～128 頁。

[27] 山形縣立山形中學校『報國團團報』（共同會雑誌第 73 号から改名）第 2 号、1943 年 2 月、18 頁、24 頁。

[28] 姜克實「満州幻想の成立過程－日露戦前の日本人の満洲認識」『岡山大学文学部紀要』第 45 号、 2006 年、参照。

謝辞

　本書は、科学研究費の補助を受けた「戦前期における中等教育学校（師範学校）生徒のアジア認識に関する総合的研究」（基盤研究B JP25285209：2013～2015年度）、同「植民地被統治民衆子弟生徒のアジア認識及び日本認識の変遷に関する総合的研究」（JP16H03758：2016～2018年度）の研究成果をもとにしている。（This work was supported by JSPS KAKENHI Grant Numbers JP25285209, JP16H03758）。

　本共同研究の期間中には、呉文星先生のご尽力を得て「近代東亞教育與社會　國際學術研討會」（台湾師範大学2015年11月）が、金恩淑先生のご尽力を得て「国際学術大会　植民地期の教育」（韓国教員大学校2017年11月）が、楊思偉先生（南華大学副校長兼人文学院院長）のご厚誼を得て「南華大学人文学院国際学術研討会　日治時期台灣的教育與東亞認識」（南華大學2018年11月）が開催された。望外の貴重な研究交流の機会に恵まれたことを感謝するとともに、呉文星先生、金恩淑先生、楊思偉先生の友情、台湾師範大学、台湾史研究所、国立台湾歴史博物館、台湾教育史研究会、南華大學人文學院、湖西史学会、湖南史学会、大邱史学会、釜山慶南史学会、そして韓国教員大学校の皆様に、心より御礼申し上げたい。

　重ねて、研究会の開催を支えてくださった許佩賢先生（台湾師範大学）、朴宰用先生（忠清南道歴史文化研究院）、大浜郁子先生（琉球大学）をはじめ多くの皆様方、資料の閲覧、収集に御助力をいただいた玉川大学教育博物館、国立台湾図書館、韓国教員大学校等、所蔵各機関の皆様方に、感謝の意を表したい。

　本書は、皆様方への御礼と感謝の気持ちを形に成したものです。有難うございました。

執筆者を代表して
2021年8月15日　梅野正信

執筆者

梅野正信　UMENO Masanobu　学習院大学
　　『和歌森太郎の戦後史』教育史料出版会（2001）、『社会科歴史教科書成立史』日本図書センター（2004）、『日本映画に学ぶ教育・社会・いのち』エイデル研究所（2005）、『裁判判決で学ぶ日本の人権』明石書店（2006）、『映画で見直す同時代史』静岡学術出版（2017）。

斉藤利彦　SAITO Toshihiko　学習院大学
　　『国民義勇戦闘隊と学徒隊』朝日新聞出版（2021）、『「誉れの子」と戦争』中央公論新社（2019）、『海後宗臣教育改革論集』編著東京書籍（2018）、『学校文化の史的探究』編著東京大学出版会（2015）、『明仁天皇と平和主義』朝日新書（2015）、『試験と競争の学校史』（講談社学術文庫（2011）。

呉文星　WU Wen-hsing　国立台湾師範大学歴史学系名誉教授
　　『日治時期台湾的社会領導階層』五南図書出版（2008）、『日拠時期台湾師範教育研究』（台湾師範大学歴史研究所専刊 8）台湾師範大学歴史研究所（1983）、『日拠時期在台「華僑」研究』学生書局（1991）、「台湾近代農業の主導者－藤根吉春について－」『人物からたどる近代日中関係史』国書刊行会（2019）、「金子昌太郎与台湾甘蔗品種改良」『台湾文献』第 72 巻第 1 期（2021）。

金恩淑　KIM Eun-sook　韓国教員大学校名誉教授
　　「일본 율령 국가의 고구려계 씨족（日本律令國家の高句麗系氏族）」『東北亞歷史論叢』15（2007）、「7 세기 동아시아의 국제관계（7 世紀東アジアの國際關係）」『韓日關係史研究』27（2007）、「紀三津の新羅派遣について」『21 世紀の歴史認識と國際理解』明石書店（2004）、「8 세기에 신라와 일본은 어떠한 관계를 맺었는가」「8 世紀に新羅と日本はどのような関係を結んだか」『日韓で考える歴史教育』明石書店（2010）。

市山雅美　ICHIYAMA Masami　湘南工科大学
　「生徒の表現の場としての『校友会雑誌』－制約と可能性－」「学校紛擾における要求実現のための生徒の行動様式－同盟休校と決議文を中心に－」斉藤利彦編『学校文化の史的探究　中等諸学校の『校友会雑誌』を手がかりとして』東京大学出版会（2015）、「旧制中等教育学校の生徒の作文にみる道徳性－明治期におけるスポーツと道徳の連関の言説－」『湘南工科大学紀要』第50巻第1号（2016）。

徐鍾珍　SEO Chong-chin 東北亜歴史財団
　『関東大震災と朝鮮人虐殺』論創社（2016）、『세계의 역사교육 어디로 가고 있는가(世界の歴史教育の行方)』（2019）、『근현대 지식인과 한일 역사화해(近現代の知識人と日韓歴史和解)』(2020)、「일본 제국주의의 내지연장주의와 조선총독부의 문화정치」『한국정치외교사논총』（2020）。

高吉嬉　KO Kil-hee　山形大学
　『交流史から学ぶ東アジア－食・人・歴史でつくる教材と授業実践－』明石書店（2018）、『＜在朝日本人二世＞のアイデンティティ形成－旗田巍と朝鮮・日本－』桐書房（2001）、『하타다다카시[旗田巍]－마산에서태어난일본인조선사학자－』知識産業社（2005）、「草の根の人々の交流から考える日韓友好－旗田巍・浅川巧・藤本巧を中心に－」日本社会科教育学会『社会科教育研究』134（2018）。

校友会雑誌にみる「帝国日本」「植民地」「アジア認識」

2024年5月17日　初版発行

編　著　　海野正信

著　者　　斉藤利彦、呉文星、金恩淑、
　　　　　市山雅美、徐鍾珍、高吉嬉

発行所　　株式会社　三恵社
　　　〒462-0056 愛知県名古屋市北区中丸町2-24-1
　　　　　TEL 052 (915) 5211
　　　　　FAX 052 (915) 5019
　　　　　URL http://www.sankeisha.com